U0845980

创新教育理论与实践

主　编　王　海

副主编　胡剑锋　马红坤

编　委　王清玲　王涛涛　喻燕华

　　　　刘　泓　涂　敏　王海宇

電子工業出版社

Publishing House of Electronics Industry

北京 • BEIJING

内 容 简 介

作为中国社会未来的创新主体——大学生，其创新精神和创新素质，对国家创新驱动发展战略能否实施影响甚大。本书主要讲解了创新背景、创新基础、创新思维、常见的创新方法、TRIZ 创新方法、国内外创新教育实践、创新文化的内涵与建设、创新能力评价与应用、知识产权战略等内容，理论与实践相结合，可作为高等院校各个专业学习创新思维与科技创新、TRIZ 创新方法的应用型教材，也可供科技工作者和工程技术人员参考或作为继续教育的教材使用。

图书在版编目（CIP）数据

创新教育理论与实践 / 王海主编. —北京：电子工业出版社，2017.8

ISBN 978-7-121-31670-8

Ⅰ. ①创… Ⅱ. ①王… Ⅲ. ①大学生—创造教育—研究 Ⅳ. ①G640

中国版本图书馆 CIP 数据核字（2017）第 120597 号

策划编辑：程超群
责任编辑：裴　杰
印　　刷：三河市华成印务有限公司
装　　订：三河市华成印务有限公司
出版发行：电子工业出版社
　　　　　北京市海淀区万寿路 173 信箱　邮编　100036
开　　本：787×1 092　1/16　印张：14.25　字数：396 千字
版　　次：2017 年 8 月第 1 版
印　　次：2020 年 7 月第 6 次印刷
定　　价：38.80 元

凡所购买电子工业出版社图书有缺损问题，请向购买书店调换。若书店售缺，请与本社发行部联系，联系及邮购电话：（010）88254888，88258888。

质量投诉请发邮件至 zlts@phei.com.cn，盗版侵权举报请发邮件至 dbqq@phei.com.cn。

本书咨询联系方式：（010）88254577，ccq@phei.com.cn。

前 言

PREFACE

习近平总书记强调："抓创新就是抓发展，谋创新就是谋未来。不创新就要落后，创新慢了也要落后"。

社会发展的趋势日益表明，世界范围的经济竞争和综合国力竞争，实际上是科学技术和民族素质的竞争，而科学技术的发展与民族素质的提高，其灵魂在于创新。可以说，创新是一个民族的灵魂，是一个国家兴旺发达的不竭动力。

作为中国社会未来的创新主体——大学生，其创新精神、创新意识和创造能力，对国家创新驱动发展战略能否实施影响甚大，因此，在大学生中开展创新教育势在必行。

对创新教育而言，"以培养学生的创新精神和实践能力为重点"、"激发学生独立思考和创新的意识"、"培养学生的科学精神和创新思维习惯"是其中的重要内容。这也与世界发达国家有关创新教育的主旨一致。比如，美国大学注重培养学生提出问题、分析问题、解决问题及独立思考问题的能力，小团体的实验室和研讨会里的研究活动是其重要的创新教育方式；英国大学注重提高学生的独立思考能力和开放性思维能力，以及批判性思维和多学科知识交叉应用的能力；日本大学通过"发现问题、自我学习"，积极开展创造性开发科目、创造自习科目等创造性教育活动，激发学生进行创新的内在动力。

江西科技学院自创办以来，一直秉承"自信、自强、创业、创新"的校训，致力于培养具有创新、创业能力的应用型人才。根据"需求导向、能力为本、个性发展、重在创新"的培养理念，学校围绕"三个摇篮"工程（工程师的摇篮、小微企业主的摇篮、生产知识产权的摇篮），构建了"两平台+N 模块"的人才培养模式，设立创新班（组），强化创新教育，推行基于生产过程的课程改革、以翻转课堂为抓手的教学方式改革和"1+X+Y"考核方式改革，着力培养学生综合能力、专业能力和创新、创业能力，取得了显著成效。学校先后被列为国家高校学生科技创新实习基地、国家知识产权试点园区、国家优秀创新成果转化基地、博士后创新实践基地等。2015 年国家教育体制改革简报（2015 年第 92 期）以《江西科技学院：打造创新人才培养的摇篮》为题单篇报道了学校人才培养工作经验。

上述背景和理念，正是我们编写本书的立足点和出发点。本书介绍了创新教育的背景及其理论基础，对创新思维和常见的创新方法，尤其是 TRIZ 理论及应用进行了重点阐述，介绍了国内外高校及本校创新教育实践情况、创新文化的形成、创新能力的评价及知识产权相关常识。本书有理有例，在阐述创新原理的同时，结合案例、实例描述创新知识点，让大学生如身临其境，促使其反思、实践。

本书由江西科技学院校长王海担任主编，拟定了编写大纲，与江西省科技厅王海宇、学校理科部主任王清玲共同修改审定了书稿，学校副校长胡剑锋、教务处处长马红坤担任副主编，协助主编完成了本书的有关工作。本书各章内容的编者依次为：第 1 章由王海编写；第 2 章由王涛涛编写；第 3 章由喻燕华编写；第 4 章由刘泓、王清玲编写；第 5 章由涂敏编写；第 6 章由马红坤编写；第 7 章由胡剑锋编写；第 8 章由马红坤编写；第 9 章由王海宇编写。

本书在编写过程中，参考了大量相关的图书、论文和数字资源，在此致以诚挚的谢意！

为了普及相关知识，便于读者阅读顺畅，书中有的引用之处未详细注明，敬请原始材料的作者谅解。

由于作者水平有限，加之时间仓促，本书一定存在很多疏漏与不足之处，敬请广大读者批评指正。

编者

目 录
CONTENTS

第 1 章　创新背景

> 处处是创造之地，天天是创造之时，人人是创造之人。
>
> ——陶行知

1.1　创新时代

创新是民族进步的灵魂，是国家兴旺发达的不竭动力，习近平总书记指出“在激烈的国际竞争中，惟创新者进、惟创新者强、惟创新者胜”。历史和现实的经验都表明，无论是发达地区还是欠发达地区，只要重视科技创新，就能赢得未来。

1.1.1　世界近代创新历史

自欧洲文艺复兴以来，在科技创新的引领下，世界近代史上发生了 3 次工业革命。18 世纪下半叶，以蒸汽机为动力的第一次工业革命，使欧洲开始了从农业社会向工业社会转移的进程。19 世纪初，以电力发明和使用为标志的第二次工业革命，开始了工业现代化的进程，形成了现代工业基础。20 世纪中期，以信息技术为主导的第三次工业革命，使世界从工业时代迈向知识经济时代。

3 次工业革命具有共性和规律：一是以科技创新为先导，技术的突破，带来产业的深刻变革，促进新兴产业的发展，大大提高了社会生产力；二是每一次工业革命都使世界政治、经济、文化、社会以及人类的生活方式和生产方式产生深刻的变化，促进人类文明不断往更高水平发展；三是在这种工业革命（科技革命）大潮中，谁抓住了机遇，顺应了潮流，积极主动地推进科技创新，其核心竞争力就得到很大提高，从而成为这个时代的强者，能够昂首阔步于世界民族之林。

世纪之交，因美国次贷危机而引发的全球金融危机，对世界经济造成了严重影响。为消除全球金融危机的负面影响，世界各国尤其是发达国家，都力图在科技创新上有新的突破，通过内涵式发展来振兴本国经济。新能源、新材料、新服务等大量新兴产业，研发投入大大增加，创新手段日新月异；这些新产业的兴起，将大大推动和促进人类社会的发展和变革。

1.1.2 世界发达国家的科技创新情况

一、美国

1．总体概况

科技创新被奥巴马政府视为美国经济增长和竞争力增强的源泉。为了增加就业赢得未来，美国政府一直都很重视对国家创新的投资和培育，强调要不断通过新产业、新产品的研发以保持美国在科研和技术创新领域的领先地位，保证其国际竞争力。尤其是在金融危机以后，美国提出“再工业化”战略。在工业领域，不仅致力于尖端技术领域的持续性投入，以继续保持其领先地位，还通过制造业复兴，依托科技进步、实施工业转型与升级，力图掌控新一轮技术革命的主导权。为保证工业创新的持续发展，还对一些创新关键基础领域进行重点投入。

2．主要做法与特点

（1）夯实创新基础，保持国家持续创新能力。

美国政府认为创新的关键基础包括教育、基础科学研究和基础设施建设，这些都是 21 世纪经济增长和竞争力增强的根源。

在教育方面，美国政府通过提高科学、技术、工程和数学教育（STEM）改革初等、中等教育，创新一流的早期教育体系，力争培养出世界上最高素质的劳动力。

在工业基础设施建设方面，主要包括宽带网络和下一代电子通信技术基础建设等。为此，政府承诺将对 50～550MHz 频谱的资源大规模商用，激励企业进行移动电话、上网笔记本计算机及其应用方面的研发，早日建成覆盖率达到 98%的下一代全国通用安全无线网络，同时，对高速网络、物理网络系统、下一代超级计算机、软件工程、信息管理等领域的基础研发进行大力支持。

（2）通过科技创新，实现“再工业化”战略。

为掌握后危机时代新一轮技术革命的主导权，美国政府着力发展以制造业为主的实体经济，在航空、新材料、信息、纳米技术、生命科学等工业化战略的重点领域进行部署，力争通过创新，使本国工业保持世界领导者的地位。

以技术创新为动力，推进先进制造业快速进步。在 2012 年预算中增加 50 多亿美元的研发基金，用于制造业中先进科学技术的应用研发。其中，为国家科学基金会（NSF）提供 7500 万美元用于纳米技术、新一代机器人技术等的研发；为美国国家标准与技术研究院（NIST）提供 7 亿多美元，用于加速在纳米制造、网络安全和生物制造等方面测量技术的突破。通过新技术革命的推动，美国制造业吸收微电子、信息、计算机、机械、材料、生物、航空航天、环保以及现代管理技术等主要的成果，创新出包含精益生产、准时生产、清洁生产、柔性制造、敏捷制造、计算机集成制造、虚拟制造、绿色制造等众多先进模式的制造业体系，重塑本国制造业的核心地位，将世界范围内基础研究领域的领先优势转化为制造业的领先优势。

（3）工业科技创新的成果及问题。

通过对基础教育和关键领域的不断投入，美国的技术能力进一步增强。对工业技术创新的投入和激励，使本国涌现出大量技术创新成果，2010年以来每年新增专利申请数量接近50万项，其中大部分属于工业领域专利。通过对纳米技术的推广应用，成功研制出纳米晶体管、可控纳米马达、纳米电动机、纳米激光器、纳米弹簧等成果，对信息技术、机械和生物制造领域将产生深刻的影响。2011年研发出世界上最轻空气比例达到99.99%的新材料，重量只有聚苯乙烯泡沫塑料的1%，并拥有极高的能量吸收能力，预计未来将会对制造隔热装置、电池电极以及一系列吸收声音、振动或者冲击波的产品带来变革性影响。美国“制造业回归”“再工业化”战略催生出一批新的优势产业，使本国工业的国际竞争力进一步增强。

然而，在后危机时期全球工业复兴的浪潮下，世界各国都在通过增加创新投入，加速培育创新环境，实现本国制造业崛起，美国在科技制高点的争夺中还需进一步努力。通过世界创新指数（GII）可以看出，从2009年排名第一到2011年排名第七，美国科技创新成果和创新能力在激烈的争夺中已然落后。同欧盟的一些国家相比，美国的政治环境、政策环境和市场环境等创新体制并不占优（2011年世界排名第15），在资源、基础建设、通信设施等创新基础设施方面也稍显不足（2011年世界排名第15）。从近几年在创新投入（2011年第11名）和创新产出（2011年第5名）方面的评比来看，在发达国家中处于中等偏上的位置。对美国而言，未来竞争的主导权、“再工业化”战略目标的实现，还需要政府在工业创新方面不断地加大投入和加强培育。

二、英国

1．总体概况

英国是世界高科技、高附加值产业的重要研发基地之一，其科研几乎涉及所有科学领域。生物制药、航空和国防是英国工业研发的重点，也是英国最具创新力和竞争力的行业。电子和光学设备、人造纤维和化工产品，特别是制药行业保持雄厚实力。在当前国际金融危机和欧债危机的形势下，英国加大研发投入，调整经济结构，在优势科研领域进行战略部署，以新技术战胜危机，带动经济增长。

2011年，英国取得了突出的科技成果。英国牛津大学等机构的研究人员发明出通用快捷的纳米片制备方法，能够将多种材料制成只有一层原子的超薄纳米片。其方法简单快捷、成本低廉且产量高，有望在工业生产中实现大规模制备纳米片材料。纳米片可以制成各种薄膜，根据原材料性质的不同而用于诸多领域，如用于生产半导体和下一代电子器件等，将可能为这些工业领域带来革命性进步。英国南安普顿大学的科研团队开发出新型超声波清洗装置，能大幅度降低使用高压水枪清洗装置时的耗水和耗电，可广泛用于医疗卫生、食品加工、机械制造业、核工业等领域。皇家学会认为该研究可大幅度提高水清洗工艺的能力，是革命性的突破。

2．主要做法和特点

（1）制定以创新为核心的国家科技发展战略。

从20世纪90年代开始，英国把知识经济作为国家发展的基石，把创新作为立国之策。自1994年首次发布创新白皮书以来，此后1998年、2000年、2001年的政府白皮书均以创新为主题。2002年之后发表了一系列创新相关的行动计划。2011年6月，英国政府公布了下一阶段的发展战略，再一次明确了科技的经济推动作用。2011 年，英国政府投入 5100万英镑，建立9个创新制造研究中心，并资助未来先驱制造计划；2011年还出台了《英国空间技术发展战略》和海洋产业增长战略。

（2）高端逐鹿，发展高附加值制造业。

除金融业和专业服务业以外，英国最具优势的产业就是先进制造业。为了保持和强化其国际领先优势，英国政府近10年来先后出台了一系列产业扶持政策，通过各种方式支持先进制造业的发展，包括资助合作研发、支持知识转移网络、知识转移合作伙伴、政府采购驱动创新等。主要涵盖信息和投资、先进制造技能、新技术应用、特殊产业等领域。

（3）采取财政优惠政策。

通过直接资助、减免税赋等，鼓励企业增加科技投资和采用新技术。据英国商务部（BIS）统计，截至2011年11月，英国有450万家中、小企业，占企业总数的99%。英国政府对不同规模的中、小企业，不同类型的科技创新给予四类直接资助。研发税收减免是英国政府激励企业创新政策的旗帜。自从2000年实施研发税额减免以来，已经完成了3万多项抵扣，成功给予英国的创新企业23亿英镑的支持。目前，通过研发税收减免政策，每年能够给企业大约10亿英镑的支持。

（4）完善资本市场，为企业创新提供融资支持。

英国具有在欧洲领先的风险资本市场，规模大、发展程度比较完善，约占整个欧洲风险资本投资市场的1/3，仅次于美国，位列世界第二。在风险资本市场失效的领域，政府提供了一系列的支持。比较突出的几个工具是风险资本信托计划、企业资本基金、母基金。

（5）为创新营造良好的环境。

一是提供信息，如英中贸易协会向会员企业提供各种信息和免费咨询。二是转变观念，如英国商务部的一个主要职责就是通过提供信息、组团考察、技术援助等方式培养和促进中、小企业的战略化思维和全球化眼光。三是优化生活环境，特别重视环境保护，以形成舒适、便利、完备的生活和工作环境。

三、德国

1. 总体概况

德国是欧盟最大、世界第四大经济体。国际金融危机发生后，发达国家重新回到重视实体经济、依靠技术创新的轨道。德国采取了非常规的救市措施以及经济振兴计划，对银行采取了救助。加大基础设施投资、对企业实行税收减免以及扶助中、小企业，加强在未来领域的投资和研发投入，力争实现以知识和创新为基础的“灵巧增长”。

2011年，德国的有机电子学研究取得进展，由有机材料替代铜和硅等贵重金属材料制造晶体管、LED或太阳能电池；在德累斯顿建立了第一个可以简单、快速、廉价生产OLED的卷对卷生产设施，并成功将OLED材料应用到不同的产品中，创建了迄今无法想象的照明和光电创新应用的基础。硅晶片生产给德累斯顿地区带来了上万个就业岗位。

在德国的创新研发投资中，企业是主导力量，私人企业投资占研发总投入的2/3；德国政府负担的研发费用约为40%，其中，联邦政府负担约20%，17个州政府负担其余20%。

德国创新体系的另一大特色是由马普学会、弗朗霍夫学会、赫尔姆霍茨协会和莱布尼茨学会组成的四大非营利性科研机构，主要从事大型基础性研究和工程技术研究，预算每年都在 15 亿欧元以上，主要由政府提供。除企业委托的研究项目外，科研成果全部向社会公开，由公众共享。

2．主要做法和特点

（1）制定明确的长期规划。

联邦政府于 2006 年推出了第一个国家层面的总体科技发展规划，包括 17 个重点发展领域的跨多个部委和领域的“高科技战略”。2010 年 7 月通过了“2020 高科技战略”，汇集了德国联邦政府各部门的研究和创新政策举措。新战略提出以 5 个需求领域开辟未来新市场，并重点推出 11 项“未来规划”，积极营造友好创新环境。2010 年 11 月为推动信息通信产业发展，德联邦政府启动“数字德国 2015”战略。

（2）资助关键技术领域的研发。

政府在关键技术领域的产业研究和竞争前沿技术开发方面给予直接资助。资助重点集中于重点创新领域，即涵盖整个产业链、具有重大国民经济潜力、对经济增长和创造就业有拉动作用的创新领域。同时受到欧盟补贴法限制，国家对产业研究的补贴不得超过 50%，竞争前技术开发不得超过 25%。若欧盟以外的国家在相同技术领域的补贴超过这个比例，则对产业研究的补贴可达 75%，竞争前技术开发的补贴可达 50%。对中、小企业的补贴可在此基础上上浮 10 个百分点。

（3）提高中、小型企业的创新能力。

据统计，德国中、小企业占全部企业数的 99%以上。为了确保中、小企业的创新能力，德国政府接连出台激励措施，如“企业技术创新风险分担计划”“企业研究开发人员促进计划”等，包括直接的资金支持，以及低息贷款、税收减免等优惠政策。此外，还采取有助于中、小企业的专利政策，简化企业申请扶持基金的行政手续，新的科研成果鉴定措施，前沿集群竞争和创新联盟等举措，提高中、小型企业研发参与的持续性。

（4）拓宽融资渠道以及利用创新指向的公共采购。

联邦政府采取了一些措施拓宽融资渠道。主要措施有 3 项：① 推出一系列针对高新技术中小企业的贴息或低息信贷计划和参股计划；② 创立公私合资的风险投资基金；③ 完善对私人风险投资的政策措施，鼓励私人风险投资。根据最新估计，创新领域的公共采购总额高达 230 亿欧元。在更多地节省行政开支的同时，强化企业创新活动，从而推动创新的扩展。

（5）加强科技界与产业界的联合，强化成果应用。

在以国家财政支持为主导的基础下，充分发挥经济界和科研界联合的优势，实现研发和企业成长的良性互动。通过资助弗朗霍夫协会等合作研究机构、按行业部门建立的工业合作研究协会以及遍布全国的技术学院，建立相互作用、相互支持的有机创新系统，系统之间的要素相互配合，互为条件，有效地解决了技术创新的资金、市场、人才与技术源的问题，促进了企业的技术创新。

四、日本

2011 年，当日本还在小心翼翼地应对国际金融危机、欧洲债务危机给本国经济带来的影响时，又接连遭到地震、海啸、核泄漏三重灾难。双重打击不仅影响了日本工业，政府的科技政策也随之产生了变化，日本政府已开始重新审视本国核电政策，重新制订包含核能在内的能源计划。2011 年 8 月 19 日，内阁会议上通过的《科学技术基本计划（2011—2015）》明确提出了“绿色创新”和“生活创新”两个主题。日本工业在第二次世界大战后短短几十年内取得了显著的成绩，使日本成为世界科技强国，成绩背后，强大的技术实力是不容忽视的支撑因素之一，而技术实力的提升必然离不开政府、企业等创新主体的全面支撑。

1．总体概况

从技术创新的角度分析日本工业历程，可将其分为二次创新为主和自主创新两个阶段。

20 世纪 80 年代，日本政府提出“技术立国”战略，将技术摆在优先发展的位置，并确立了引进消化吸收再创新的技术路线。这一阶段，日本将技术引进作为培养本国科技创新能力的重要手段，注重消化吸收是日本实施技术路线的鲜明特点，根据 2007 年《国有企业竞争力报告》，日本每花费 1 美元引进技术就会花费 8 美元消化吸收，这种将国际先进技术与本国工业快速结合的方法对于当时的日本是非常有效的，日本钢铁业就是一个典型案例。日本分别从奥地利、美国、瑞士等国引进氧气顶吹转炉炼钢法、轧钢技术、连铸法，之后日本对所有技术进行改良创造并形成适合日本的技术体系，最终建立起强大的钢铁业。

随着技术的持续积累和技术水平不断提高，日本逐渐具备了自主创新实力。1996 年日本政府公布的《科学技术基本计划（2000—2005）》中明确提出将“技术立国”战略转化为“科学技术创新立国”战略，并展开多项举措。第一，通过立法扶持，先后颁布了《科学技术大纲》《科学技术基本法》《大学技术转移法》《产业技术强化法案》等，加强对技术创新的支持；第二，利用政策推动，制定优惠政策，如技术开发补助金制度、研发支出税收抵免、流动性研发资金制度和竞争性研发资金制度等，鼓励企业开展研发活动；第三，建立中介机构服务，提供专业、及时的技术创新服务，发挥其桥梁作用。

2．主要做法和特点

（1）积极改革研发体制，探索多种研发模式。

产、学、官合作机制是日本发展高技术产业、实现技术创新的重要手段，据统计，1982—1992 年，70%左右的新产品是产、学、官合作的研发成果；产业技术创新联盟则是企业间联合研发关键共性技术的主要方式；对于投资多、风险大的基础研究，政府则直接设立技术研发组织（如全国性的工业技术中心）。

（2）实行多项措施，保证企业技术创新主体地位。

日本的研发经费与 GDP 比值一直处于世界前列，企业研发支出在全国研发经费中的比例也很高，2006 年就已达到 81.9%，居世界首位，而这与政府支持是密不可分的。政府支持包括：出台法律和实施经济政策，为企业技术创新提供政策环境；鼓励企业以各种形式从事研发活动；创办公立的国际技术创造研究机构，为企业与国际研究机构合作提供帮助；建立技术顾问制度和开办技术交流市场，帮助企业解决技术问题。

（3）建立科技成果转换体系，加速产业化进程。

设立专门行政机构，如通产省的工业技术院，其职能是“综合性地推进从研究开发新技术种子到实现产业化普及乃至流通的全部措施”；建立技术转移机构（Technology Licensing Office），加速成果转让。

五、韩国

从简单的零配件加工直至发展成本国支柱产业并在激烈的世界汽车工业竞争中占有重要的一席之地，韩国汽车业的快速发展，既是韩国工业迅速崛起的缩影，也是韩国科技水平显著增强的象征。如今，纳米技术跻身世界四强、干细胞克隆技术位居世界前列，韩国作为工业化、现代化水平较高的发达国家，在信息、通信、汽车、生物工程、电子等方面均成绩斐然。这些成果的取得与韩国重视发展科技密不可分。

1. 总体概况

与欧美等国不同，韩国政府在本国工业技术创新发展进程中担当的角色不仅仅是推动者，更是统筹协调者，偏好采用“胡萝卜加大棒”的方式敦促企业、大学、政府研究机构等创新主体参与到本国科技发展规划中。例如，规定大企业必须单独设立研发中心、小企业联合设立研发中心，以增强企业技术创新能力，对国产新技术产品实行首购制度等。20世纪 80～90 年代，政府开始从主导者转化为引导者并逐步退出，把国有科研院所从所属政府部门中分离出来，分别组成“基础研究会”“产业技术研究会”和“公共技术研究会”，并扶持企业技术创新主体地位。现阶段，企业特别是大企业已成为韩国工业技术创新的“发动机”。

回顾韩国工业发展，政府在提升本国工业技术实力进程中一直遵循着“精准定位、循序渐进”准则。1982 年开始实施“科技立国”战略，80 年代的发展目标是利用先进技术改造传统产业，所以超大规模集成电路、汽车、信息工程在该时期获得了较快发展，90 年代则开始重视发展包括微电子、通信系统在内的高新技术产业。在这个阶段，韩国工业技术进步主要依靠直接技术引进，这点虽然与日本当初的做法相似，但不同的是，日本重视二次创新，而韩国则大多采用简单模仿，据统计，1989—2004 年，韩国引进国外技术支付的费用已超过 367 亿美元。因此，21 世纪初韩国政府确立的“第二次科技立国”战略核心内容就是从“引进、模仿”转化为“创造性、自主性”创新，并在 2011 年由韩国知识经济部公布的《2020 年产业技术创新战略思路》中提出要实现从“快速跟踪”到“领跑者”的战略转变。

2. 主要做法和特点

（1）多重保障，提高产业技术创新能力。

通过法律保证，先后颁布了《科学技术促进法》《技术开发促进法》《技术评估法》《科技框架法》等；通过制度保证，建立产权激励、市场激励、高新技术研发集中咨询和审议等制度；通过政策支持，制定各种金融、财政税收等优惠政策；注重研发投入，2008 年已达到 3.44%（R&D 经费/GDP），超过美国、日本等发达国家。

（2）研以致用，成果转化迅速。

研发与生产不脱节，科研成果转化周期短，是韩国技术创新活动的特点。在研发阶段，根据市场确定研发项目，初期便与市场挂钩；在技术转让阶段，1993 年开始，政府规定企业获得国家资助的前提是必须保证无偿转让科研成果，如果是有偿转让，则由受让方和政府各自承担 50%的研发费用；在技术扩散阶段，广泛建立社会科技服务体系、中介机构、技术交易所，拓宽技术扩散渠道；最后，公共领域内的国产新产品实行政府首购制度。

（3）礼贤下士，优化人才结构。

人才在技术创新中具有重要作用是普遍共识，而韩国在这方面尤为突出，从早期的“走出去，请进来”政策到现在的“人才立国”战略，韩国政府一直非常重视吸引和培养人才。对技术型和研究型人才设定不同培养方案，鼓励企业支援对口学校，制订“世界水平研究型大学培养计划”，广泛引进国外技术人才等措施充分地帮助韩国提升了本国科技人才素质，建立起相对合理的人才结构体系。

1.1.3 当代世界的创新情况及特点

国际金融危机后，世界经济发生深刻调整。在政府与市场的共同推动下，新一轮科技革命孕育兴起，战略性新兴产业不断涌现。新技术、新产业正在成为各国激烈竞争的制高点。

（1）全球正处于信息技术深度应用和新一轮技术革命孕育阶段，技术创新渐趋活跃，面临新的经济增长机遇。

根据全球技术创新与经济增长之间每五六十年为一周期的规律，过去 200 多年，全球经历了机器工业、蒸汽机、电气及重型机械、内燃机及其应用、信息技术等技术革命。目前，仍处于以信息及通信技术为标志的技术革命时期，它始于 20 世纪 70 年代。经过二三十年的发展，信息技术在 2000 年互联网泡沫破灭和 2008 年国际金融危机后，进入到广泛和深度应用阶段，将催生大量新技术、新产业，同时，也正孕育新一轮技术革命。

国际金融危机后，全球技术创新活动在经历短期低潮后迅速恢复（见图 1.1）。例如，全球企业研发投入和国际专利授权增长率于 2009 年跌入谷底，但 2010 年就出现反弹，其中，2011 年国际专利授权数增长率达到了近 10 年来的最高点。

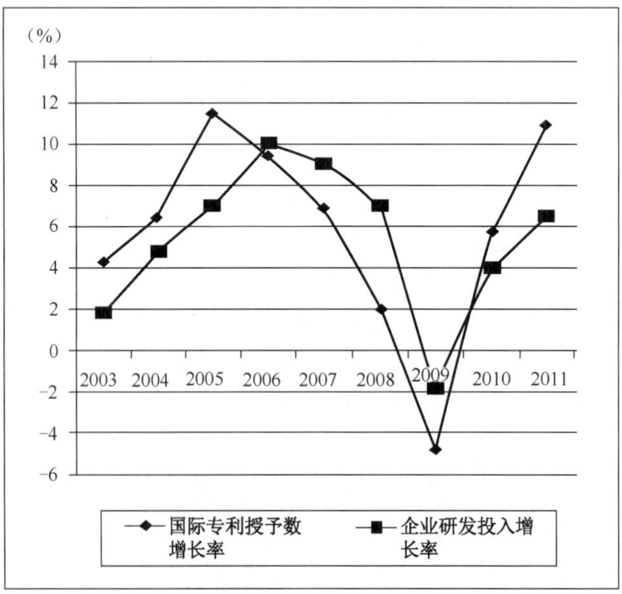

图 1.1 国际金融危机以来全球技术创新渐趋活跃

从具体行业看，数字通信、计算机技术已分别成为全球专利申请增幅最快和申请最多的领域。2012 年美国学者在《华尔街日报》提出，大数据、智能制造和无线革命三大变革将改变本世纪。页岩气技术取得重大进展。生物、材料等领域也在酝酿不少有重要潜力的新技术。3D 打印、智能机器人、人工智能等交叉融合技术成为研发热点。

技术创新蕴含了新的经济增长机遇。新技术的多点突破和融合互动推动了新兴产业的崛起。据预测，大数据每年可为美国的医疗服务业节省 3000 亿美元，为欧洲公共部门管理节省 2500 亿欧元。到 2030 年，生物技术对化工和其他工业产品领域的贡献将占到 35%，对药品和诊断产品领域的贡献达到 80%，对农业领域的贡献达到 50%。2010～2020 年，全球节能投资将达近 2 万亿美元。未来 10～15 年全球纳米相关产品市场将超过 1.3 万亿美元。

但信息技术的深度应用和新经济模式的形成尚有一个过程，短期内对经济增长的拉动作用可能有限。同时，关于新一轮技术革命在哪些领域、何时发生也还有很大的不确定性。有的判断认为，未来二三十年间，全球可能会进入生物技术、新能源技术、纳米技术以及新材料技术的革命时代；有的判断认为，新一轮技术革命是新生物革命。

创新的竞赛是机遇的竞赛。面对全球技术创新蕴含的重大机遇，我国应做好准备和孵化工作，努力取得发展先机。

（2）国际技术竞争空前激烈，以美国为首的发达经济体在技术创新上仍处于领先地位，但中国有机会进一步缩小差距。

在新一轮发展面前，发达国家为保持其科技与经济的领先地位，新兴国家为后来居上，都纷纷把技术创新作为国家发展战略的核心。可以预见，未来各国的技术竞争将更加激烈，对人才、技术标准、平台以及产业链主导权的争夺将成为竞争的焦点。

以美国为首的发达经济体在创新上处于领先地位。尽管遭受国际金融危机的严重冲击，发达经济体在全球创新投入比例上持续下降，但其自我修复能力较强，创新潜力仍然很大，尤其是美国仍处于全球领先地位，创新投入是世界第二的中国的 2 倍。2011 年，美国研发投入占全球的 29.6%、欧洲占 24.6%、日本占 11.2%，三者合计接近全球的 2/3。根据美国巴特尔公司与《研发杂志》的调查，发达国家在影响未来研发走向的 10 个关键性领域中全部位居第一位，其中，美国 8 项第一，德国 2 项第一（见表 1.1）。

表 1.1　全球研究人员评出的研发领军国家

行业排名	1	2	3	4	5
农业与食品生产	美国	中国	德国	澳大利亚	巴西
汽车与机动车	德国	日本	美国	韩国	中国
商用航空、铁路等	美国	法国	德国	中国	日本
军事航天、国防安全	美国	中国	俄罗斯	英国	法国
复合材料、纳米及其他先进材料	美国	日本	德国	中国	英国
能源生产与效率	美国	德国	中国	日本	英国
环境与可持续发展	德国	美国	日本	英国	瑞典
健康、医疗、生物科学与生物技术	美国	英国	德国	日本	瑞士
信息与通信	美国	日本	中国	德国	韩国
器械/其他非 ICT 电子	美国	德国	日本	中国	韩国

（资料来源：Battelle.2013 Global R&D Funding Forecast.R&D Magazine，转引自清华大学中国科学技术政策研究中心编，《2013 年全球研发投资预测》。）

从基础研究看，在全球排名前 50 的大学中，30 所来自美国，11 所来自欧洲，4 所来自亚洲，3 所来自加拿大，这反映了当前的科技趋势和地区科技力量。

还有的研究指出，对美国创新的潜力，统计学和统计体系缺少相应的衡量指标，其潜力或能力并未得到足够反映。美国独特的创新机制、创新文化和创新生态，使其仍将维持世界新技术研发中心的地位。对此，要有清醒的认识，充分认识到技术赶超的艰巨性。

（3）以信息技术为代表的全球新一轮科技创新具有不同于以往的新特征。

① 多学科交叉，多领域突破。

新一轮科技创新的范围涵盖信息技术、生物技术、新材料、新能源、航天技术、海洋技术等诸多新兴领域。其中，信息技术是龙头，向各个领域深度渗透。多个学科相互交叉、跨界交融，不同领域的新技术互为支撑、相互刺激，跨学科创新成果层出不穷。科技创新不仅在催生大量新兴产业，而且向传统产业深度渗透，深刻地改变着传统发展模式。

② 体系化创新，加速度推进。

摩尔定律高度概括了信息技术快速更新换代、降低成本的特征。当前，集成电路、基础软件、通信网络、互联网应用、信息处理等主要领域与关键环节的核心技术取得整体突破，科技创新从单点突破演变为体系化推进。集成电路将从“硅时代”进入“石墨烯”时代，软件正进入“云时代”，移动通信全面进入 4G、正在开启 5G 新时代。云计算、大数据、物联网、移动互联网深度融合，推动信息处理与应用模式的根本变革。网络、平台、业务、内容和终端的相互促进，开辟了技术扩散、知识共享的新方式，大大缩短了技术创新的周期，设备与技术更新换代之快前所未有。其他新兴技术领域也和信息技术领域类似，技术进步呈现加速度推进的新态势。

③ 科技创新与商业模式创新有机结合。

在很多情况下，技术创新与商业模式创新已经难以截然分开。阿里巴巴的电子商务平台与支付宝、腾讯的微信、特斯拉汽车、苹果手机等无不是技术创新与商业模式创新紧密结合的产物。信息技术与制造业融合，推动制造业呈现智能化、信息化、网络化的新特征。商业模式加速创新，越来越多的商业服务出现个性化、柔性化、共享化的新趋势。新的分工模式与分工格局正在全球范围内形成。

④ 抢占科技制高点的国际竞争日益激烈。

在经济全球化与社会信息化的共同推动下，资本、人才、信息等创新要素在全球范围内加速流动。大数据成为战略资源，网络与信息安全成为影响国家安全的新领域。新技术、新产业的国际竞争日益激烈，主要大国纷纷制定面向全球、面向未来的国家战略，力争抢占新一轮科技创新的制高点。

美国政府一向重视抢抓前沿科技突破的战略机遇。第二次世界大战结束后，美国政府在不同时期制定的前沿科技战略均取得了引人瞩目的成效。20 世纪 50 年代的核能计划、60 年代的阿波罗计划、80 年代的星球大战计划、90 年代的信息高速公路计划，使美国在每一轮前沿技术变革中都成为执牛耳者。国际金融危机后，美国政府提出“振兴制造业”战略，2011 年 2 月又提出“美国创新战略”，将培养一流劳动力的教育、保持基础研究的领先地位、建设先进基础设施和信息科技生态系统作为战略重点。

其他大国也不甘落后。欧盟在 2014 年正式启动“地平线 2020”科研计划。俄罗斯在 2013 年发布了《2018 年前信息技术产业发展规划》。日本继 2001 年的“e-Japan”战略、2004 年的“u-Japan”战略之后，又在 2009 年推出了“i-Japan 战略 2015”。德国政府制定了广为人知的“工业 4.0”战略。

各国的科技创新战略虽然内容各异，但也有不少共同点。一是政府与企业分工合作、各司其职。政府通过战略和相应的政策手段对创新加以引导，不断完善创新环境。企业作为创新主体，自主决策、自主创新。二是选择面向未来的重大科技作为重点领域，新一代信息技术无一例外地成为重点，有的国家还将生物技术、新能源、新材料、智能制造等纳入战略。三是完善支撑创新的基础条件，如培养理工科人才、完善基础设施、保护知识产权、加大对基础科学研究的资助力度等。四是注重创新成果的产业化，如重视扶持创新型中小企业、完善创新导向的金融体系以及政府采购创造市场需求等。

（4）科技创新对经济社会的作用和影响。

党的十八大以来，习近平总书记在多个场合论述了科技创新对中国发展的重要意义。他指出："当前从全球范围看，科学技术越来越成为推动经济社会发展的主要力量，创新驱动是大势所趋。"科技水平决定了一个国家综合实力的高低，创新则是推动国家进步的源泉。人类历史上的每一次科技革命都导致全球政治、经济势力版图的重构。

① 科技与经济、社会、教育、文化的关系日益紧密。

当前，经济发展的竞争压力越来越大，竞争最激烈的领域越来越集中在科技创新上。谁能在科技创新上先人一步、快人一拍、高人一筹，谁就能在激烈的竞争中抢占先机，掌握优势，赢得主动。要依靠科技支撑引领新型工业化、农业现代化、高新技术产业化，依靠科技创新，加快科技成果向现实生产力转化，推动经济快速健康发展。

现在的一些经济社会发展中的重大科技问题，已不单纯是自然科学与技术问题。例如，温室效应，臭氧层破坏，资源环境，艾滋病等流行性疾病的预防、控制与治疗，如何实现人与自然和谐发展，如何实现经济、社会全面、协调、可持续发展等，这些问题不仅涉及自然科学的认知和技术支撑，同时涉及经济、政治、法律、社会发展、文化和教育等。这些问题的解决超出了自然科学技术的能力范围，必须综合运用自然科学、技术手段和人文社会科学研究协同解决。

② 科技已经成为经济和社会发展的主导力量。

以信息科学技术为例，信息制造业和信息服务业等新兴产业迅速崛起，已成为世界第一支柱产业，成为带动世界经济增长的火车头。信息技术与传统产业相结合，有力地促进了传统产业的技术升级。有关资料统计，美国 1990 年长达 10 年的经济持续高速增长，其中 35%来自于新兴产业发展，而 65%则是由于传统产业的技术升级和生产率的提高。美国官方公布的数据显示，尽管美国经济处于周期性低谷，其生产率却继续保持飞速增长，《Gobless Gross》一书中提到，2002 年达到 5%（1991—1995 年为 1.8%，1996—2001 年为 2.6%）。此外，生物技术、纳米技术和能源技术对经济的影响，更主要地也是体现在新技术与现有传统产业的结合上，从而引发农业、医药、材料、能源等产业结构的新一轮变革，加速传统产业的高技术化。

③ 科技让国家安全格局发生重大变化。

现在国家安全概念已经不是疆土的安全概念，更现实、更重要的是网络安全、经济安全、文化安全和新的军事安全等。网络被称为第四疆土。现代战争已经转向数字化、信息化、网络化的时代，精确打击、光电、隐形、超限和新概念武器成为当代军事科技竞争的焦点或者是制高点（如海湾战争、伊拉克战争，完全呈现不对称的格局，美国拥有压倒性的优势：太空卫星，2 万米高空有无人机，1 万米高空有预警机，再往下是战斗机，GPS 定位仪配属到班）。

1.2 创新国家

中国确定2020年建设创新型国家与创新型国家的标准。

（1）2006年1月9日开幕的全国科学技术大会上部署实施的《国家中长期科学和技术发展规划纲要（2006－2020年）》确定了中国未来15年科技发展的目标是，2020年建成创新国家，使科技发展成为经济社会发展的有力支撑。

胡锦涛在大会开幕式的讲话中对“创新型国家”的标准做了描述：科技促进经济、社会发展和保障国家安全的能力要显著增强，基础科学和前沿技术研究综合实力要显著增强，并要取得一批在世界上具有重大影响的科学技术成果。中国未来15年科技发展的目标：2020年建成创新型国家，使科技发展成为经济社会发展的有力支撑。中国科技创新的基本指标是，到2020年，经济增长的科技进步贡献率要从39%提高到60%以上，全社会的研发投入占GDP的比例要从1.35%提高到2.5%。

胡锦涛指出，到2020年，我们要达到的目标是：基本建成适应社会主义市场经济体制、符合科技发展规律的中国特色国家创新体系，原创能力明显提高，集成创新、引进消化吸收再创新能力大幅增强，关键领域科学研究实现原创性重大突破，战略性高技术领域的技术研发实现跨越式发展，若干领域创新成果进入世界前列；创新环境更加优化，创新效益大幅提高，创新人才竞相涌现，全民科学素质普遍提高，科技支撑引领经济、社会发展能力大幅提升，进入创新型国家行列。

创新型国家战略的提出，意味着中国将改变过去所遵循的模仿创新科技发展战略，从过分依赖投资和资源利用率低的经济增长方式向自主创新驱动的现代模式转变。中国计划在2010年前后调整完善国家创新体系，在2020年成为创新型国家，在2050年成为具有较强科技创新能力的世界一流国家。

党中央、国务院做出的建设创新型国家的决策，是事关社会主义现代化建设全局的重大战略决策。党的十八大确定了2020年全面建成社会主义小康社会的宏伟蓝图，提出实施创新驱动发展战略，加快转变经济发展方式，加快建设创新型国家。2014年5月，习近平总书记在河南考察时指出，“要推动中国制造向中国创造转变、中国速度向中国质量转变、中国产品向中国品牌转变”。实施创新驱动发展战略，加快发展方式转变，不但需要加强创新投入，建设以企、事业为主体，产、学、研结合的创新体系，提升自主创新能力，还需要发挥媒体的作用，普及科学知识，弘扬科学精神，传播科学方法，提升民族科学文化素质，创新、创业意识和自信心，建设创新文化，在全社会形成尊重支持创新、创业、创造的文化氛围和社会环境。

半个多世纪以来，世界上众多国家都在各自不同的起点上，努力寻求实现工业化和现代化的道路。一些国家主要依靠自身丰富的自然资源增加国民财富，如中东产油国家；一些国家主要依附于发达国家的资本、市场和技术，如一些拉美国家；还有一些国家把科技创新作为基本战略，大幅度提高科技创新能力，形成日益强大的竞争优势，国际学术界把这一类国家称为创新型国家。

作为创新型国家，应具备以下4个特征。

① 创新投入高，国家的研发投入占GDP的比例一般在2%以上。

② 科技进步贡献率高达 70%以上。

③ 自主创新能力强，国家的对外技术依存度指标通常在 30%以下。

④ 创新产出高。目前世界上公认的 20 个左右的创新型国家所拥有的发明专利数量占全世界总数的 99%。

是否拥有高效的国家创新体系是区分创新型国家与非创新型国家的主要标志。人们往往用相关创新投入和产出的指标从一个侧面来衡量国家的创新程度，一般来说，创新型国家的创新综合指数明显高于其他国家。

（2）当前，国家产业升级，全民大众创业，万众创新。

近年来，随着全面深化改革、继续扩大开放和创新驱动发展战略的实施，我国迎来了世界科技创新格局调整时期。技术、人才、资本等创新要素聚集，创业服务基础设施和市场环境得到很大改善，在 960 万平方千米的土地上掀起了“大众创业”“万众创新”的新浪潮。2014 年，全国科技企业孵化器数量超过 1600 家，在孵企业有 8 万余家，就业人数达 175 万；国家高新区有 115 家，园区注册企业超过 50 万家，仅中关村新增科技企业就有 1.3 万家；全国创业投资机构有 1000 余家，资本总量超过 3500 亿元；全国近 30 万项技术成果通过技术市场转移转化，全年技术合同成交额达 8577 亿元。

在深入实施创新驱动发展战略和适应经济发展新常态的大背景下，需进一步推进大众创新创业。具体来说就是要加快转变政府职能，进一步激发市场活力，以构建“众创空间”为载体，有效整合资源，集成落实政策，完善服务模式，培育创新文化，让创业者的奇思妙想与市场需求充分对接，从铺天盖地的初创企业中培育出顶天立地的“小巨人”，形成大众创业、万众创新的生动局面。

1.3　创新教育

“科技创新，关键在人才”，关键在于要有自主创新意识和自主创新能力的人才。在知识经济时代，科技创新更是一个国家国民经济发展的重要基石。因此，培养当代大学生的科技创新意识、创新精神及创新能力是目前高校教育的一个重要课题。

1．加强创新教育是提高人才适应经济社会产业发展的需要

培养大学生的科技创新能力是提高人才适应经济社会产业发展的需要，是建设社会主义现代化的需要。深化教育改革，加快培养具有科技创新精神和创新能力的高素质人才，已成为我们在未来竞争中赢得主动权的关键。当代大学生是将来建设中国特色社会主义的主力军，高等教育必须尽快担负起培养大学生科技创新精神和创新能力的历史责任，把增强大学生创新能力上升到关系中华民族兴衰存亡的高度来认识。而对于肩负振兴中华历史使命的当代大学生来说，只有培养高度的科技创新精神，在学习和工作中大胆创新，才能担负起建设社会主义现代化、实现中华民族伟大复兴的历史重任。

2．加强创新教育是当代大学人才培养模式改革的需要

《中共中央　国务院关于深化教育改革，全面推进素质教育的决定》指出，“高等教育要重视培养大学生的创新能力、实践能力和创业精神，普遍提高大学生的人文素养和科学素质。高等学校是培养高素质创新性人才的基础，必须把培养大学生的创新意识、创新精

神和创新能力作为自己重要的工作目标，为创新人才的培养创造更为宽松的成长环境。大学生科技创新活动既是大学科技创新体系和科技创新活动的重要组成部分，也是国家创新体系中最具活力的组成部分。

构建国家创新体系，面向知识经济实施创新战略包括一系列重要环节，除了知识创新和技术创新外，还必须重视它们与观念创新、组织创新、管理创新、制度创新之间的联系，教育创新也不例外。必须转变那种妨碍学生创新精神和创新能力发展的教育观念、教育模式。教育创新应该包括教育观念创新、教育模式创新、教学内容创新、教学方法创新、教育评价创新和教育教学制度创新，它是一项宏大的社会系统工程，需要教育领域和全社会的共同努力。

3. 加强创新教育是促进大学生创业就业的需要

创新教育中，注重学生学习兴趣的激发、创新精神的培养、潜能的开发、个性的发展和实践能力的提高，对提高学生综合素质、增加学生就业机会具有重要意义。在拥有一流的人才、一流的科研设备、全新的知识和高新技术的高等学校，对新世纪人才创新能力的培养进行研究和实践，为国家现代化建设培养一大批有素质、有创新意识、有创新能力的人才，不仅是教育事业自身发展的需要，更是国家兴旺、民族振兴的要求；对于全面推进素质教育，具有重要的现实意义；对于加快我国现代化建设、加强我国综合国力具有重要的战略意义。

思 考 题

你认为创新重要吗？为什么？请从国家、社会、家庭或个人层面上进行说明。

第 2 章　创新基础

对于创新来说，方法就是新的世界，最重要的不是知识，而是思路。

——郎加明

2.1　创新的概念

2.1.1　创新的由来

研究创新教育，首先要认识和了解创新教育的基本概念。虽然创新教育在我国已经提出多年，但关于创新教育的定义至今众说纷纭，无相对稳定的论断阐释。

创新是一个外来词，是从英文 Innovate（动词）和 Innovation（名词）翻译而来的。根据韦伯斯特词典的定义，“创新”一词的含义包括两个方面，即引入新概念和革新。经济学家约瑟夫·A·熊彼得将“创新”的概念引入经济学并使之成为一门有影响的经济理论。他首先在《经济发展理论》一书中提出了“创新理论”（Innovation Theory），以后又在各著作中加以应用和发挥。在他看来，所谓“创新”，包括以下 5 个方面：① 引进新产品；② 引用新技术，即新的生产方法；③ 开辟新市场；④ 控制原材料的新供应来源；⑤ 实现企业的新组织。按照这一观点，“创新”就是“建立一种新的生产函数”，把一种从来没有过的关于生产要素和生产条件的“新组合”引入生产体系。

熊彼得的创新理论经过克里斯托弗·弗里曼、伦德华尔、理查德·R·纳尔逊等人的发展，逐步揭示了国家创新系统在经济发展中的重要作用，突出了知识创新的地位。1993 年美国著名战略研究专家德伯拉·爱尔顿在《知识创新：共同的语言》中提出知识创新是指新思想产生、深化、交流并应用到产品（服务）中去以促使企业获得成功，国家经济活动得到增强，社会取得进步。知识创新引起了以国际经济合作与发展组织（OECD，简称经合组织）为代表的世界各国的极大关注。经合组织于 1995 年、1996 年组织专门的国家创新系统学习班和研讨会，并于 1997 年发表了《国际创新系统》专题报告。

美国著名管理学家德鲁克将“创新”的概念引入管理领域，从而进一步发展了创新理论。他所定义的创新就是赋予资源以新的创造财富能力的行为。他认为创新有两种：一种是技术创新，即在自然界中为某种自然物找到新的应用，并赋予新的经济价值；一种是社会创新，是在经济与社会中创造一种新的管理机构、管理方式或管理手段，从而在资源配置中取得较大的经济价值与社会价值。德鲁克认为，社会创新与技术创新不同，技术创新必须以科学技术为基础，而有些社会创新并不需要科学技术。社会创新的难度比技术创新的难度大，发挥的作用和产生的影响要比技术创新大很多。他进一步从整个国家的社会经济发展来考虑社会创新问题。他认为，日本的成功完全来自社会创新。从根本上说是1867年以来一直实行的门户开放政策。因此，德鲁克认为，与其说“创新”是一个技术性词汇，不如说是一个经济学的或社会学的术语更为贴切。1992年，经合组织发表的《技术创新统计手册》认为，创新是一个广泛的概念。对它的精确定义依赖于度量和分析特定目的，技术创新在本来意义上包括两种创新，即产品创新和工艺创新，在任何经济部门都能发生创新，包括诸如卫生和教育部门这类政府服务机构。因此，创新具有多种内容和多个方面，根据强调的方面不同，对创新就会有不同的定义和分类。

德国著名社会学家沃尔夫冈·查普夫把当代文献中研究创新的理论分为七类。其一，在企业经济学中，创新是企业内部的组织变化，它们或者改变了劳资关系，或者全面改组机构。其二，在职业研究中，创新是新的服务行业，它们或者作为生产和推销新产品的补充，或者作为产品的替代，或者完全是一种新的产品。在规划、设计、培训、治疗、组织、咨询等方面提供专业服务。其三，以技术作为创新，为了解决社会问题，将技术装备和服务结合起来。其四，自发产生的发明作为创新，即克服创新阻力的方法是使相关人员参与到创新计划中去。其五，政治创新，政治创新是超出常规的重大创新，对体制或整体社会具有影响力，并且在某种意义上说是持久的影响力。其六，以满足新的模式需要作为创新，即创新意味着对市场商品、市场服务以及国内生产份额的每一次显著的分配。其七，新的生活方式作为创新。生活方式是个人如何组织其资源支出，既要满足需求，又要表达价值观和身份要求。

所以创新是一个广泛的概念，包括各种类型的创新，诸如观念创新、制度创新、组织创新、管理创新、教育创新、文化创新、艺术创新等，包括科学、技术、政治、经济、组织、金融、商业的一系列创新活动。创新不仅指那些新出现的事物，也包括对旧事物加以改造使其以新的形式出现或以新的方式结合而出现。从创新行为的角度，我们可以这样来描述创新：创新是人们根据一定的目标，在相关客观规律的影响和指导下，运用已有的知识、信息，形成新的设想，创造新事物和对一定的活动客体或者社会架构进行改组、改造、革新的智力活动过程和行为。

2.1.2 创新的内涵

虽然不同学科对创新的理解存在差异，但在本质上都肯定了创新是更新、制造新的东西或改变某种东西。从更抽象的哲学意义上来看，创新是人类永恒的活动，是人类主体性的体现。对于人类社会而言，人类发展的历史实际上就是不断创新的历史，从原始社会到现代文明社会，人类的进步和发展无一不是创新的结果，特别是在科学技术迅猛发展的当代，新观念、新发明、新技术、新工艺、新方法、新创造不断涌现，创新已经成为时代的主旋律。

对于个体而言，更重要的是创新意味着人类个体生命质量的提升，人类在不断改造客观世界的同时，更在改造自己的主观世界，从而使人自身内涵获得了极大的丰富和扩充。就人类自身而言，创新是人类的本性，是人的本质特征。德国人类学家兰德曼说，如果人有某种不能改变的东西，那么这个东西就是人的创新本性。德国哲学家江西尔也把创新作为“我们人类世界与自然界的天然分界线”的“标示”。人具有极大的可塑性，善于通过学习、活动、实践获取知识、经验来认识自我，发展自我，进行创新。人作为活动的、实践的存在物，永远是一种未完成的存在物，它不会停留在某种已经变成的东西上，不会满足于某种获得的规定性。人总是通过自己的实践再生产、再创造，正如马克思所说，人“通过实践创造对象世界，即改造无机界，人证明自己是有意识的类存在物”。

2.2　创新的类型

2.2.1　创新的分类

为了加深对创新的理解，有必要对创新进行分类。创新分类的参考指标很多，不同分类指标得出不同的分类。根据创新的表现形式进行分类：如知识创新、技术创新、服务创新、制度创新、组织创新、管理创新等。根据创新的领域进行分类：如教育创新、金融创新、工业创新、农业创新、国防创新、社会创新、文化创新等。根据创新的行为主体进行分类：如政府创新、企业创新、团体创新、大学创新、科研机构创新、个人创新等。根据创新的方式进行分类：如独立创新、合作创新等。根据创新的意义大小进行分类：如渐进性创新、突破性创新、革命性创新等。根据创新的效果进行分类：有价值的创新，如计算机发明等；无价值的创新，如没有市场需求的新产品等；负效应创新，如污染环境的新产品等。根据创新的层次进行分类：首创型创新、改进型创新、应用型创新。

本书重点分析体制创新、文化创新、科技创新、教育创新等与创新教育紧密联系的几个创新形式和创新领域。

2.2.2　体制创新

1. 体制的内涵

我们把体制定义为具有某种属性的事物的全体，其构成各要素之间（包括主体和客体）形成的因果关系、相互作用、调节方式或社会关系。这个定义与辞海中的定义“国家机关、企事业单位的组织制度”是基本上一致的。“国家机关、企事业单位”是指具有某种属性的事物的个体或其构成要素，组织制度就是各构成要素间形成的因果关系、相互作用、调节方式或者概括为社会关系。

按照这个定义，对体制概念的把握主要有两层含义。首先，把“体制”理解为一种达到构成体制的各要素运行和发展的制度手段，制度可以是抽象的、无形的，或者不易察觉到的。它可以正规化，并通过颁布法令来完成；也可以非正规化，借助默契来完成。它可以是狭义的，仅涉及几项活动（如获得许可证等）；也可以包罗万象，涉及众多的活动（如一国财产法）。而体制包括政治的、社会的和经济的结构、组织、法律、规则和信仰等，它们以一定的方式相互作用，直接或间接地影响着构成体制各要素的变化和发展（如经济体制直接或间接地影响消费、交换和生产）。体制产生在先，制度产生在后；制度是抽象的，体制则是具体的；某些具体的制度仅仅是体制的构成要素。

其次，应将“体制”理解为一种“组织体系”和“秩序制度”。这时，“体制”就可以定义为构成体制的各要素之间（包括主体要素和客体要素）的组合方式及其框架所形成的组织体系的总和。例如，经济体制中的主体要素包括个人、家庭、企业、国家（政府），甚至一些跨国性经济组织；客体要素包括自然资源、资金、技术、劳动力等各种经济资源；经济制度作为组织体系和秩序制度的总和（简称制度要素），主要体现为各个主体利用客体实现经济运行过程中相互关系的固定化性质，构成体制诸要素间的组织框架和秩序制度是其精髓，因为它是可变的，更具有主观能动性，是任何体制改革的基本对象。

显然体制的内容是极其丰富的，若干个要素就可以形成某种体制，体制中有“体制”，就像生物圈一样。确实，无论是过去和现在的理论研究成果，都无法把某一具体的体制的构成要素和其相互关系、调节方式完全列举，只能进行抽象和概括。例如，经济体制中含有对外经济贸易体制、工业体制、交通运输体制、投资体制、金融体制、价格体制等。它们与太阳系统、银河系统、生物系统、机器系统等物质系统一样，内容丰富多彩，形式千变万化。对体制的构成要素及其组合也是仁者见仁、智者见智。以经济体制为例，所有制、决策结构、动力结构、信息结构、监督结构、组织结构等都是人们经常谈到的体制要素，有人认为是“三分法”，有人认为是“五分法”，还有人认为是“八分法”。如果试图全面、完整地描述体制的所有“零部件”和“细节”，那无异于用一张地球那么大的纸去画“地球”。因此，我们只有将体制研究的重点放在体制的结构和效能、决策过程，信息的整理和应用，行为规则等方面。正是基于这样的考虑，在本书的研究中，根据体制的基本内容，把体制定义为：具有某种属性的事物的全体（体制要素），其构成各要素之间在运行过程中的决策机制。按照这个定义，经济体制就可以定义为在生产、分配、交换和消费等基本领域内做出经济决策的机制，这样，不论什么体制，其构成要素虽不尽相像，但是其决策机制的要求都是相似的，科学的决策机制是体制促进社会生产力发展以及经济正常运行的保证。我们认为决策机制是由决策结构、信息结构和动力结构组成的，即体制也是由这三大结构组成的，各种体制的差别是由这 3 个结构的差异造成的。研究这些结构及其之间的相互关系，才能对体制做出正确的选择，使整个社会系统有效地运行。按照决策机制的要求重新构造体制的过程，就是体制改革的过程，更是体制再造的过程。

2．体制创新的内涵和方式

（1）体制创新的内涵。

所谓体制创新，就是根据新的生产力发展要求，对系统化的体系及其运作机制重新进行安排，使之适应经济社会发展的需要。体制创新，既不是对传统体制进行修补，也不是简单的机构精简，而是一场以机构改革为中心内容的对管理体制的全面的综合性的革命。在这场“革命”中，不仅要精简机构和人员，变更诸如政府与市场、政府与企业、政府与社会，以及各级政府之间和政府各部门之间的各种权力和利益关系，转变政府职能；而且要深化经济、人事制度改革，加强人才市场的建设和管理；同时要健全行政法制，实现依法行政，还要改进政府决策体制，推进决策的科学化、民主化。

（2）体制创新的方式。

体制创新是一个非常复杂的过程，体制创新的方向和规模不是随机的。

诱致性制度变迁，由于是各经济主体在亲自参与经济活动中为捕捉新的获利机会，自发和自觉地开展的制度创新活动。因此，能够更贴近他们自身的利益和符合实际的要求，而且，它所给出的新制度安排因信息供给充分，更接近制度创新的优点。改革创新的动力强，涉及的社会阻力小，创新准备阶段的成本和摩擦成本少。但因这种制度创新自发地分散在许多点上，制度安排的规范性差，所以新体制完善阶段的成本大。

强制性变迁，是由政府来启动和推进制度创新活动，能够比较迅速地在广阔的层面上形成制度增量，以替代旧制度安排，减少制度创新的实施成本和新体制完善阶段的成本。需要避免的是，由于政府设计的制度创新方案和措施，缺乏充分的信息供给，而远离制度创新的可能性边界和优点；而且有时它不可避免地会带有浓厚的专家主观色彩而难以与人民大众多样的制度创新选择相吻合。其结果不是创新的方案因脱离实际而迟迟难以出台，最后不得不束之高阁；就是强制实施而增大改革的社会阻力，增大摩擦成本，甚至引起经济的混乱和社会矛盾的尖锐，使改革受挫。

渐进式改革，由于是逐步推进、逐步改变社会权力格局和利益关系，每一阶段上的打击面较小，每一步改革所遇到的社会阻力也较小，因而改革的准备成本及推进成本比较小。但由于局部推进，经济运行往往处于信号扭曲的状态之中，会加大双重体制之间的摩擦成本，同时新旧体制的并存与干扰，既会使新体制变形，削弱其自身的效能，又会使旧体制的原有功能削弱或丧失，使体制创新掉入“真空”之中，有时会贻误有利的改革时机，增加下一步改革的难度。

激进式改革，改革的速度快，若能在较短的时间内完成过渡，信号扭曲的问题越能尽快彻底纠正，并迅速地建立起关于新制度的“知识”，产生新体制的稳定预期，经济面临的损失会越少，体制创新的摩擦费用小。但激进式的改革是迅速地打破旧体制或迅速地全面改变原有的既得利益关系，开始往往出现较大的“震荡”，会遇到较大的社会阻力和引起激烈的社会冲突，增大改革的阻力，促使体制创新实施的成本加大，又因从旧体制迅速转入新体制，新体制的完善成本增加。

任何一种体制创新方式都有优势和弱势，试图在体制创新过程中吸收其全部优势的同时，舍弃其弊端是非现实的。我们所能做的只能是通过认真分析创新时所面临的不同条件、创新的目标，来确定何时采取哪种创新方式更有利于降低创新的总体成本，有利于实现创新目标。

2.2.3 文化创新

1. 文化的内涵

（1）文化的概念

“文化”的概念极为复杂，人们的理解存在诸多歧义。对于文化的研究，从各学科、学术角度进行得较多，但也需要从整个社会系统着眼进行探讨。

英文中的 Culture（文化）一词来源于拉丁文 Cultural，而 Cultural 源于 Cultus，Cultus 又是 Colere 的过去分词形式。Colere（Colo）的基本含义是“耕种、培育；修饰、打扮；

景仰、崇拜、祭柜”。英语中的 Culture 原意包含耕种、居住、练习、注意、敬神。到古希腊、罗马时代，这个词的含义转变为改造、完善人的内在世界，使人具有理想公民素质的过程。古罗马政治家西塞罗把文化一词引申为“耕耘智慧”（Cultura Mentis）。

自 15 世纪以后，逐渐引申使用，意为耕作、培养、教育、发展、尊重等，并进一步引申为培养一个人的兴趣、精神和智能，进而把对人的品德和能力的培养也称为文化。文化开始有了物质文化和精神文化的区分，但是被神学所遮蔽。在 18 世纪，法国的启蒙思想家把文化看作与教养相联系的人的理性。沃费纳格、伏尔泰把文化称为训练和修养心智的结果。德国古典哲学把文化用来说明其深奥的哲学、道德、生活、宗教艺术等精神生活的内涵。1852 年，纽曼把文化理解为“精神耕耘”（Mental Culture）、“智力耕耘”（Intelle Culture），这和教养、培养（Cultivation）的意思相近。有关文化的专门研究，源于 19 世纪西方一些学者对原始社会的探索，他们是从社会学和人类学方面来理解的。

现代人们认识到，文化是人的生存方式和生活方式。牛津辞典对文化的解释是：人类能力的高度发展，借训练与经验而促成的身心的发展、锻炼、修养；或人类社会智力发展的证据、文明，如艺术、科学等。

目前，关于文化的定义已有多种，但仍是一个悬而未决、争论不休的问题。基于不同的学科和不同的视角，对文化现象进行分析考察，所得出的观点自然不会相同。归纳起来，大体可以划分为狭义和广义两种。广义的文化指人类创造的一切物质产品和精神产品的总和。狭义的文化专指包括语言、文学、艺术及一切意识形态在内的精神产品。

具体来说，文化是特定的人群或组织于一定的环境中，从生存与发展的需要出发，通过创新而发展起来的一套模式，这套模式中的社会成员群集互应，有着共同的心理习惯、思维定式、人生态度、工作方式等，以价值观念为核心，通过学习、认知等社会行为，使人们彼此沟通和融合，并承继和延续下去。文化是指人的生存、生活方式及其所追求的价值，表现于人们实际“所思、所言、所为”之中。

（2）文化的本质属性

文化的内涵极其丰富，而且随着社会发展，其内容也相应地发生改变，从而造成了文化定义的多样性。实际上，每一种定义包含着对文化本质属性的概括。

美国人类学家克莱德 • 克鲁克洪在《文化与个人》一书中对文化的本质属性做了总结：① 文化是学而知之的；② 文化是由构成人类存在的生物学成分、环境科学成分、心理学成分以及历史学成分衍生而来的；③ 文化具有结构；④ 文化分隔为各个方面；⑤ 文化是动态的；⑥ 文化是可变的；⑦ 文化显示出规律性，它可借助科学方法加以分析；⑧ 文化是个人适应其整个环境的工具，是表达其创造性的手段。

在《中国大百科全书》中，文化的本质被归纳为 5 个方面。① 文化是由人类进化过程中衍生出来或创造出来的。自然存在物不是文化，只有经过人类有意、无意加工制作出来的东西才是文化。② 文化是后天习得的。文化不是先天的遗传本能，而是后天习得的经验和知识。③ 文化是共有的。文化是人类共同创造的社会性产物，它必须为一个社会或群体的全体成员共同接受和遵循，才能成为文化。④ 文化是一个连续不断的动态过程。文化既是一定社会、一定时代的产物，是一份社会遗产，又是一个连续不断的累积过程。⑤ 文化具有民族性和特定的阶级性。

刘守敬等在《文化学通论》中认为，文化的基本特征有 3 个。① 超自然性和超个体性。

超自然性是指文化深深地烙上了人智力的印记，超越了自然界本身，这种超越不仅仅是自然事物，还包括人的本能。超个体性意味着文化是通过社会群体来积累与传播的。② 贯通时空的普遍性、永恒性与具体形态的民族性、阶级性和时代性。在所有人类活动的时空中，都存在着文化。这是文化的普遍性和永恒性。在具体的活动中，不同的民族、文化是不相同的；同时，文化还与一定的阶级与阶层相联系，具有阶级性。此外，随着时代的发展和社会的进步，文化还不断地改变它的形式和内容，具有鲜明的时代性。③ 继承性与变异性。每一种文化都是由其先前的文化转化而来的，即继承性。与此同时，这种继承性不是固定不变的，随着时代发展，会添加一些新的内涵，即发生变异。

2. 文化创新的途径

人类发展新文化主要有 3 条途径：一是向自己的祖先学习，从自己的传统中吸收精华，保养自己；二是向异文化学习，从别人的文化中汲取营养，滋润自己；三是进行整合创新，兼收并蓄，为我所用，扬长避短，有机整合，创造新质。

（1）吸收传统，推陈出新。

传统文化是特定时间、特定背景、特定历史条件下产生出来的特定文化，积淀着民族的历史与精神，是我们了解过去、筹划未来的重要参照。传统文化是每个民族的珍贵财富。尊重传统，吸收传统，既可以让我们增智明理，并时时唤起我们的生活情感，又可以巩固我们的生命积淀，延续我们的精神命脉。

传统文化在帮助人类认识民族传统的同时，也为人类发展新文化提供了丰富的源泉和充足的动力，它在社会发展、科技创新过程中发挥着越来越大的作用：无论是天文学、医药学、建筑学、环境学、食品学，还是电子学、仿生学、基因工程等，都可以从祖先的文化传统中获得灵感，汲取精神营养。继承优秀遗产是发展新文化的前提。透过各种文化遗产，不但可以使人类了解到历史上各个时代的科技发展水平，同时还可以从祖先所创造的文明中汲取更多的精华和灵感，为新时代的学术研究、文化发展提供极其珍贵的资源，同时也启示后人继往开来，创造更为辉煌的文明。

中国传统文化包含着鼓励创新的丰富内涵。“自强不息”的文化精神与创新图强的民族追求内在一致。中国传统文化强调推陈出新、革故鼎新，与自然界万物生生不息相应，主张有机的生成论，这种文化特质与当代改革创新的时代精神高度契合。

（2）学习异文化，合理扬弃。

任何文化体系都是人类根据不同的自然环境和人文环境创造出来的，是人类智慧的结晶。社会是一个开放的系统，不同文化的相互交流、相互补充，为文化创新提供了源泉和条件。

汲取国外先进文化以丰富自己的文化内涵，是中国新文化创造的传统。中国文化就是在与不同文化的对话与融合中发展起来的。在先秦时期有诸子百家的对话，以后有汉民族文化与其他少数民族文化的对话，以及佛教文化与中华文化的对话等。近代以来，从被迫打开国门到主动对外开放，中国文化更是在与西方文化的对话中生长起来的。从鸦片战争到五四运动时期，在西方列强的冲击下，中国被迫向西方学习，文化的冲击给人以震撼，发挥了启蒙作用。“科学”和“民主”的思潮涌入，改变了中国社会的进程。但是对封建文化批判不彻底，对西方先进的文化学习不够，西方文化的精华被长期拒之门外。后来向苏联学习，向苏联“一边倒”，受苏联影响很大，在几十年的时间里，与西方发达国家没有经济技术往来，结果差距越拉越大。20 世纪 80 年代后，在建设中国特色社会主义的伟大实践中，发展面向现代化、面向世界、面向未来的，民族的，科学的，大众的社会主义文化，创造更加灿烂辉煌的中华文明。

我们要以中国文化的博大胸襟与犀利眼光来看世界上所有文化与人类历史上的一切文化资源，通过深入思考理解取舍文化的吸收、借鉴和整合。要允许社会文化的多样化存在，并促进社会文化的多样化发展。要着眼世界文化发展的最前沿，瞄准新思想、新观念、新成果，吸收世界思想文化的精华。作为当代西方文化重要思想形式和理论形式的西方社会思潮，如知识经济思潮、生态文化思潮、人本主义思潮、全球化思想等，对世界各国产生了广泛的影响。同时，“文化帝国主义”“文化霸权”的影响也不可小视。要学习、吸收世界先进文化，抵制、防止不良文化的侵袭。

由于全球化进程加快，“文化全球化”在产业形态和精神形态两个层面上构成了对一个主权国家文化存在和发展的现实威胁。在全球化背景下发展我国的文化，必须既有效地维护和保障民族文化传统，防止民族文化被侵蚀和殖民化，同时又积极参与国际文化竞争。只有以开放的态势、包容的情怀，进行合理的扬弃，才有益于新文化的创造。

（3）有机整合，实践创新。

文化创新不只是表现在文化特质的开发、引进和创造上，有时甚至更为重要的是通过某种途径，对各种异质的、各种形态的文化达到合意的、理想的文化整合。整合也是一种创新。

世界上没有一成不变的东西，更没有一劳永逸的文化形态。文化重塑是建立一种全新的文化，以代替过去曾经引导组织走向成功，但现在很难满足组织成长需要，越往后越会阻碍其发展的旧文化。文化建设是一种具有历史继承性的动态过程，在此过程中，原有素质、历史积累、现实环境等都对某种文化发生影响。随着时代的前进、社会的进步，文化不能固守旧的体系停滞不前，而必须适应新的形势和环境，不断更新观念，注入新的内容，增强文化活力。

文化创新的内在动力之一是人化的内在自然，表现为人的需求不断更新，对现实状况不断超越，而人的超越目标受到客观条件的制约，导致人的文化创造的内在冲力和文化发展速度的差异。文化在共性上具有确定性，而在个性上具有不确定性，文化既是历史地形成的，又不断有新因素加入。文化的历史就是社会存在的历史。

文化创新包括文化观念创新、文化制度创新、文化理论创新，体现为文化内容和形式的创新，文化设施、工具和媒介的创新等方面。

文化创新，必须首先着眼于思想观念的转变、更新和理论的创造，克服对于西方文化的能力依赖和系统复制，立足于中华民族文化传统的丰富思想文化资源，融合世界一切优秀的文明成果，创造适应新时代的新文化。

中国特色的社会主义的文化，渊源于中华民族五千年文明史，又植根于中国特色社会主义的实践，博采各国文化之长。广泛吸收和借鉴人类社会创造的一切文明成果，是民族文化不断发展的重要源泉。建设中国特色的社会主义的文化，必须坚持百花齐放、百家争鸣，古为今用、洋为中用，推陈出新、整合创新的方针。百花齐放、百家争鸣，为文化事业的繁荣发展创造了一个民主、平等、宽松、和谐的环境；古为今用、洋为中用，体现了对中外优秀文化传统的继承和借鉴，也体现了面向现代化、面向世界、面向未来的宽广胸襟；推陈出新、整合创新，则体现了勇于开拓、勇于创造、在传承中超越、在实践中创造的文化创新精神。

文化建设最重要的是兼收并蓄，博采众长，有机合成，综合创新，在继承中超越，在实践中创新。

文化创新是国家创新体系建设中不可或缺的基础性工作，要以增强自主创新能力为核心，以改革促进文化理论创新、文化理念创新、传统文化创新和文化体制创新，推动文化内容、文化形式、文化工具等的全面发展。

2.2.4　科技创新

1．科技的内涵

（1）对科学的理解。

“科学”一词，产生的年代十分久远。早在古印度的梵语中，“科学”一词是指“特殊的智慧”；在古拉丁语中，“科学”泛指“知识”和“学问”。那时，人们对科学这一概念的认识十分肤浅。随着自然科学各学科的不断成熟和发展，人们的理解和认识也逐渐加深。许多人曾试图给“科学”下一个较为严格的定义，但很难有一个公认的权威的定义。科学确实是一种十分复杂的社会现象，人们对它有不同的理解。总的来看，对科学主要有以下几种认识。

① 科学是一种知识体系。《辞海》中对科学的定义是：“科学是关于自然界、社会和思维的知识体系……是实践经验的结晶。”这一观点强调科学不是零散的知识，而是这些知识单元的内在逻辑特征和知识单元之间的本质联系被揭示后建立起来的一个完整的知识体系。尚未纳入一个连贯的系统中的零散的知识汇集不能形成科学，当有目的地搜集事实和描述达到了能把它们纳入概念的系统、理论中去的水平时，知识才能变成科学的知识。

② 科学是知识加工的动态过程。这种观点认为，把科学仅仅描述为知识体系还不能刻画科学的本质特征。科学不是一种静态的知识，其本质上是一种探索活动，知识并不是科学，而是科学的产物；科学创造知识，但不是知识本身。科学的本质是一个认识过程、创造过程。因此，科学应该主要表现为思考和研究问题，离开了研究，科学就失去其意义了。

③ 科学是信念和约定的观点。这是由于随着现代科学的飞速发展、科学家集团的日益壮大和社会功能的日益突出，科学更多地表现为人的创造活动，从而提出了这种观点。把科学理解为信念和约定，突出了科学作为一种人的活动。

④ 科学是一种人类活动。近年来，科学活动论的观点逐渐被人们接受，即把科学看成一种重要的人类活动。首先，科学表现为一种社会建制。从事新知识生产的科学工作者被社会化地组织起来，服从一定的社会规范，为达到预定的目的而使用种种物质手段和周密制定的方法。其次，科学是人类特定的社会活动的成果，表现为发展着的知识系统，是借助相应的认识手段和方式生产出来的，构成当代观念和文化的重要方面。最后，科学活动是整个社会活动的一部分，它与经济、文化、社会活动相互作用，现代科学活动与生产活动有着密切关系，科学活动是生产活动的准备和手段，由于知识并入生产过程，知识转化为直接生产力。

（2）对技术的理解。

技术是人类在实践活动中，根据实践经验或科学原理创造出的各种物质手段以及经验、方法、技能、技巧等。技术是自然科学知识在生产实践过程中的运用，是人类在认识世界和改造世界的过程中积累起来的经验、方法、技巧、工艺和能力的总和，是物化的生产力。技术表现为物质形态——生产工具、仪器、工艺流程等，是直接的生产力。

技术体系由基本技术、生产技术和产业技术构成。基本技术包括物质变化技术、能量转换技术和信息控制技术。生产技术是基本技术的某种组合。产业技术表现为在生产活动中主导技术群的形成。主导技术群的更替是技术革命的标志，而技术革命进而导致产业革命，所以主导技术群是技术体系时代特征的标志。

当代高技术的发展主要体现在以下领域。

① 信息技术：微电子与光电子结合；多媒体与宽带网络技术结合；计算机与网络通信结合；超级平行计算机与虚拟现实结合；智能计算与认知、脑科学结合……显示了应用领域的广泛性和多样性。

② 新材料与先进制造技术：发展功能化、复合化、智能化、环境友好、可再生材料，纳米材料与技术，表面技术，微细工艺，微机电系统，智能、柔性、虚拟制造体系等。

③ 生物技术：基因组计划、基因工程、细胞工程、酶工程、蛋白质工程等，带来农业、食品与医药的革命。

④ 新能源：清洁安全核能、洁净煤技术、可再生能源、燃料电池、超导应用等，致力于能源的洁净、安全、高效、可再生性、可储存性、可分配性。

⑤ 环境保护技术：环境与生物规划，环境监测，绿色材料与工艺，用物理的、化学的、生物和生态等方法对环境进行综合治理，保护生态环境。

⑥ 航天技术：高效运载工具、应用卫星与卫星利用、天基网络、航天材料、空间环境。

⑦ 海洋技术：海洋能源、资源开发与利用，海洋与全球变化，海洋环境与生态。

2. 现代科学技术的内涵

从 18 世纪起，科学和技术结合在一起，使以经验为基础的技术转变为以科学为基础的技术，科学通过技术中介满足社会需要的这一物质价值开始显现。到了 20 世纪，几乎所有重大的技术都是在科学的指导和推动下诞生的。今天，现代科学和高新技术几乎形影不离，科学技术逐渐一体化，而高新技术的运用又带来了巨大的经济效益，并且发挥着巨大的社会功能。科学与技术的关系是你中有我、我中有你，相互联系、相互依存。现代科学技术日益发展成为一个门类繁多、纵横交错、相互渗透、彼此贯通的网络体系。

科学与技术一体化主要是指科学和技术的关系越来越密切，以致界限越来越模糊的现象。科学技术高度一体化形成了科学技术连续体，是从基础研究经应用研究和发展研究到实用技术的连续的整体。这种连续体的形成一般通过科学的技术化与技术的科学化两个过程相对展开，衔接后由于实践需要的推动相互渗透与融合而成。科学的技术化是指在总体的科学活动中包含着大量的技术科学研究、技术发展研究和技术应用作为其辅助部分。科学技术化是科学实验规模日益增大、所用仪器设备日益复杂，并且越来越普遍运用现代工艺技术而导致的结果。科学向技术的转化是指一定时代的科技实践主体基于当时的科学知识和技术能力，为了应用科学、创新技术和发展生产，在研究、开发、试验等实践活动中所实现的科技成果的商品化、产业化和社会化。它的主要特征在于科学的社会应用、科技与经济的结合，突出强调已有科技成果的商业化应用、产业化生产和社会化普及。广义地讲，它包括“科学革命→技术革命→产业革命→生产技术革新”各个阶段以及“基础研究→应用研究→开发研究→社会生产”各个环节中的一切变化和转化。技术的科学化意味着：第一，已有的技术上升为技术科学，形成系统的技术知识体系，反过来又完善和提高已有的技术；第二，技术创造发明根据已有的基础科研成果做出，即技术进步以科学进步为先导。而且，由于科学实验提出的技术原理符合某种实践需要，科学的技术化连续演变成新技术。科学与技术连成一体后，对其研究方式及发展速度、价值取向都产生了深刻的影响。

当今世界，科学、技术、经济、社会迅速一体化并互动发展，科学向技术的转化正是贯穿于其中的一条主线，也是顺利实现这一目的的根本途径和手段。如何实现从“基础科学→技术科学→应用科学→生产技术”的不断转化，如何缩短从“科学研究→技术开发→商品生产”的周期，提高竞争能力、赢得市场，已成为世界竞争的实质。科学向技术的转化过程，其实质是科学技术是第一生产力功能的实现过程，是科学、技术、经济、社会一体化的过程，具有重要的现实意义。

3. 科技创新的内涵及特征

（1）科技创新的内涵。

关于什么是科技创新，学术界的看法不尽一致。大部分学者把科技创新表述为科学创新与技术创新的合称。

科技创新过程对经济系统的变化产生巨大影响。在这个过程中，科学技术作为内在变量，既是各种不同形式的知识，又是各种不同的物质产品，可以通过人们对它的需求而表现为不同的形态，但它的基本内涵主要体现在人的创造行为之中。科技创新通过人们以科学技术为核心的不同创造行为，在时间序列上成为前后协调一致的过程。可以把科技创新看成技术创新过程前移而形成的过程，包括技术发明与科学发现的过程。

（2）科技创新的特征。

科技创新的特性主要包括复杂性、不确定性、高风险性、高投入性和高收益性等。只有深刻地理解这些特征，才能更好地理解它的各种组织活动及其变化。

① 复杂性。

科技创新活动是一个复杂的过程。其复杂性具体包括 5 个方面：第一，科技创新过程中的变化具有多重性，涉及能力、手段、知识、工具、方法、方式、程序等，它们既有有形的，也有无形的；第二，有众多创新主体的参与，如企业、政府、中介机构、大学、科研院所等，每一类创新主体都充当不同的角色，如政府除了营造创新政策环境的主要角色外，在具体过程中还充当投资者、决策者、实施者等角色；第三，存在着多种非线性的互动作用，包括同类主体的相互作用、非同类主体的相互作用、主体内部的相互作用，它们通过信息、知识等多种流动方式表现为公私的、人际的、机构的等多种关系；第四，在科技创新过程中，宏观上表现为多个阶段，它们存在着多重信息的扩散和回馈过程；第五，根据创新目标和要求不同，科技创新表现为从个体到企业，再由企业到创新群体，进一步到区域和创新系统等，跨越不同的创新层次。

② 不确定性。

以首次商业价值实现为标志的科技创新，不是做重复性的工作，而是前人没有实践过的行为。在采取新的实践行动之前，人们只有以前相关的经验，所依据的知识、信息等都是不充分的。任何一个科技创新项目，一旦按照创新目标展现开来，在内在结构和外部环境中就会出现许多新的因素。创新主体对这些新出现的因素，只有某种意向，缺乏了解，具体是什么，什么时候、什么地点出现，怎么样产生等问题，几乎是一无所知，它们的出现具有偶然性和意外性。这就是不确定性，是指人们的认识与科技创新客观存在的状况和结果之间的距离，是信息、理性差距的具体表现，它是不能用概率来估算的。在科技创新过程中，具体可以分解为技术方面的、市场方面的、收益方面的、制度环境方面的不确定性。科技创新的目标要求越高、难度越大，不确定性就越明显。

③ 高风险性。

风险性与不确定性密切相关，凡是有不确定性的地方，就会有风险性，但反过来说不一定成立。风险性是从人们承担科技创新后果的代价来理解的，它是以时间序列来进行估算的，是指可能发生某种无法预知的不好或有害事情而需要付出的代价。科技创新的高风险性，一方面是指由于高失败率而带来的巨大损失量。从成功率来看，纯学术性基础研究能最终实现科技创新的概率只有 5%，而所有科技创新的成功概率约为 50%。即使创新主体以为已经充分地掌握了有关成功的所有要素，采取最好的管理手段，科技创新失败仍在所难免。一旦失败，不得不承担代价。另一方面是指因失败使科技创新的高投入无法收回，从而蒙受巨大的损失，高科技创新更是如此。

④ 高投入性。

任何一种生产实践活动都需要投入。科技创新往往需要高投入。现代大多科技创新以最新的高技术为基础，需要许多高智能的科技人才。同时，由于科技创新涉及的因素多、范围广、技术难度大，需要投入大量的资金来添置、更新、改造有关的设备和设施，购买生产性的原材料，进行技术开发研究工作和市场销售等。这些投入需要做的工作都是开拓性的，如新的社会关系、经济关系、市场关系，因此比既有的生产性的投入大得多。在创新企业中，研究开发的费用为一般生产性企业的 10～20 倍，用于再研究开发的费用占销售收入的 5%～15%，高出生产性企业 2～5 倍。

⑤ 高收益性。

科技创新能带来巨大的经济效益。科技创新能够使生产效率极大地提高，降低生产成本。科技创新给企业确立新的核心竞争力，创造竞争优势，在一定时期内形成技术垄断。这种优势与垄断可以获得超额附加值，即高额垄断的利润，收益极高。如果能进行持续创新，不断地创造这种优势和垄断地位，那么高收益更是源源不断。尽管科技创新存在很高的失败率，但是由于高效益的存在，成功之后完全能够弥补因失败而造成的损失。

4. 科技创新的模式

(1) 线性科技创新模式。

① 科技推动模式。

科技推动模式把研究开发作为科技创新的主要源泉，基础研究产生新思想，推动创新。在科技的推动下，从创新成功的结果中获得许多信息，这些信息反馈使企业做出更好的创新决策，以便进一步调整科技创新的过程，并最终走向市场，如图 2.1 所示。这个过程是线性的，因此称为线性科技推动模式。

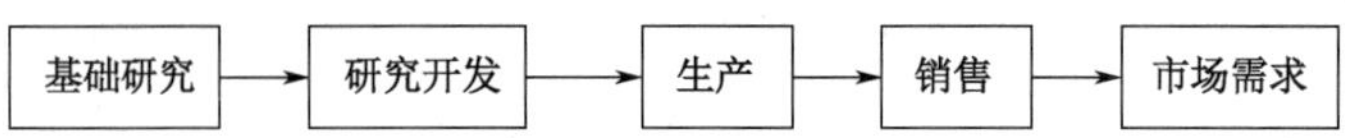

图 2.1　科技推动模式

② 需求拉动模式。

在相当长的一段时间里，科技推动模式被看作对创新行为的确切描述。但是，美国学者施穆克勒的研究结果表明，市场增长和市场潜力决定发明活动的速度与方向，即市场需求处在科技创新过程的源头，是科技创新的动力。这个观点被提炼为市场拉动模式。市场拉动模式也是线性的，由一系列先后发生的连续过程来实现。市场需求的信息为企业提供创新决策，引导基础研究以及研究开发活动，拉动科技创新的过程，如图 2.2 所示。需求拉动模式强调创新思想来源于客户的需求，研究开发部门的活动是被动的，科学技术发展所产生的成果只有与市场需求一致时，才有可能成就创新。

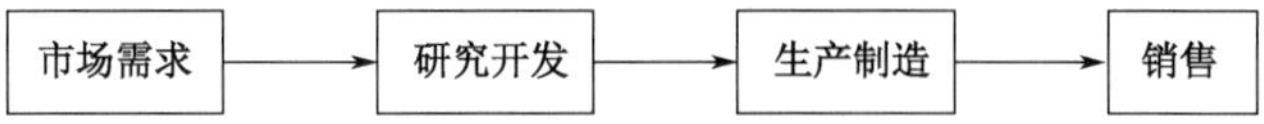

图 2.2　需求拉动模式

（2）非线性科技创新模式。

① 科技推动与市场需求的互动模式。

大量研究创新的结果表明，科学技术和市场之间是一个相互耦合的过程，科技推动与市场拉动模式只是科技创新的一个侧面，因此理论上应当把它们统一起来，由此形成科技推动与市场需求的互动模式，如图 2.3 所示。

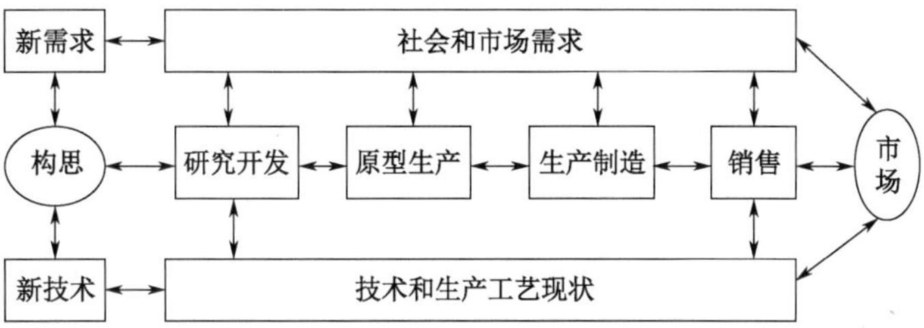

图 2.3　科技推动与市场需求的互动模式

② 一体化模式。

创新过程是整体性的复杂过程，本质上是连续的。一体化模式的主要特征就是创新不再是阶段性的，而是曾经被区分为单元的功能，即过程结构不以时间作为主要因素，而是以功能作为主要因素，因而功能的相互整合是创新得以实现的基本前提。换言之，完成创新的各个功能单元具有共时性，并行作业，各个单元的功能在高水平上发挥，走向一体化。一体化模式如图 2.4 所示。

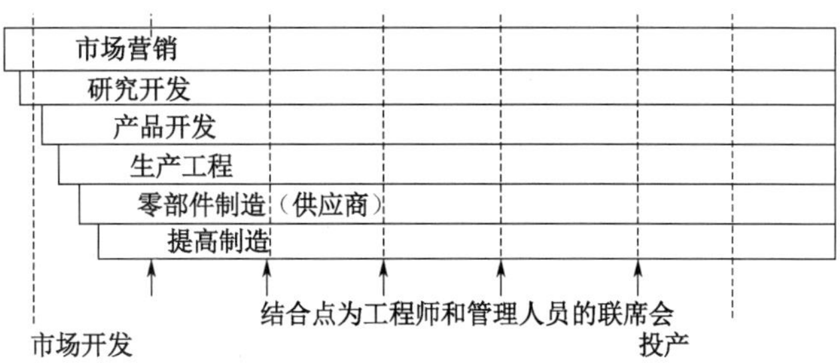

图 2.4　一体化模式

③ 科技创新网络模式。

自 20 世纪 90 年代后，企业发展的战略发生了许多变化，主要特点包括企业之间的合作、技术积累、产品与生产一体化等。实施创新的企业必须对外部环境的变化做出更为积极的战略反应，争取在新产品时间和成本上取得决定性优势，以更低的成本和更快的速度开发出新产品。而科技创新过程涉及复杂的横向和纵向联系，正在走向网络化，不断地在整体上提升创新整合的时效。在这个模式中，科技创新不仅在其内部各个功能单元之间一体化，而且这种一体化还与其外部的有关组织，尤其是同类创新企业之间存在着极为紧密的战略合作关系，多种组织之间的功能交叉重叠而构成网络关系，即科技创新的网络模式。这个模式更多地以专家系统作为辅助开发手段，采用计算机辅助设计及集成制造系统，以仿真模型取代实物模型；利用信息技术以更为柔性、更快、更灵活、更有效率的方式来实施科技创新。科技创新网络模式如图 2.5 所示。

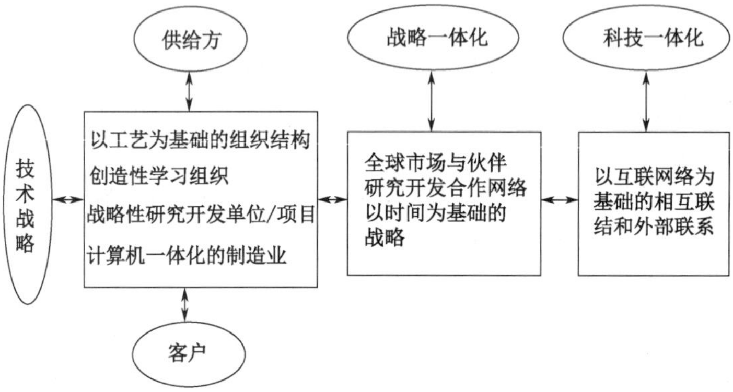

图 2.5 科技创新网络模式

2.2.5 教育创新

1. 教育创新的内涵

（1）教育创新的界定。

身处知识经济时代的国家创新体系中，作为人文社会科学之要素的教育与内涵丰富和泛化开来的创新相结合，便出现了教育创新。第一，教育创新的对象：既存的教育诸范畴，包括教育思想、教育制度、教育要素（含教学、课程、评价）、教育资源（含人力资源和物力资源）等。第二，教育创新的特点：具有持续性、主动性、动态性、积极性、实践性等。持续性是指教育创新活动不间断，一次接一次地高频进行。主动性是指教育创新活动不是被动的，而是自觉自为的。动态性是就每一次教育创新的过程而言的，意指非静止状态。积极性是就教育创新的效果而言的，意指更多的是积极效果。实践性是指教育创新的实现依靠创造性的实践。第三，教育创新是一个与教育改革很相近的概念。鉴于上述认识，可把教育创新界定义为：对既存教育诸范畴进行持续性改革的自觉自为的积极的动态实践活动。

（2）教育创新与创新教育。

教育创新对创新教育，有似曾相识之感，但二者大异其趣。第一，从产生方式分析，表面上看似玩文字游戏的一组概念，实为思维方式的转变。创新与教育相结合的形态应是教育创新，而非创新教育。应先有教育创新的过程，才会有诸如创新教育之类的结果等。创新教育和素质教育一样，只是教育创新的阶段性成果。这里的阶段性成果含义有二：一是教育创新还可能产生出与素质教育、创新教育一样同属教育理念层面的成果；二是不能止步于理念层面，更需实践该理念，如进行创新教育的教学、课程、评价、课堂管理、德育等，教育创新将贯彻这每一个要素的全程。第二，从目标上分析，教育创新的目标是使教育诸范畴处于更好地趋近其目标的良好运行状态，而创新教育以培养创新性人才为其目标。如此，教育创新本身不是目的，而是手段。第三，从性质上分析，“教育创新”与“创新教育”同为偏正式结构，前者是关于教育的创新，落脚在创新上，是动态的过程，而且这一过程的推进是以创新理论为指导的；后者是关于创新的教育，落脚在教育上，是经教育创新后出现的处于静止状态的教育理念，这一理念的实践过程以教育理论为指导。

2. 教育创新的可能途径

（1）问题意识是教育创新的前提。

教师的问题意识是指教师对周遭的教育世界的各种问题自觉地抱有一种怀疑的、思索的、想弄清楚的积极态度。问题意识对教师的教育创新具有重要意义。

问题意识促进教师的教学创新，教学创新始于教学的问题意识。问题意识是教师教学创新的前提，也是有效教学的起点。教学活动乃是一项复杂的创造性活动，蕴含着各种各样的矛盾和问题，如突出教师主体作用，忽视学生主体作用；强调知识的讲解灌输，轻视能力的培养和全面发展；强调教教材，而不是用教材创造性地教；师生只要分数，局限于书本的学习；强调接受学习而忽视主动参与和探究学习；观念依旧、方法依旧、教育价值失落依旧等。由此可见，“教学未必神圣，与人和社会一样，教学也会‘患病’，教学疾病侵蚀着教学机体，危及教学的发展和完善”，这些问题和疾病客观存在，影响着教师的教学创新，它们要求我们的教师能在教学中意识到问题，发现问题，从而有效地解决问题。离开了问题意识，教学创新就是空谈，就成了无源之水、无本之木。

（2）问题意识促进教师的教育研究创新。

亚里士多德提出，思维从疑问和惊奇开始。苏格拉底也同样认为，问题是接生婆，它能帮助新思想的诞生。爱因斯坦更明确地指出，“提出一个问题比解决一个问题更重要。因为解决一个问题或许是数学上或实验上的一个技巧，而提出新的问题、新的可能性，从新的角度看旧的问题，却需要创造性的想象力，而且标志着科学的真正进步”。教育研究始于问题的发现，问题发现是教师教育研究创新的关键。因为任何教育问题只有被意识到并被提出来，才有可能引起教师的思索并得到合理的解决。没有真正的教育问题的提出，就不会有真正的教育思考。从这个意义上说，教育思考的展开，仰仗着教育问题的发现。一旦理论推理遇到阻碍，理论猜测与现实出现了矛盾，问题就产生了。而任何一个教育问题的解决，或多或少地意味着思想上的创新。当然，教师关注的问题越是重大，思索、解决问题时所蕴含的创新度也就越大。换言之，问题意识乃是开启学问大门、促进教师教育创新的内在动力，蕴含着创新意识和怀疑精神。

3. 自我反思是教育创新的途径

按照法国思想家帕斯卡尔的理解，人只不过是一根芦苇，是自然界最脆弱的东西，但他是一根能思想的芦苇。人的全部尊严在于思想。正因为思考，教师的内在潜能得到激发，这样经验才会升华为理论，教育生活才充满激情，这样专业发展的可能性才会不断拓展。

只要你善于自我反思，你就能批判地思考自己的教育实践以及它背后的教育观念，发现习以为常现象背后的问题，深入地“理解”自己、自己的专业生活以及与之相关的事物，领悟其中的“意义”，有的放矢地进行自我剖析和自我教育，努力使自己成为一名学者型教师。所谓自我反思，就是教师对自身的教育教学实践、教育观念、教育经验和教育行为等进行思考、审视、批判以及自我调控的一种积极的认知加工的过程。自我反思对于教育创新和教师的专业成长具有重要的意义与价值。

（1）自我反思有助于促进教师个人教育观念的创新。

教师的个人教育观念是指教师在一定的历史文化背景下，在日常生活、教育教学实践与专业理论学习中，基于对学生发展特征和教育活动规律的主观性认识而形成的有关教育的个体性看法，这些看法直接影响着教师对某个教育问题的判断，进而影响着其教育行为的实施。教师个人教育观念的创新依赖于反思。教师已有教育观念中难免存在不合理的成分，如偏见、不良的习惯、落后的观念等。反思有助于剔除这些不合理的成分，提升个人教育观念的合理性和适宜性。更重要的是，教师通过反思，可以发现自己实践中的成功之处，获得一种成就感、满足感和价值感，形成恰当的积极的“自我意识”，从而增强教育观念创新的动力，激活个人教育观念的“生长点”，不断趋向创新。

（2）自我反思使教师的实践智慧的生成成为可能。

实践智慧是个体在具体情景中应对不确定问题时所表现出来的素养。它是教师应对复杂多变的教育情景，灵活处理教学实践中的意外情况，实施创新教学，培养创造性人才不可或缺的智慧。由于它具有情景性、生成性、独特性等特点，教师很难从书本上直接获得，需要教师通过自我反思教育生活、追问和澄清教育问题、获得深邃的洞察力、不断地逼近教育规律等方式获得它。经过反思的洗礼，教师的经验将更加丰富和开放，能有力地支撑教师的专业生活，从容地应对不同的教育情景，充分地发挥自己的教育机智。更重要的是，教师依靠这些经验生成思想火花，产生顿悟，不断地给实践智慧增添“源头活水”，从而生成更好、更多的实践智慧。

（3）自我反思有助于促进教师可持续的自主发展。

教师要想获得专业的可持续和自主成长，就应持续不断地反思自己的教育生活、教育观念、教育行为和教育实践效果。通过反思，一方面，可以使教师对教育现象和问题形成独立思考和创造性见解，更新教育观念，改善教育行为，提升教育水平；另一方面，能使教师发现自身教育信念、教师实践与行为的不合理性，独立地解决教育实践中的各种问题，真正获得专业自主，成为自身专业发展的主人。反思，可以让我们从看似机械的重复中感受到快乐和幸福；反思，使人进取，催人奋进，能不断地提升教师对教育生活的激情，调动教师自主发展的潜能，彰显教师的主体性。

4. 教育研究是教育创新的维度

教育研究是提出教育问题、分析教育问题和解决教育问题的过程。教育创新离不开教育研究，无论是教育观念的更新，还是实践智慧的生成，抑或是教师的专业成长，都与教育研究息息相关。教师的教育研究在其教育生活及专业成长中具有重要意义和价值。

（1）教育研究造就创新型学生。

学生身心仍旧在发展中，具有与成年人不同的身心特点。他们每个人都是一个独特的世界，有不同的生理、心理特点；有不同的兴趣、爱好、特长个性、价值观；有不同的发展潜能和精神需求。这要求我们应以动态的、发展的眼光去看待他们，充分地了解和研究他们的所思、所想、所为、所感，尊重他们独特的发展价值和特点，实现由“选拔适合教育的学生”到“创造适合学生的教育”。教师只有通过教育研究，树立新的教育观、课程观、学生观，有意识地培养自己的创新意识和创新能力，才能有效地激发学生的创新潜能，促进学生创造力的发挥。“一个墨守成规的教师对于学生的创造性发展无疑是一种近乎灾难的障碍”。

唯有教育研究，才能教育创新，造就创造性人才。

（2）教育研究能促进教师的教育理论与实践的契合。

长期以来，教育理论与实践之间存在严重的脱节，第一线的教师不参与教育研究，认为那是教育理论研究者的事情，自己只是教育理论的“使用者”。而教育理论研究者由于脱离现实的背景，研究出来的东西难以指导教学实践，外在于、边缘于教师的发展。解决这个问题的有效路径就是教师参与教育研究。他们懂得问题的症结所在，通过教育研究，获得个人教育观念和实践智慧，能在教育理论与实践的契合中找到解决问题的办法。当教师把自己的困惑、难题作为课题时，教师的思考与实践就进入了科研状态，即带着问题搜集资料，带着问题读书，在问题的引导下深入思考和吸收已有研究成果的精华，根据教育理论来审视实践中有待解决的问题，最后提出解决的方案加以实践，从而使理论与实践浑然一体。只有扎根于实践的理论研究，才能结出丰硕的果实。

（3）教育研究能改善教师的教学行为，提升教学的合理性。

这是“教师成为研究者”的显著特点。由于教学实践活动具有情景性、动态性、生成性、复杂性和独特性的特点，因而教师研究与专家的理论研究有很大的不同。专家的研究是以解决理论问题为旨趣的，其目的是解决学术发展过程中所遇到的重大理论和实践问题，推动该学术领域的学术发展。而中小学教师的研究来源于教学并服务教学，以解决实际问题为旨趣，其目的是提高教学质量，促进学校发展，最终服务学生的发展。因此教师研究的问题相对来说比较微观、比较具体，他们主要是从实践的困难、困惑、经验中发现研究问题，从阅读思考中发现研究问题，从热点、难点中发现研究问题，从与同行的讨论交流中发现研究问题，从学校或学科发展中发现研究问题……只有指向教学中具体问题的教师研究，才拥有生命活力和实践意义；只有从习以为常的现象中发现问题，研究教师身边的问题，才能让教育研究真实、朴实和有效。正是通过对实践中的问题的不断发现和解决，理论与实践才真正融合起来，教学中的问题才得到切实的解决，才能有效地改善教师的教学行为，提升教学的合理性。

5．教育研究能促进教师素质的提升和专业成长

首先，教育研究有助于形成教师专业所需的知识基础。其次，教育研究能促进教师个人的专业成长与发展。可以更新教育观念，提升教育理论水平，完善教师的素质结构，包括教师的职业理想、教师的知识结构、教师的教育观念、教师的自我监控能力、教师的教学行为与策略。再次，教育研究能使教师获得更高的成就感和专业价值感，使教师由“青涩”走向“成熟”，由“经验型”“技术型”走向“研究型”和“学者型”。

2.3 创新体系

以建设企业为主体、市场为导向、产学研结合的技术创新体系为突破口，坚持“明确定位，优化结构，完善机制，提升能力”的原则，进一步深化科技体制改革，全面推进国家创新体系建设。重点实施“技术创新引导工程”，采取若干重大措施，激励企业成为创新主体。切实加强区域和地方科技工作，有效整合中央、地方科技资源，形成中央、地方科技联动和各区域科技协调发展的局面。培育一批具有自主知识产权、自主品牌和持续创新能力的创新型企业；在主要产业部门和大、中型企业建立一批工程中心和国家工程实验室；支持形成一批产学研战略联盟。紧密结合国家区域发展战略，构建各具特色、优势互补的区域科技创新体系，带动形成一批具有区域优势和地方特色的产业集群。进一步扩大建立和完善现代科研院所制度。初步形成适应市场经济体制和科技发展规律且有效互动的国家创新体系基本框架。

2.3.1 建设以企业为主体的技术创新体系

积极发挥经济和科技政策的导向作用，激励引导企业真正成为研究开发投入的主体、技术创新活动的主体和创新成果应用的主体。调整国家科技计划实施机制，加大国家科技计划对企业技术创新的支持。建立与企业的信息沟通机制，国家有关科技计划要充分反映企业产业发展的需求，项目评审要更多地吸纳企业同行参与。鼓励企业参与国家科技计划项目的实施，对重大专项和科技计划中有产业化前景的重大项目，优先支持有条件的企业集团、企业联盟牵头承担，或由企业与高校、科研院所联合承担，建立以企业为主体，产学研结合的项目实施新机制。实施“技术创新引导工程”，支持企业建立和完善各类研发机构，特别是鼓励大型企业或主要行业的龙头企业建立企业技术中心，打造企业技术创新和产业化平台，努力形成一批集研究、开发、设计、制造于一身，具有国际竞争力的大型骨干企业。开展创新型企业试点，促进形成一批有特色的创新企业集群。吸引海外高层次人才回国创办高新技术企业。鼓励外资企业在我国设立研发中心，加强合作研究。鼓励企业与科研院所、高等院校联合，加强工程实验室、工程中心、企业技术中心、产业技术联盟建设，加大现有研究开发基地与企业的结合，建立企业自主创新的基础支撑平台，并着重建立面向企业开放和共享的有效机制，整合科技资源为企业技术创新服务。完善符合经济特点的技术转移体系，将技术转移作为科技计划和公共科技资源配置的重要内容，促进企业与高等院校和科研院所之间的知识流动和技术转移。创造各类企业公平竞争的制度环境，打破行业和市场垄断，重视和发挥民营科技企业自主创新，发展高新技术产业中的生力军作用。国家有关计划要加大对科技型中、小企业的支持力度，建立适应中、小型企业创新需要的投融资机制，建立和完善支持中、小企业技术创新的信息、技术交易、产业化服务的平台，营造扶持中、小企业技术创新的良好环境。深化技术开发类科研机构企业化转制改革，鼓励和支持重要行业关键技术研究开发和在应用推广中发挥骨干作用，推进国家工程技术创新基地的建设和发展。

2.3.2　建设科学研究与高等教育有机结合的知识创新研发体系

深化科研体制改革，明确不同类型科研机构的职责定位。以建立开放、流动、竞争、协作的运行机制为重点，探索实行理事会制度，完善所长负责制，扩大科研院所的管理自主权，健全科研管理制度规范，建立现代科研院所制度。推进社会公益科研机构分类改革，提高改革验收后人均事业费标准，完善管理和运行机制，形成一批稳定服务于国家目标的高水平公益科研基地。实施中科院知识创新工程三期项目，在基础研究和战略高技术的若干重要领域形成一批具有国际一流水平的研究所。深化高校科研管理体制改革，加强科技创新与人才培养的结合，建设一批高水平的研究型大学。以国家目标和产业需求为导向，进一步推动科研院所、高等学校和企业在科技创新和人才培养方面的合作，促进资源共享，提高原始创新能力和科技成果转化能力。根据国家重大需求，填补研究领域空白，建设一批高水平国家研究基地。探索建立对基础研究、前沿高技术研究和社会公益类研究相对稳定的支持方式。研究建立以财政支持为主的科研机构创新绩效的评价指标体系和定期评价机制，将评价结果作为调整财政资助强度的重要依据。

2.3.3　创新中介服务体系

要加强科技成果转化，促进科技创新，就必须加快科技成果转化服务体系建设。按照政府推动与市场调节相结合、发展与规范相结合、全面推进与分类指导相结合、专业化分工与网络化协作相结合的原则，以促进科技成果转化和加强创新服务为重点，建设社会化、网络化的科技中介服务体系。制定出台支持科技中介机构发展的税收政策，建立有利于各类科技中介机构发展的运行机制和政策法规环境。鼓励多种所有制投资主体参与科技中介服务活动，充分发挥高等院校科研机构和各类社团在科技中介服务中的重要作用。把依靠中介机构完善管理和服务，作为转变政府职能的重要内容，对科技中介服务能够承担的工作，积极委托有条件的科技中介机构组织实施。通过任务委托等方式，培育骨干科技中介机构，发挥示范带动作用。大力开展培训工作，提高科技中介机构从业人员的业务水平和素质。加强行业协会建设，充分发挥行业协会在推动技术创新中的服务和协调功能。加强先进适用技术推广应用，加快农业技术推广体系改革和创新，鼓励各类农科教机构和社会力量为农业技术推广服务。

思 考 题

什么是创新？创新有哪些类型？如何才能创新？

第3章 创新思维

创新就是要突破传统、打破常规，而突破传统、打破常规必须改变认识，以开放的心态、积极的态度，或者转变思维方式，避免重复的或再现式的思考，以新的视角看待事物，在事物的隐秘之处发现机会，寻求突破，创造价值。思维是思考的维度，包括思考的角度、层次、品质等。因此，创新与思维密不可分，改变现状、突破常规的思维就是创新思维。

影视艺术作品中经常会出现的情节：一个科学怪人偶然发明了比人类更聪明的机器人，慢慢的机器人开始产生统治人类的欲望，导致整个世界陷入人类和机器人的战争中……这种看似天方夜谭的故事在现实中却越来越引起人们的好奇；到底机器人能否超越人类的智慧统治人类呢？要解决这个问题，我们必须了解什么是思维。思维这种心理过程到底有什么独特之处呢？思维又是如何引领我们去改变现有事物，如何去创造的呢？

3.1 思维与创新思维

思维自疑问和惊奇开始。

——亚里士多德

3.1.1 思维的概念

在日常生活中，读书、看报、玩游戏、聊天等日常行为均有思维活动，并根据客观世界的变化主动地做出调整。“思”是指思考，即动脑筋，“维”就是维度、角度，即套路。从字面来理解，思维就是思考的维度。从常理上讲，思维是人脑对现实事物间接的、概括的加工形式，对客观事物本质属性和内在联系的概括和间接反映。思维是人的特质之一，是由复杂的脑机制所赋予的，对客观的关系、联系进行着多层加工，揭露事物内在的、本质的特征，是认识的高级形式。例如，我们列学习计划、玩游戏提升等级、估计事情发生的可能性，都在思维。

按思维内容的抽象性可划分为具体形象思维和抽象逻辑思维；按思维内容的智力性可划分为再现性思维与创造性思维；按思维过程的目标指向可划分为发散思维和聚合思维；按思维过程意识的深浅可划分为显意识思维和潜意识思维等。不管如何看待思维活动，我们生活的每个细节都像文件夹一样储存在大脑的某个部分，在做有目的的思考时发挥作用。只有积极主动地开发我们的大脑，不断地学习、应用和改善大脑机能，才能使我们成为善于合理运用大脑，进行各类思维活动的优秀人才（见图 3.1）。

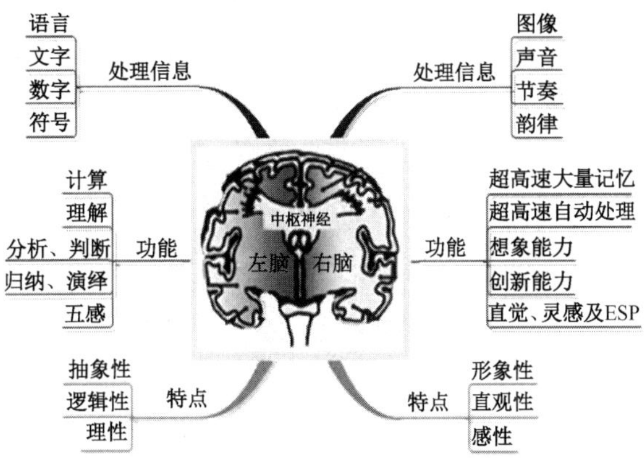

图 3.1　思维大脑功能图

人类利用思维的力量，看到天然的森林大火而想到保存火种，进而钻木取火；利用思维的力量，人类首先在头脑中设计出千万种自然界并不存在的奇思妙想，并把这些奇思妙想变成实实在在的东西。

案例 1：迪拜不断以各种新奇、独特的设计一次次吸引着世人的目光，这里仿佛成了豪华设计的试验田。在迪拜只有想不到的，没有做不到的。令人拍案惊奇的迪拜风中烛火大厦从 54 层到 97 层不等，汇集在一起构成一座舞蹈般的雕塑形象，看上去很像烛火在闪动（见图 3.2）。建筑表达方面，其成熟的美学和结构工程方面的创新是任何现代建筑都无法比拟的。迪拜风中烛火大厦还设置了一系列的附属设施，包括零售店、娱乐场所和住宅，创造出富有活力动感的社区。

案例 2：迪拜歌剧院由著名设计师扎哈·哈迪德和帕特里克舒马赫设计，在设计中大量采用沙漠的有机形态，让自己的建筑外观具有流动性和生长性。迪拜歌剧院选用沙丘的造型要素呼应了独特的沙漠国家文化（见图 3.3）。这些惊人的创意得到了全球受众的青睐，它们发挥着既改变世界又推动世界发展的作用。

案例 3：智慧城市让生活更美好。

《城市让生活更美好》作品将城市、艺术和创意有机整合在一起。该创意源于生活中的不便，最精湛之处是一道简练的弧线。这道弧线让平面广告变身成为雨棚、长椅和无障碍坡道，创造了缓解人们生活不便的城市设施（见图 3.4）。

图 3.2　迪拜风中烛火大厦

图 3.3　迪拜歌剧院

图 3.4　城市让生活更美好

3.1.2　创新思维

1. 创新思维的概念

创新思维是突破现有的、常规的思路约束，以全新的、独特的思路或方法探索未知领域或解决新的问题，从而创造出新的物质或者精神产物的思维过程。它是在一般思维的基础上发展起来的，如企业员工提出的关于技术革新和改进经营模式管理的各种建议；侦查人员对案件的分析推测；服装设计师对服饰款式的设计；医务人员对疑难杂症的诊断治疗；教学人员对教学工作的探索与改革等。各种创新过程虽然指向不同，但都体现着思维活动的创新或是思维成果的创新。只要是生活的经验者，就具备生产惊人创新思维的可能性。

任何创新产品的精彩表现都是前期思考的必然结果。因此，运用怎样的思维方式就取得相对应的创新成果。如果我们把创新、创意看作一项工程，它主要是由“构思”和“执行”两大部分构成的。构思是想法与理念形成的阶段，负责产生创新思想，决定创新的质量和水平高度，能够解决理念、定位、采用元素、融合方式等有关定位的问题。为后期的执行一气呵成明确目标和发展方向。执行则是前期理念的视觉外化，用技术手段予以呈现的环节，负责决定创新的外在呈现和美感，两者是有机融合的整体。

“构思”和“执行”相辅相成、协同发挥作用，构思和执行两个部分构筑了创意工程，让创新用一种洋溢着原创精神、标新立异的方式呈现出来。因此，在设计中形成想法和理念的过程称为创新思维过程。

2. 创新思维的构思过程

构思过程是一个形成想法的过程。在此过程中，以“问题”为核心探求，由“发散到聚合”构筑独树一帜、无懈可击的解决方案，如图 3.5 所示。

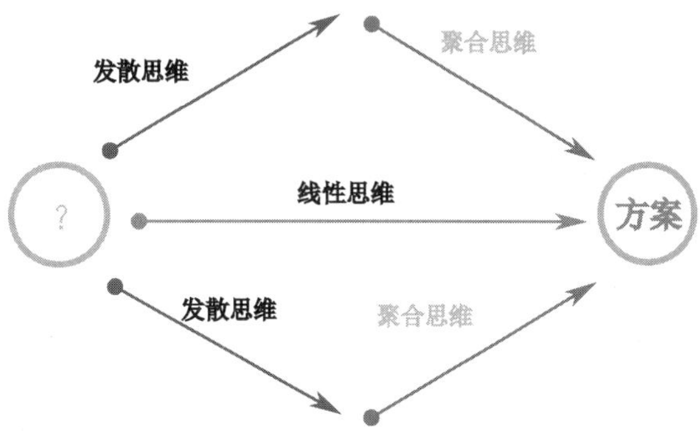

图 3.5　创新构思过程

创新思维包括 4 个阶段，准备阶段、酝酿阶段、迸发阶段、确认阶段，如图 3.6 所示。

（1）准备阶段。

创新思维初期，在这个环节中需要完成创意项目说明与一系列的后续调研，并要形成一些初步的思考，对整个项目如何运作形成模糊的概念。在此过程中创新者要从各个角度发现“问题”，做好准备寻找灵感的过程。我们需要不断为自己的创新思想供给养分，不断地从各种源头、各种途径搜集信息。通过意图找到独树一帜的惊人的解决方案，做好充分的创意准备是创新者取得成功不可或缺的必要条件。

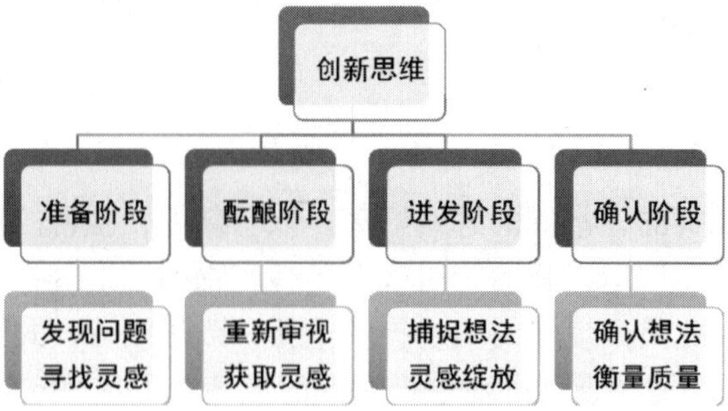

图 3.6 创新思维的阶段

（2）酝酿阶段。

重新审视整个创意项目，采用顺其自然的态度待其慢慢成熟。灵感通常于脑海里不期而至，最好的解决方法就是放松心情，可以用跑步、游泳、看书、绘画、听音乐等方式调节情绪。就如“退一步海阔天空”所意，在处理问题的过程中能够后退一步，可以给予自己更多的创意空间。当再次回到创意问题上时，很有可能带来全新的视角和不同的思考方式。

（3）迸发阶段。

捕捉想法与理论，绽放灵感。想法一不小心就会稍纵即逝，所以当想法浮现在脑海中时要及时去捕捉，将它们记录下来。这样，随后才能利用充足的时间探寻这些想法的潜力，试试它们能不能成为解决问题的合适方案。

（4）确认阶段。

构思过程的最后就是要对想法进行确认。我们要转换自己的思维方式，从发散性思维过渡到聚合性思维，衡量这些想法的质量，判断这些想法是否具有整个创意解决方案紧密的契合度。

在整个创新思维过程中，需要注意一个关键点，当想法和理念在脑海中浮出的时候，不要在每个想法上花费太长的时间或投入太多的精力使其深化，也不要绞尽脑汁地想弄明白每个想法到底合不合适。发散性阶段的基本特征要求创新者尽可能将逻辑和理性抛开，像孩童一样天马行空地释放自己的想象力和创造力。制造新奇而原创的关联和想象，可将现有理念或想法集中在一起；可将看似毫无关联的元素组合创造出新形态，是整个创新过程中最为根本又最冒险的环节。除此之外，创新者还要在最短的时间内将脑海中的思想提炼出来，然后落实于笔头。

思 考 题

1．请从思维方法的角度评价自己的思维能力，你能够熟练地运用哪些思维方法？

2．上大学以来，你有过哪些创新性的想法？请写出最主要的 3～5 个。

3．为自己设计一份未来 3 年的个人规划。在这 3 年中，你要掌握哪些新的知识和技能？你要在学业和生活上达到什么样的目标？你将被什么样的动力推动？你将受到哪些客观条件和主观条件的影响？你需要哪些帮助？你要做哪些具体的、重要的事情？

延伸训练

思维方式自测题

1. 在做事、观察事物和听人说话时，你能否专心致志？
2. 你是否总有新的设想在脑海里涌现，即使在游戏中也能产生新设想？
3. 你是一个爱折腾的人吗？
4. 你喜欢哪些类型的竞赛？目的是什么？

3.2　创新思维的特征

将来，先进国家生产的产品价值只有很少一部分是从蓝领工人的劳动及从资本物中得来的，而主要是从设想和创新中得到的。

——吉福德·平肖

创新就是要突破传统、打破常规，而突破传统、打破常规必须改变认识，以开放的心态，积极的态度，或者转变思维方式，避免重复的或再现式的思考，以新的视角看待事物，在事物的隐秘之处发现机会，寻求突破，创造价值。思维是思考的维度，包括思考的角度、层次、品质等。因此，创新与思维密不可分，改变现状、突破常规的思维就是创新思维。

3.2.1　独创性

创新思维的独创性表现为创新成果的“独一无二”“与众不同”。创新思维以新颖独特的思维活动提示客观事物本质及内在联系，并指引人们去获得对问题的新的解释，从而产生前所未有的思维成果。

当一个人的思维可以不受外界因素的干扰，不受已有知识、经验的束缚，也不依附或屈从于任何一种固有的或权威的理论，那么他在认识问题、处理问题和解决问题时就具有了独创性。因此，独创性是创新思维最重要的特征，也是衡量一个人创新活力的重要因素。

思维成果的独创性可分为求异性独创、探索性独创、自变性独创。

1. 求异性独创

非主观臆想，指认识过程中着力发掘客观事物的差异性、现象与本质的不一致性和已有知识的局限性。无论是发明创造、行政管理、商贸经营，还是科学研究、文艺创作，求异性的体现都是对思维的再思维，力求在时间、空间、观念及方法上另辟蹊径、别具一格。

案例 4：在“日”字上加一笔组成一个新字。

案例 5：有趣的算式。

用竹签摆 17011=2，只移动一根竹签，使等式成立。

2. 探索性独创

探索性独创在于独立思考和创新。对于未知领域、迷惑不解的现象有着强烈的探索欲，善于发现理论和实践中的新情况、新问题，提出意想不到的新课题，或从新的角度进一步研究老问题，或用新材料、新方法做出新的概括，赋予新的生命。

案例 6：中国是丝绸之都，其原料是蚕丝。1855 年，有一个叫奥杰马尔的法国人，看见蚕吐丝的过程就提出一个设想：既然蚕吃了桑叶能吐丝，那么让机器吃进桑叶，是否也可以吐出丝呢？于是，他开始实验，把从桑叶中提取出来的纤维素浸泡在硝酸溶液中，结果成功了，桑叶真的变成一种蛋白质黏液，将这种黏液通过一个小孔挤压，一根根连绵不断的细丝就从机器中“吐”了出来。这就是人类最早制造出来的人造丝（人造纤维）。

3. 自变性独创

思维活跃的人能够主动否定自己，打破自身的约束，不断去发现事物自身不合理的东西，并力图改变它们、完善它们。创新思维也是在自身的变革中不断完成的。

3.2.2 灵活性

创新思维的灵活性的内涵表现为思维内容的“随机应变”“与时俱进”。需要创新者发散思维，凡有发散性加工或转化的地方，都表明发生了创造性思维。灵活地多向思考为解决问题提供了多种可能性，发散地调整影响事物质和量的诸多因素中的某一个，从而产生新的思路；或当前思维在某一方向受阻时，马上转向另一个方向，以寻求最优方案。

案例 7：排名问题。

有 3 个著名演员应邀到一个剧场演出，他们向剧场的经理提出一个同样的要求，即在宣传海报上把自己的名字排在前面，否则，他们将退出演出。这个难题令剧场经理头痛不已，3 名演员同台献艺的消息早已传开，不可能临时改为个人专场演出，而且这 3 位演员都是当红明星，得罪哪一个都对剧场经营不利，该如何是好呢？

当我们碰到难题，用静态的思维不能去解决时，不要拘泥一端，改用动态思维，或许能找到出奇的解决方法。

演出当天 3 位演员一看，海报不是一般的纸，而是一个不断转动的大灯笼，3 个演员的名字都写在灯笼上，3 个名字转圈出现，谁都可以说是自己的名字排在最前面，于是 3 个演员皆大欢喜地参与了演出。

3.2.3 偶然性

创新思维的偶然性表现为思维内容的“突发”和“跳跃”。思维因为一些偶然因素而诱发顿悟，省略了某些中间环节而突然迸发出思想火花，新的观念在极短的时间里就脱颖而出，这是创新思维最“可遇而不可得”的环节，也是创新思维最精彩、最迷人的灵光闪现。

案例 8：中国银行有多少钱。

1950 年，一位外国记者问周恩来总理：“中国银行有多少钱？”面对这个一语双关的不友好的询问，如从正面无论怎样回答，都不会产生好的效果。如果你是总理，你将怎样回答呢？

创新思维在生活中无处不在，不仅在发明创造中有创新，在日常生活中的琐碎小事中也有创新。

周总理坦然地笑答：“中国银行嘛，共有拾捌元捌角捌分钱。人民币是中央政府发行的货币，具有极高的信誉。”在场的中外人士经过短暂的惊讶而反应过来之后，立即鼓起钦佩的热烈的掌声。因为当时流通的人民币共有 10 种面值，即拾元、伍元、贰元、壹元；伍角、贰角、壹角；伍分、贰分、壹分，它们相加的总额正是“拾捌元捌角捌分钱”。

3.2.4　综合性

创新思维的综合性表现为思维内容的“广采博纳”“融会贯通”。创新思维是一种立体思维，是运用各种知识、综合多种思维方法的一门高超艺术。形成于大量概念、事实和观察材料的综合；形成于前人智慧的巧妙结合；形成于多种思维形式和方法的交替、融合。

思 考 题

1．想象出所有的大写字母，其中有多少个字母是有曲线的呢？

2．给你一张方块 8，你能在这些方块中发现另外一个 8 字吗？

3．有一位聋哑人，想买几根钉子，就来到五金商店，对售货员做了这样一个手势：左手食指立在柜台上，右手握拳做出敲击的样子。售货员见状，先给他拿来一把锤子，聋哑人摇摇头。于是售货员就明白了，他想买的是钉子。聋哑人买好了钉子，刚走出商店，接着进来一位盲人。这位盲人想买一把剪刀，请问：盲人怎样做能以最简单的方式买到想要的东西？

延伸训练

找出一张纸，并想出至少 10 个物品——手机、银联卡、钥匙、包、鞋子等。根据以下指示创造一个组合，想象这个组合就代表着你。

不要去想你手上有什么材料，而是想你希望你的组合中要有哪些形状？你希望这个组合呈现出什么样的节奏、什么样的质感？你希望它在哪些方面表现得积极，哪些方面表现得消极？其中的物品在哪些方面有交集，而又在哪些方面是各自独立的？请想一想你是谁？你要用什么样的形式来比喻自己，代表自己？

> 所谓真正的智慧，都曾经被人思考过千百次；但要想使它们真正成为我们自己的，一定要经过我们自己再三思维，直至它们在我个人经验中生根为止。
>
> ——歌德

3.3　5 种形象思维

3.3.1　形象思维

1．形象思维的概念

形象思维是指用直观形象和表象解决问题的思维方法，是思维主体在一定课题（认知任务）的推动下，有意识或无意识地运用表象、心象、想象等在大脑中进行分析、综合、比较、抽象与概括，最终构建出某种新的表象并通过外化手段建造起一定新形象的思维。形象思维法的特点如图 3.7 所示。

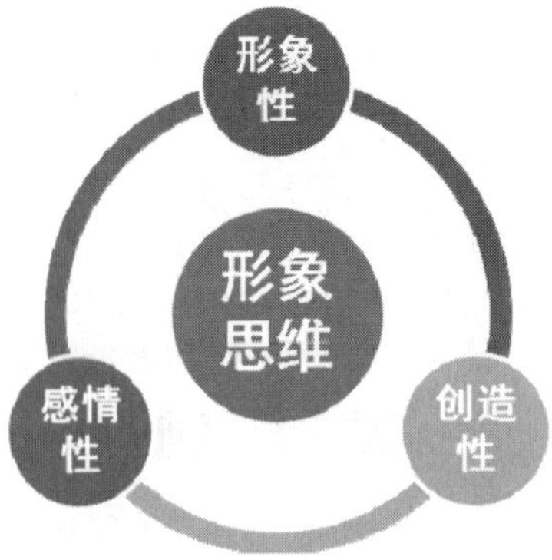

图 3.7　形象思维法的特点

2．形象思维的形式

形象思维有两种形式：初级形式——具体形象思维，凭借事物具体形象或表象的联想来进行判断的思维方法；高级形式——言语形象思维，借助鲜明生动的语言表征，形成具体的形象或表象来解决问题的思维过程，带有强烈的情绪色彩。

3．形象思维过程

形象思维过程中以“形象感受—形象储存—形象判断—形象创造—形象描述”5 个环节有序地进行，如图 3.8 所示。例如，一个人要外出，他就要考虑环境、气候、交通等情况，分析比较走什么路线最佳、带什么衣物合适。

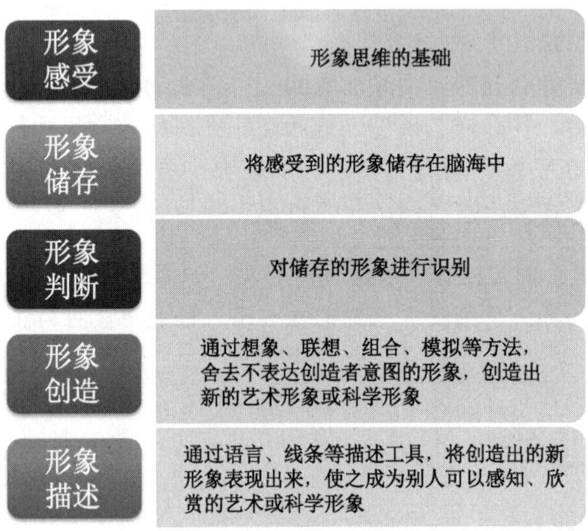

图 3.8　形象思维过程

4．形象思维的过程及培养方法

形象思维的过程并不排斥抽象思维的参与，在一个具体的思维过程中，二者总是交错在一起，相互影响与促进，共同向前发展。形象思维侧重于事物形象、音乐形象和空间位置等。图 3.9 展示了培养形象思维的训练方法。

图 3.9　形象思维的培养方法

案例 9：在影视作品中，演员运用形象思维来把握人物性格，想象剧情中人物情感的变化，能够更加从容准确地投入自己的感情；而观众在欣赏的过程中，要想尽快地进入剧情，读懂演员的表演，也要进行形象思维这个过程。于是演员与观众之间就出现了一种自然而然的"契约"，承认这种形象的转换并不是真实体的转换，仅是表演而已。这是一种"约定俗成"，也是运用形象思维最终的外在表现。

3.3.2　联想思维

1. 联想思维的概念

联想思维指思维过程中从研究一事物联想另一事物的现象和变化，探寻其中相关或类似的规律，借以解决问题的思维方法。爱迪生曾说："在发明道路上如果想有所成就，就要看我们是否有对各种思路进行联想和组合的能力。"

知识的获得、经验的积累、对事物生成的理解都是联想的过程。联想作为一种探索未知的创造性思维活动，是关于事物之间存在普遍联系观点的具体体现和实际运用。没有存在于事物之间的客观联系，联想很难发生，离开了事物之间的客观联系，联想只是幻想。

案例 10：我国台湾设计师李嘉祥设计的视障者插座在插孔上做文章，在形态上用"线"代替了"点"，用"滑槽"取代了"小孔"，而动作上用"滑入"替换了"插入"，使失明或视障者可以找准插孔的位置。面对溢满的垃圾桶，人们通常会用脚踩压来减少垃圾体积，韩国设计师朴石元和朴成宇将弹簧的性质赋予了垃圾桶，设计出可压缩垃圾桶。它的更大意义在于减少垃圾袋的使用，促进环保事业的发展。

案例 11：戳小孔引发的一系列发明。

美国一家制糖公司向南美洲运送方糖，因为受潮而遭到巨大的损失，为了防止受潮，他们用蜡将装方糖的箱子密封，但是效果并不理想。于是有人就思考受潮的原因，不如用针戳一个小孔使之通风，经过试验，果然取得了意想不到的好效果，他申请了专利，该专利的转让费价格不菲。再如，可以加油的打火机、日本的香扣子等。

2. 联想思维的方法

联想的方法有很多，可以从对象的因果联系上去联想，也可以依据事物的同类原则去联想，还可以从事物的相关特征去联想。联想思维主要有如图 3.10 所示的几种方法，各种联想方法都是可以产生出创造性设想的，并获得创造的成功。

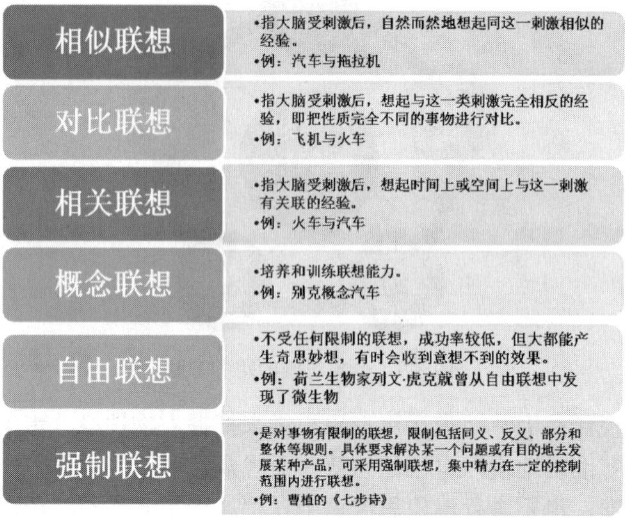

图 3.10　联想思维的方法

3.3.3　灵感思维

1．灵感思维的概念

灵感思维是人们借助于直觉启示对问题得到突如其来的领悟或理解的一种思维形式。

灵感通常是在创造活动达到高潮时出现的，或是由某种偶然因素触发的，在科学技术史上有很多事例。灵感来源于信息的诱导、经验的积累、联想的升华和事业心的催化。在一定条件下，受到外界特定事物的触发，潜意识便会跃入到人的自觉意识中，使人豁然开朗，柳暗花明。

2．灵感思维的特点

灵感思维是创造性思维能力、创造性想象能力和记忆能力的融合，其特点如图 3.11 所示。

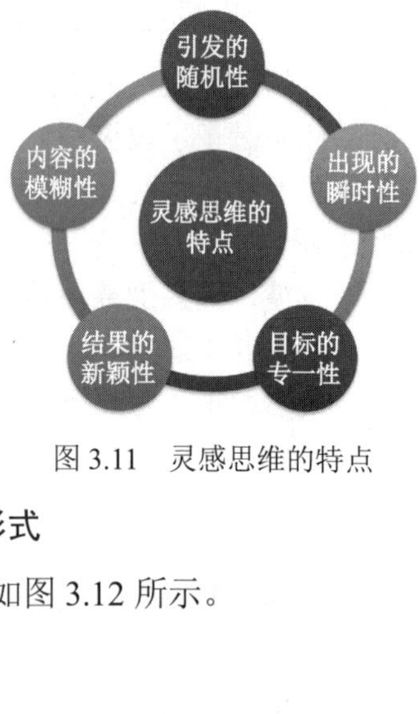

图 3.11　灵感思维的特点

3．诱发灵感产生的基本形式

诱发灵感产生的基本形式如图 3.12 所示。

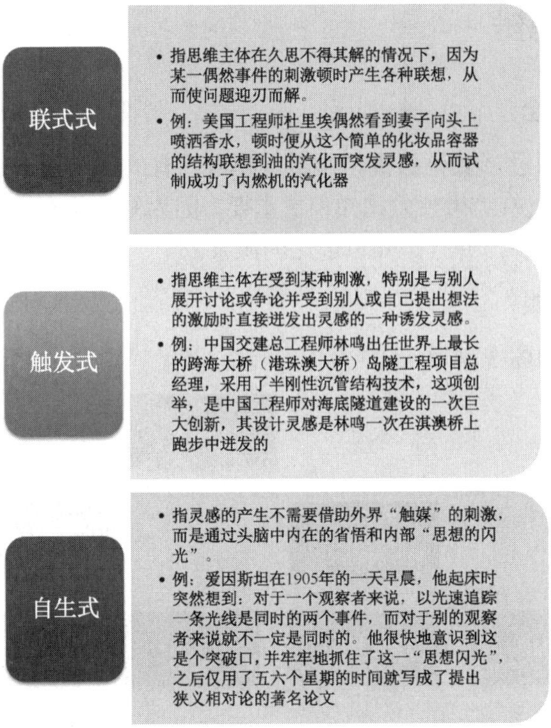

图 3.12　诱发灵感产生的基本形式

4．促使灵感产生的方法

促使灵感产生的方法如图 3.13 所示。

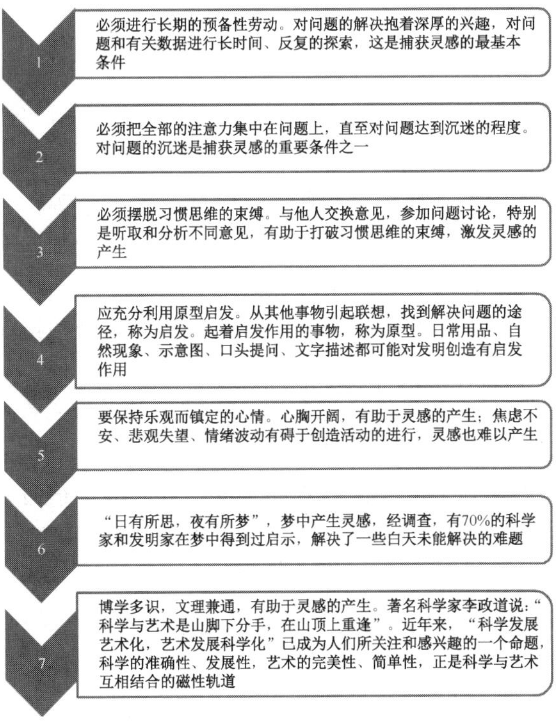

图 3.13　促使灵感产生的方法

3.3.4 想象思维

1. 想象思维的概念

想象思维是人脑通过形象化的概括作用对脑内已有的记忆表象进行加工、改造或重组的思维活动。爱因斯坦说:“想象力比知识更重要，因为知识是有限的，而想象力概括着世界上的一切，推动着进步，并且是知识进化的源泉。”

2. 想象思维的分类

想象思维的分类如图 3.14 所示。

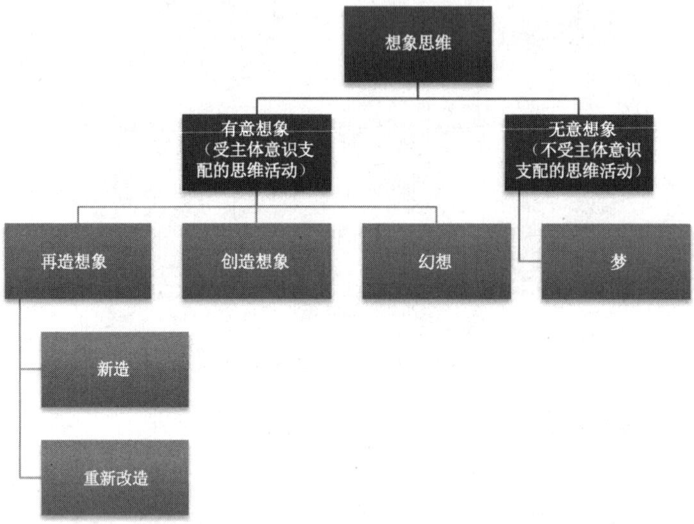

图 3.14 想象思维的分类

3. 想象思维的特点

（1）再造想象：曾经存在过的或现在还在的，当事人是通过别人的描述想象的结果，如汽车的结构、建筑工人根据设计图纸想象出来的建筑物形象等。

（2）创造想象：根据一定的目的和任务，在头脑中创造出新形象的心理过程，如作家构造的典型人物——阿 Q、祥林嫂、闰土。

（3）幻想：也叫憧憬想象，是创造想象的特殊形式，是一种指向未来的想象。

案例 12：凡尔纳的幻想。

凡尔纳一生中写出了 104 部科幻小说和探险小说，书中写的霓虹灯、直升机、导弹、雷达等，当时虽都不存在，但在 20 世纪都已实现了。

（4）梦：这是一种漫无目的、不由自主的奇异想象。在创造发明活动中，有不少发明家的灵感都是从梦中获得的。

3.3.5 直觉思维

1. 直觉思维的概念

一种未经过逐步分析，仅依据内因的感知迅速地对问题答案做出判断，猜想、设想。

或者在对疑难百思不得其解之中，突然对问题有“灵感”和“顿悟”，甚至对未来事物的结果有“预感”“预言”等都是直觉思维。

没有任何一个创造性行为能够脱离直觉活动。直觉醒悟是创造性思维的一个重要组成部分。例如，欧几里得几何学的 5 个公式、哈密顿在散步的路上迸发了构造四元素的火花、阿基米德在浴室里找到了辨别王冠真假的方法。

2．直觉思维的特点

直觉思维的特点如图 3.15 所示。

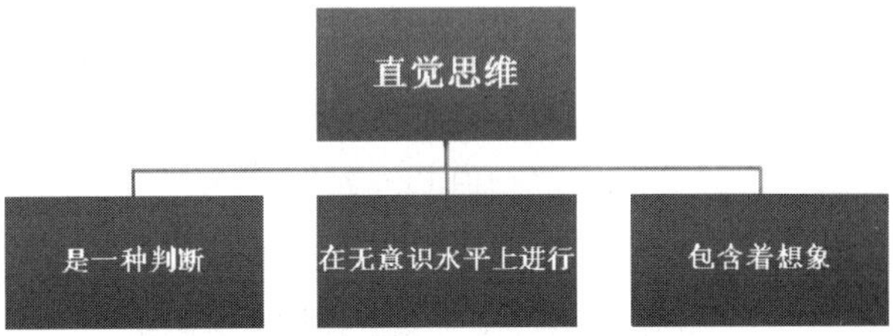

图 3.15　直觉思维的特点

3．直觉思维的训练方法

（1）暴风雨式联想训练法：“智力的相乘作用和开放是快速思考的要点。”以极快的联想方式进行思维，并从中引出新颖观念的方法。在思维活动中，对涌现出来的任何信息不评价其好坏优劣，一律即刻记录下来。等联想结束后，再逐一评判其价值。

（2）笛卡儿连接法训练法：用抽象的几何图形来说明代数方案，尽可能采用智力图像来解决问题的方法。例如，类似于物理模型、几何模型等是通过某种图像或图形符号来显示的。

4．直觉思维的局限性

直觉容易限于窄的观察范围里，可能会提出错误的假说或猜测，所以应该由实践来检验直觉的正确性。所以在应用直觉思维技巧时，还必须结合其他类型的思维技巧，这样才能得出完整的科学的结论。

思　考　题

1．请列举相似的词或相似的事物，如蜂蜜瓶（瓶身与蜜蜂的外貌特征相似，产品语言一目了然）、蝙蝠车（车身根据蝙蝠形态仿生，为跑车赋予神秘、速度）、月球 LED 灯（灯罩形似月球表面，将灯与月亮联系起来，弥漫着浪漫、宁静的气氛）、数码相机（机壳运用钻石的切割形态，为相机添加时尚高贵的气质）。大家想象下：瀑布水龙头——水龙头出水如瀑布般流水，用水时给人诗意般的精神享受。

2．由给定的词或物联想到其他更多的词或物，在规定的时间内，想得越多越好。

例如，书——

3．冰雪融化后是什么？

延伸训练

1. 案例分析：六度分隔理论（小世界理论）。

你和任何一个陌生人之间所间隔的人不会超过 6 个。任何两位素不相识的人通过一定的联系方式总能产生必然联系或关系。

2. 鲁班发明新式柱子就是受妻子装扮（鞋底垫上一块木头，头上插玉簪、珠花显高）的触发而生的。鲁班根据妻子的启示，发明了一种新式的柱子，柱脚下垫起圆形的白柱石，柱子上端镶着一个雕花篮、乌首的柱头，解决了难题。此项发明属于哪种思维？

3. 你是否经常一拿起电话便知道对方是谁？

4. 你是否经常在别人说话之前，便知道其内容？

5. 观察下图，你看到了什么，有何变化？

到底有几种动物？

> 科学在今天是我们的思维方式，也是我们的生活方式，是我们人类精神所发展到的最高阶段。
>
> ——郭沫若

3.4 3 对方向性思维

3 对方向性思维如图 3.16 所示。

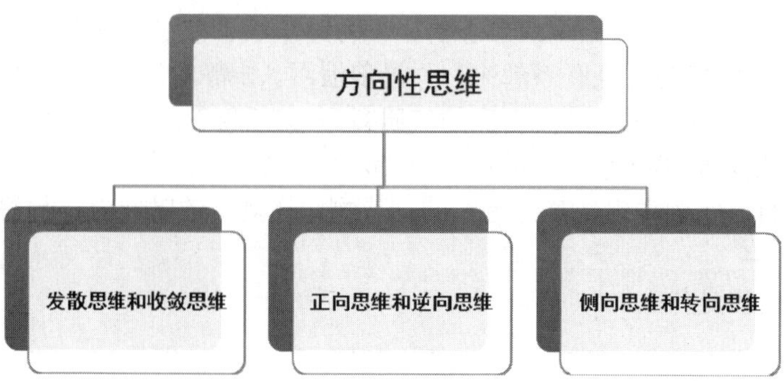

图 3.16 3 对方向性思维

3.4.1　发散思维

1. 发散思维的概念

发散思维又称辐射思维、放射思维、扩散思维或求异思维，是指大脑在思维时呈现的一种扩散状态的思维模式，它表现为思维视野广阔，思维呈现出多维发散状，如“一题多解”“一事多写”“一物多用”等方式。不少心理学家认为，发散思维是创造性思维最主要的特点，是测定创造力的主要标志之一。

案例 13：“把梳子卖给和尚”这个经典案例在营销学或管理学上多次被提及。当无数销售人员把这则故事中的卖给和尚 1000 把梳子的第四个营销人员当作崇拜的偶像时，当更多的领域把这个故事引用到管理当中时，《把梳子卖给和尚的更高境界》一文中也引用了这则案例。那么把梳子卖给和尚的更高境界告诉了我们什么呢？

“使品牌富有了精神”!

把梳子卖给和尚的那个聪明的第四个营销员为什么能成功地把 1000 把梳子推销给了寺庙？是因为他使梳子富有了精神价值。那位营销员说：“我有一批梳子，您的书法超群，可刻上‘积善梳’三字，然后作为赠品。”方丈听罢大喜，立刻买下 1000 把梳子。更令人振奋的是，第四个营销员的“积善梳”一出，一传十，十传百，朝拜者更多，香火更旺。于是，方丈再次向第四个营销员订货。这样，第四个营销员不但一次卖出了 1000 把梳子，而且获得了长期订货的优异成果，实现了营销工作的最优化和最大化。

2. 发散思维的特点

发散思维的特点如图 3.17 所示。

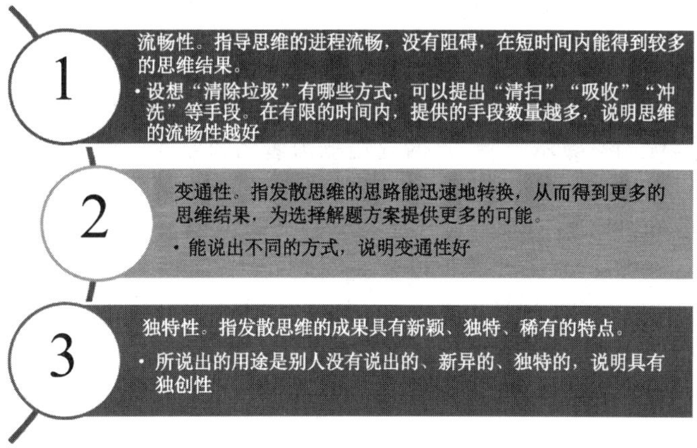

图 3.17　发散思维的特点

3. 发散思维的训练方法

发散思维有一种全世界通用的、十分重要的方法，即思维导图法。思维导图运用的是一种射线图的分析法，又称心智图法，是一种较为流行的发散思维训练方法和全脑式学习方法。作为一种新的笔记方法，现在已经发展成为一种创造性的思维工具。思维导图运用图文并重的技巧，把各级主题的关系用相互隶属与相关的层级图表现出来，把主题关键词与图像、颜色等建立起记忆链接。思维导图充分运用了左右脑的机能，利用记忆、阅读、思维的规律，协助大家在科学与艺术、逻辑与想象之间平衡发展，从而开启人类大脑的无限潜能。思维导图总是从一些中心概念和问题入手，将各种想法及其之间的关联性，用图像的方式发散、呈现，如图 3.18 所示。

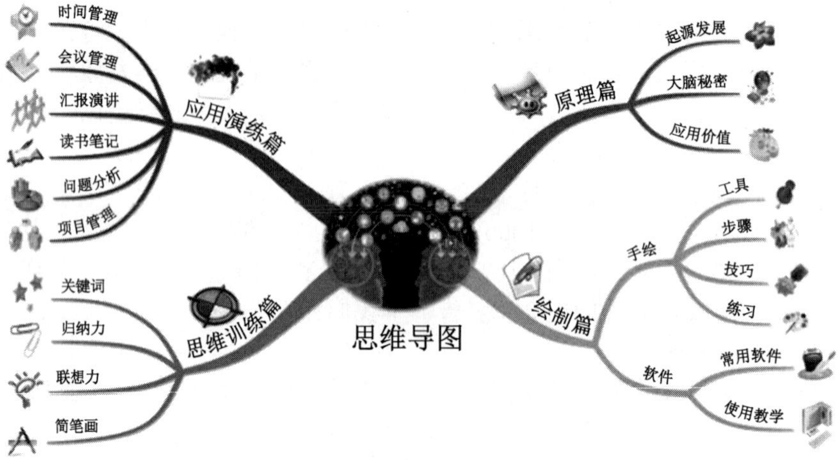

图 3.18　思维导图

4．发散思维的测试

（1）“只”字加一笔，会是什么字？

（2）请举出包含“三角形”的各种物品，写得越多越好。（时间：2 分钟）

（3）请说出一只猫与一台冰箱相似的地方，说得越多越好。（时间：2 分钟）

（4）给你两个圆（○○）、两条直线（||）和两个三角形（△△），请组成各种有意义的图案。

（5）思考雨伞存在的问题，并想出一些解决方案。（如容易刺伤人——增加折叠伞品种）

（6）下列方阵称为“魔术方阵”，据说是法国著名哲学家、数学家笛卡儿设计的。方阵上的 9 个数字，纵、横、斜相加都是 15。现要求变动 9 个数字中的一个，一些或全部，而将纵、横、斜向之和都变为 16。

6 + 7 + 2
\+　+　+
1 + 5 + 9
\+　+　+
8 + 3 + 4

3.4.2　收敛思维

1．收敛思维的概念

收敛思维也叫“聚合思维”“求同思维”“集中思维”。收敛思维是为了解决某一问题，在众多的现象、线索、信息中，向着问题的一个方向思考，根据已有的经验、知识或发散思维中针对问题的最好办法去得出最好的结论和最好的解决办法。

2. 收敛思维与发散思维的区别

收敛思维与发散思维是一种辩证关系，既有区别，又有联系，既对立又统一。

没有发散思维的广泛收集、多方搜索，收敛思维就没有了加工对象，就无从进行；反过来，没有收敛思维的认真整理、精心加工，发散思维的结果再多，也不能形成有意义的创新结果，也就成了废料。只有两者协同动作，交替运用，一个创新过程才能圆满完成，洗衣机的发明、自行车及汽车的发明与制造。发散思维与收敛思维的区别如图 3.19 所示。

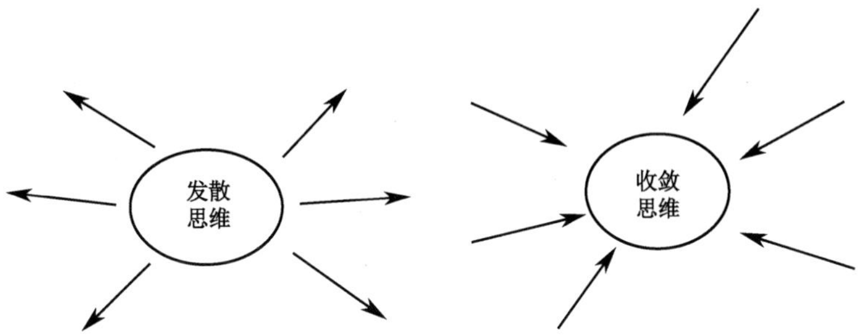

图 3.19　发散思维与收敛思维的区别

3. 收敛思维的主要方法

（1）目标识别法：思考问题时，应善于观察，从中找出关键的现象，对其加以关注和定向思维。确定搜寻目标—进行观察并做出判断—通过训练—促进思维识别能力的提高。例如，便衣警察在公共场所抓扒手，往往通过其典型举止和眼神来锁定目标并实施跟踪。

（2）间接注意法：用间接手段寻找“关键”技术或目标，以解决最终的问题。例如，英国的战略家利德尔·哈特提出了“间接战略”原则，主要措施是避免正面强攻的直接作战方式。

（3）层层剥笋法：在思维过程中层层分析，逐渐逼近问题的核心，避开繁杂的、表面的特征，以便提示隐藏在表面现象下的深层本质。例如，柯南·道尔曾借助神探福尔摩斯之口说，一个逻辑学家不需要亲眼见到或听到过大西洋或尼亚加拉大瀑布，他能从一滴水上推测出它们有可能存在。所以整个生活就是一条巨大的链条，只要见其中一环，整个链条的情况就可以推想出来。

4. 收敛思维的训练测试

（1）提出旅行婴儿车设计应具有的功能。

（2）为雨天骑车人设计一把伞，提出产品应具备的特征。

3.4.3　正向思维

1. 正向思维的概念

正向思维是指在遇到挑战或挫折时，人们会产生“解决问题”的企图心，并找出方法正面迎接挑战。反之，负面思考就是一遇到挫折，人们就被负面情绪打败，而责怪自己、环境，最后选择退缩、放弃或报复。

一家美国心理学研究机构研究发现，正面思考的人的业绩，比负面思考的人高出 88%，而负面思考者的离职率是正面思考者的 3 倍。

当遇到挫折时负面思考者高达 9 成以上的人会选择 5 种反应：攻击、退化、压抑、固执与退却，而正向思考者的比率低于 10%。

2. 正向思维的培养

培养自信的方法，经营自己的长处，给挫折一个微笑，明白你的薪水从哪里来（能力决定你的薪水，多创造价值），给自己机会，不抱怨你才能进步，少一份抱怨，多一份投入。

3. 正向思维案例分析

案例 14：1961 年，杰克·韦尔奇作为一名出色的工程师，在美国通用电气公司工作了一年，他的年薪是 10500 美元。这时韦尔奇的上司斯波特·科普兰给他涨了 1000 美元，韦尔奇感到非常高兴，他认为这是公司对有贡献的人的奖励，他看到了自身的价值。但是，韦尔奇很快发现，办公室的 4 个人的薪水也都涨了 1000 美元，这让他十分吃惊。

韦尔奇有无数的理由认为，他应该比其他人挣得更多。因此，他找到上司讲述了他的想法，但是得到的理由是：这是公司预先确定好的工资浮动标准。韦尔奇简直不敢相信，他认为公司应该在员工薪酬上有区别对待，而公司现在的做法是一种官僚作风。从这天起，韦尔奇一天比一天萎靡不振，终日牢骚满腹、无心工作。

一天，时任美国通用电气新化学开发部主管的鲁本·加托夫把韦尔奇叫到自己的办公室，他谈到自己也对通用电气公司的官僚作风不满，并解释公司高层正在着手解决这个问题。然后，他语重心长地对韦尔奇说："韦尔奇，我很欣赏你的才华，但以后的路还长着呢。对你个人而言，整日埋怨、无心工作，只会浪费了通用公司这个大舞台，难道你不希望有一天你可以站在这个大舞台的中央吗？"

这次谈话被韦尔奇称为改变命运的一次谈话，他开始停止抱怨，争取尽快"脱颖而出"……后来，他当上了通用电气公司的执行总裁。

华为总裁任正非说过，狮子如果能追上羚羊，它就生存，如果它跑不过羚羊，只能饿死。羚羊如果抱怨不公平，那青草——羚羊的"早餐"该向谁抱怨？羚羊还能跑，青草连逃跑的机会都没有！羚羊要想活下去，只有平时加强训练，提高奔跑的速度，让自己跑得更快，即使跑不过狮子，也要比其他羚羊跑得快，只有这样才能得以生存。

3.4.4 逆向思维

1. 逆向思维的概念

请仔细观察图 3.20 和图 3.21，并分别思考两张图的场景设计。

逆向思维也叫求异思维，它是对司空见惯的似乎已成定论的事物或观点反过来思考的一种思维方式。对于某些问题，尤其是一些特殊问题，从结论往回推，倒过来思考，从求解回到已知条件，反过去想或许会使问题简单化。

逆向思维的法则就是我们通常所说的"反其道而行之"，即打破习惯的思维方法，对已有的理论、科学技术、产品设计等持怀疑态度，要"反其道而行之"。

图 3.20　逆向思维 1

图 3.21　逆向思维 2

2．逆向思维的类型

逆向思维的类型如表 3.1 所示。

表 3.1　逆向思维的类型

类型	内　涵	实　例
功能反转	从相反功能去设想和寻求解决问题的新途径	“粘贴纸”是 3M 公司的一个职员无意中进行的功能逆向思维，将原本发明失败的低黏合度的纸张，经过处理变为可以有随意粘贴撕取功能的“即时贴”
结构反转	从相反结构形式去设想和寻求解决问题的新途径	家用洗衣机的脱水缸，它的转轴是软的，用手轻轻一推，脱水缸就东倒西歪。可是脱水缸在高速旋转时非常平稳，脱水效果很好。设计师在设计时就采用了逆向思维，弃硬就软，用软轴代替了硬轴，成功地解决了颤抖和噪声两大问题
因果反转	变因为果去发现新的现象和规律，寻找解决问题的新途径	爱迪生发现送话器听筒音膜有规律地振动进而发明了留声机
状态反转	根据事物的某一属性（正与负，动与静，进与退，作用与反作用）反转来认识事物和引发创造的方法	传统破冰船通过逆向思维，变向下压冰为向上推冰，即让破冰船潜入水下，依靠浮力从冰下向上破冰。同时自身的安全也大为提高，遇到较厚的冰层，新的破冰船能像海豚一样上下起伏前进，破冰效果非常好

3．逆向思维训练

案例 15：某时装店的经理不小心将一条高档呢裙烧了一个洞，其身价一落千丈。如果用织补法补救，也只是蒙混过关，欺骗顾客。这位经理突发奇想，干脆在小洞的周围又挖了许多小洞，并精于修饰，将其命名为“凤尾裙”。一时间“凤尾裙”销路顿开，该时装商店也因此获利并一举成名。这也是利用缺点逆向思维的典型案例，从而创造了良好的商机。

（1）从香烟和吸烟者本身的性质出发，你能想出多少种戒烟的方法？

例如，“快速吸烟法”，不是让戒烟者不吸烟，而是让他快吸，一秒钟吸一口烟，连续吸多支烟，使之产生恶心厌恶的生理反应和心理反应，从而达到戒烟的目的。

（2）在传统的动物园中，人们把动物关在一定空间的笼子里，动物被限制了自由，显得无精打采（见图 3.22）。人参观时，触物生情，也没有兴趣。然而有人反过来想，把人关在活动的“笼子”里（汽车中），不是可以更真实地欣赏大自然中动物的面貌吗？于是野生动物园应运而生（见图 3.23）。

图 3.22　传统动物园

图 3.23　野生动物园

3.4.5　侧向思维

1．侧向思维的概念

侧向思维是利用其他领域里的知识和资讯，从侧向迂回地解决问题的一种思维形式。指思维向横侧、宽处的延伸和拓展，因此侧向思维又称横向思维。特点：思路活泼多变，关于联想推导，随机应变。

日常生活中思考问题时“左思右想”，说话时“旁敲侧击”就是侧向思维的形式之一。

案例 16：乌鸦喝水。

一只乌鸦口渴了，到处找水喝。乌鸦看见一个瓶子，瓶子里有水。可是瓶子里的水不多，瓶口又小，乌鸦喝不到水，怎么办呢？乌鸦急中生智，将旁边的小石子一个一个地放进瓶子里。瓶子里的水渐渐升高，乌鸦就痛快地喝着水了。

当遇到问题时我们要打破惯性思维，从不同角度和方位去思考，运用智慧去解决身边的问题。

2．侧向思维的应用

侧向思维要求我们彻底打破“自我本位”的思考方式，经常问自己一些问题：

别人正在做的我能不能做？

别人不做或没有想到做的我能不能做？

其他专业、企业和行业的做法、思路、产品特点、发明创造能否为我所用？

已有思路、方法和产品能否改变原来设想的路径，转换方向用到更能发挥作用的其他地方？

3.4.6　转向思维

1．转向思维的概念

在一个方向停滞时，及时转换到另一个方向。

案例 17：画家达·芬奇。

达·芬奇在绘画创作过程中观察人物、景物和事物时，就善于从一个角度不断地转向另一个角度，对创作对象、题材的理解随着视角的每一次转换而逐渐加深，从而最终抓住了创作对象的本质，创作出了一幅幅传世之作。

2．转向思维的应用

你有无限时间，长生不老，所以最想做的事，应该无限延期？

我们常说：等我老了，就要去环游世界；等我退休了，就要去做想做的事情；等孩子长大了，我就可以轻松了。

我们都误以为自己有无限的时间与体力。其实我们可以一步一步靠近梦想，不必等有空闲时再接近。

思 考 题

1．请将这个问题“一只杯子掉下来，碎了”，运用发散思维从多个维度、不同学科进行思考。例如，物理题：一只杯子掉下来，这是自由落体运动，多高才能摔碎呢？心理问题：那一声破碎的声音触动了一个女孩，于是她花了一下午的时间去查询“为什么噪声会让人紧张”。

2．在拍集体照时总是数“1、2、3”，尽管大家都是睁大眼睛，可总会有人在数到 3 时眨了眼。请用逆向思维的方法解决这个问题。

3．请在白纸上摆出如下算式，能否在不增减火柴棍的情况下，只做一次变动就让下面算式的答案等于 100？

28+81

延伸训练

1. 人的寿命越来越长，我们很多人都能活到 99 岁。想象一下你在 99 岁时是什么样子？那时回顾自己的一生，想想自己拥有了什么样的人生？取得了什么样的成就？做出了什么样的贡献？可能会留下什么样的遗憾？根据发散思维的结果，绘制出一张属于自己的思维导图。

2．请各组同学收集“倒读词”（如牙刷——刷牙），比比谁收集的词多。

3．某医生告诉一个病人：你已经不行了，你想见谁？请从逆向思维的角度猜猜病人的回答。

3.5 创新思维障碍突破

> 突破自我，突破思维定式，突破昨天。
>
> ——张瑞敏

3.5.1 偏见思维

1. 偏见思维的概念

当你观察事物时，不一定能够看清事物的真相。因为你会受到心理因素的干扰。无论你多么聪明、有智慧，你还是难以摆脱心理因素的干扰。这种干扰会蒙蔽你的双眼，使你所看到的，所感知到的，偏离了事实。在创新过程中，要认清思维偏见及其产生的原因，纠正思维偏见。

2. 常见的偏见思维

常见的偏见思维有经验偏见（被经验淹死的驴子）、利益偏见（鸡眼思维）、位置偏见（不识庐山真面目）、文化偏见（情人眼里出西施）、点状思维（以偏概全）、刻板印象（固执己见）、封闭思维（霍布森选择）。

解决偏见思维最好的办法就是在解决问题时首先不要执着自己的见解（我是最正确的），放下自己的成见，在这个基础上再去了解事物，分析问题，才会靠近事物的本来面目。

3.5.2 定式思维

1. 定式思维的概念

所谓定式思维，就是按照积累的思维活动经验教训和已有的思维规律，在反复使用中所形成的比较稳定的、定型化的思维路线、方式、程序、模式。

定式思维是一种按照常规处理问题的思维方式。它可以省去许多摸索、试探的步骤，缩短思考时间，提高效率。在日常生活中，定式思维可以帮助我们解决每天碰到的 90%以上的问题。但是定式思维不利于创新思考，不利于创造。

2. 定式思维的特征

（1）倾向性：具有力求将各种问题情绪归结为熟悉问题情境的倾向，表现为思维空间的收缩。带有集中性思维的痕迹，如学习立体几何，应强调其解题的基本思路，即将空间问题转化为平面问题。

（2）常规性：如学因式分解，必须掌握提取公因法、十字相乘法、公式法、分组分解法等。

（3）程序法：解决问题的步骤要符合规范化的要求，如几何求证题，怎样画图、怎样叙述、如何讨论、格式摆布甚至如何使用“因为”“所以”“那么”“则”等都要求清楚、有据、格式合理，否则就会乱套。

3．弱化定式思维训练

假设一些以前不敢想的疯狂念头。
多练习用比喻，比来比去，就能找到奇妙的练习。
做白日梦，让心思自由游走。
多从事一些需要动脑筋的业余活动，如下棋等。
多尝试用左手做各种事情。
只读半本书，剩下的留给自己来假设结局。

4．定式思维案例

案例 18：失去的金子。

一个穷人在一本书里发现了寻找“点金石”的秘密，点金石是一块小小的石子，它能将任何一种普通的金属点化成纯金。点金石就在黑暗的海滩上，和成千上万的与它看起来一模一样的小石子混在一起，但秘密就在这儿。真正的点金石摸上去很温暖，而普通的石子摸上去是冰凉的。所以，当他摸着冰凉的石子的时候，他就会将它们扔进大海，他这样干了一整天，却没有捡到一块是点金石的石子，然而他继续这样干下去，捡到了一块石子，是冰凉的，将它扔到海里，又去捡起一颗，还是冰凉的，再把它扔进海里，又一颗……

但是有一天上午他捡起了一块石子，而且这块石子是温暖的——他把它随手就扔进了海里。他已经形成了习惯，当他真正要的那一个来到时，他也还是将其扔进了海里……

我们的思想多次采取特定的一种思路，下一次采取同样的思路的可能性就越大。在一连串的思想中，一个个观念之间形成了联系，这种联系每利用一次，就变得越加牢固，直到最后，这种联系紧紧地建立起来，以至于它们的连接很难破坏。这样，正像形成条件反射一样，思考受到了条件限制。我们很可能具备足够的资料来解决问题。然而，一旦采取了一种不利的思路，问题考虑得越多，采取有利思路的可能性就越小。

3.5.3 突破思维障碍的方法

在创新思维的过程中，有一些障碍会羁绊我们，让我们的思考踌躇不前，既无法产生任何有意思的想法，也无法找到其他形式的解决方案。它们可能是我们无法直接控制的外部条件，但更大程度上与创新者的思维能力和技巧息息相关。这些障碍可能来自于创新者自身的思维方式或生活状况，这些问题完全可以通过自身高度或改变行为得到妥善解决。然而，能否意识到这些障碍存在或学会绕道而行，对于创新者来说是一项至关重要的能力。

1．突破思维定式，避免经验性答案

在创新领域里，思维定式呈现为我们面对某个亟待解决的问题时会不由自主地陷入固定思维模式，导致在处理创新问题时总是采取循规蹈矩的方法。此方法能够保证得到解决方案，但不保证方案中有任何创新亮点。

试想“把一个辣椒切开，会是什么样子”，关键是在于如何看待问题。如果把“辣椒”看成一个物质种类而非单一个体，那么就会惊奇地发现世界上的辣椒有千余种，形态万千，色彩缤纷；如果从切割方法来讲，可以并存千差万别的方式。如果将辣椒种类和切割刀法综合应用思考，不同的排列组合能够产生无数个组合方式和无数种呈现状况。这是关于如何看待问题的技巧，如果走进问题了解其内部组织与关联，将问题置于环境和关联之中，规避直觉性思考，突破思维定式，必然避免经验性答案。

2．不惧怕失败、规避风险

新奇的创新之所以遥不可及，其中一个最常见的原因就是惧怕失败。为了找到奇思妙想，我们应该时刻做好准备，跳出自己的思维定式，要习惯于用独树一帜的方式来看待创新问题。

《真美素描》最独特之处在于不同寻常地讲常识，而且巧妙地运用镜头语言，呈现出女性的自我评价和他人评价的反差，用有力的证据，让女性发自内心地认同多芬的品牌理念“女人，你比你想象的更美”。多芬品牌与普通消费者共同重新制定了美丽的标准，甚至引发了大家对于人与品牌关系的思考。

创新来源于我们赖以生存的世界和生活感悟，创新能力来自于个人内在的好奇心和提高力。要打磨与锻造这个能力，需要方法与技巧，还需要循序渐进地磨炼。

能够把人限制住的，只有人自己。人的思维空间是无限的，像回形针一样，至少有亿万种可能的变化。也许我们正被困在一个看似走投无路的境地，也许我们正囿于一种两难选择之间，这时一定要明白，这种境遇只是因为我们固执的定式思维所致，只有勇于重新考虑，跳出自己的思维定式，才能找到不止一条跳出困境的出路。

思考题

1．分析案例故事情节，并分析案例。

一个公安局长在茶馆里与一位老爷爷下棋。

正下到难分难解之时，跑来一个小孩，

小孩着急地对公安局长说：

“你爸爸和我爸爸吵起来了。”

“这孩子是你的什么人？”老头问。

公安局长答道：“是我的儿子。”

请问：两个吵架的人与这位公安局长是什么关系？

有人曾将这道题对100个人进行了测试，

结果，只有两个人答对。

后来，又有人将这道题对一个三口之家进行了测验，

结果，父母猜了半天没答对，

倒是他们的儿子（小学生）答对了。

这是怎么回事呢？

这原来是思维定式在作怪。

分析：公安局长是女的，吵架的一个是她的丈夫，即小孩的父亲；另一个是公安局长的父亲，小孩的外公。

人们习惯上总是把公安局长与男性联系在一起，更何况还有“茶馆”“老头”等支持这种定式。所以，从经验出发就不容易解答。而那位小学生因为经历少，经验也少，就容易跳出定式的“魔圈”。

2．让我们一起来思考。这是某人的一张脸，请问他在想什么？他准备干什么？他是一种什么状态？例如，他正在发怒，他感到非常委屈，他也许在偷听别人说话等，让学生在 3 分钟内想出尽可能多的答案，并暗示学生，谁想得越多越准，谁的发散思维的能力就越强，看人识人的本领就越大。

延伸训练

1．如果我们去摸一个袋子，第一次，我们从中摸出一个红玻璃球，第二次，第三次，第四次，第五次，我们还是摸出了红玻璃球，于是，我们会想，这个袋子里装的是红玻璃球。可是，当我们继续摸到第六次时，摸出了一个白玻璃球，那么我们会认为，这个袋子里装的是一些玻璃球罢了。可是，当我们继续摸，我们又摸出了一个小木球，我们又会想，这里面装的是一些球吧。可是，如果我们再继续摸下去……我们在一个有限的范围内，接触了一定的类似的概念后，往往会形成一种思维的定式，并且在一定的范围内似乎它也是没错的，可是如果跳出了这个范围会怎样？我们面对的是如此浩瀚的世界，你又如何能探尽这个世界？

2．法国著名歌唱家玛迪梅普莱有一个美丽的私人林园，每到周末总会有人到她的林园摘花、拾蘑菇、野营、野餐，弄得林园一片狼藉，肮脏不堪，管家让人围上篱笆，竖上“私人园林禁止入内”的木牌，均无济于事。玛迪梅普莱得知后，在路口立了一些大牌子，上面醒目地写道：“请注意！如果在林中被毒蛇咬伤，最近的医院距此 15 千米，驾车约半小时即可到达。”从此，再也没有人闯入她的林园。你如何突破自己的思维障碍，找到更好的解决方案？

第 4 章　常见的创新方法

4.1　设问检查法

> 创造始于问题，有了问题才会思考，有了思考，才有解决问题的方法，才有找到独立思路的可能。
>
> ——陶行知

大多数人看见优秀的绘画作品时就会问“这是什么画”，只有少数人会继续发问，“这画是谁画的”“采用了哪些绘画手法”，并积极地寻找答案。设问检查法就是对任何事物都多问几个为什么？

设问检查法是指根据需要解决的目标，从多角度提出问题，然后从问题中寻找思路，进而做出选择并深入开发创造性设想的一类技法。设问检查法实际上就是提供了一张提问的单子，针对所需解决的问题，逐项对照检查，以便能够从多个角度进行较为系统周密的思考，探求较好的创新方案。设问法的主要类型有：奥斯本检核表法、5W2H 法、和田十二法。

4.1.1　奥斯本检核表法

奥斯本检核表法又称设想提问法或分项检查法。20 世纪 40 年代，美国创造学家亚历克斯·奥斯本在他的著作《发挥创造力》中，介绍了为数众多的创意技巧。后来，美国创造工程研究所从这本书中选择 9 个项目，编制出《新创意检核用表》，以此作为提示人们进行创造性设想的工具。

1. 基本原理

奥斯本检核表法引导人们根据检核项目的一条条问题来获得求解问题的思路，以求比较周密地思考。

运用奥斯本检核表法进行创新，主要是从表 4.1 中的 9 个方面提问。

表 4.1　奥斯本检核表法的项目与含义

序号	检核项目	含　义
1	能否他用	现有的事物有无其他的用途，保持不变能否扩大用途；稍加改变有无其他用途
2	能否借用	能否引入其他的创造性设想；能否模仿其他事物；能否从其他领域、产品、方案中引入新的元素、材料、原理、工艺、思路
3	能否改变	现有事物能否做些改变，如颜色、声音、味道、式样、花色、音响、品种、意义、制造方法；改变后效果如何
4	能否扩大	现有事物可否扩大适用范围；能否增加使用功能；能否添加零部件；能否延长使用寿命，增加长度、厚度、强度、数量、价值等
5	能否缩小	现有事物能否体积变小、长度变短、重量变轻、厚度变薄以及拆分或省略某些部分；能否浓缩化、省力化、方便化
6	能否替代	现有事物能否用其他材料、元件、结构、力、声音等代替
7	能否调整	现有事物能否变换排列顺序、位置、时间、速度、计划、型号；元件可否交换
8	能否颠倒	现有事物能否从里外、上下、左右、前后、横竖、主次、正负、因果等相反的角度颠倒过来使用
9	能否组合	能否进行原理、材料、部件、形状、功能、目的等的组合

检核项目 1：能否他用。

现有的事物有无其他的用途，保持不变能否扩大用途；稍加改变有无其他用途。

例如，多功能烘被机具有防潮除潮湿、取暖、烘干，杀灭螨虫、蚊虫与蟑螂虫卵，消除异味，烘干衣物被褥等多种功能（见图 4.1）。又如，光伏组件除发电外，还可作为建材，用于农业大棚、光伏幕墙、光伏屋顶等（见图 4.2）。

图 4.1　多功能烘被机

图 4.2　光伏屋顶

检核项目 2：能否借用。

能否引入其他的创造性设想；能否模仿其他事物；能否从其他领域、产品、方案中引入新的元素、材料、原理、工艺、思路。

例如，由蝙蝠发明了声呐和雷达，由动物的巢穴发明了房屋，由螳螂发明了镰刀，由蜻蜓发明了飞机，船和潜艇来自人们对鱼类和海豚的模仿。受石油管道中用小机器人（见图 4.3）来探测管道漏洞的启发，在医院中应用了肠镜胃镜（见图 4.4）。

图 4.3　管道探测机器人

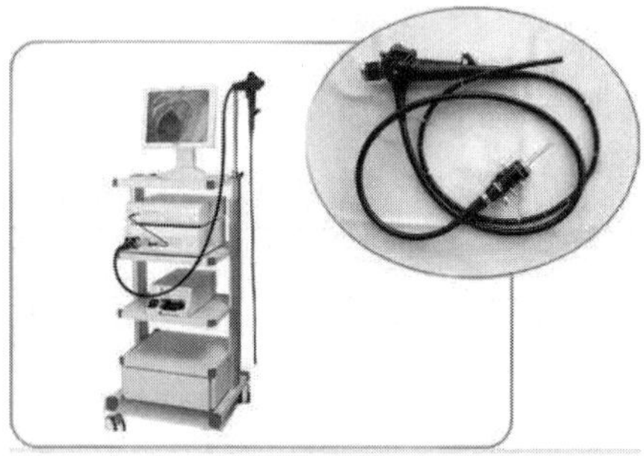

图 4.4　肠镜胃镜

检核项目 3：能否改变

现有事物能否做些改变，如颜色、声音、味道、式样、花色、音响、品种、意义、制造方法；改变后效果如何。

例如，沃特曼对钢笔尖的结构进行了改革，在笔尖上开了个小孔和小沟，使书写流畅，并因此而成为第一流的钢笔大王。1898 年亨利·丁根将轴承的滚柱（见图 4.5）改成了圆球，发明滚珠轴承（见图 4.6），这一形状的改变大大地提高了轴承的使用寿命。

图 4.5　滚柱轴承

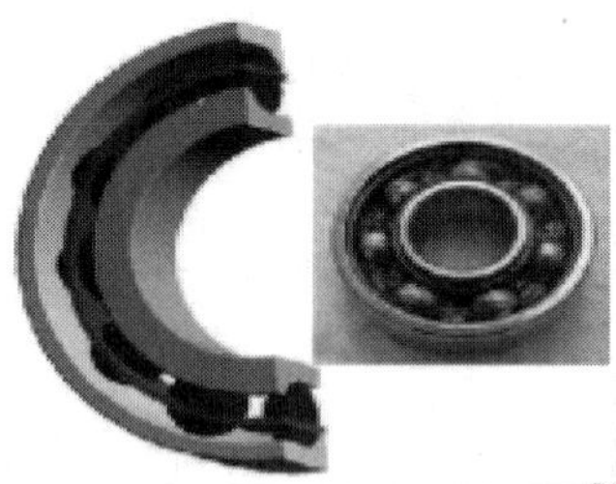

图 4.6　圆球轴承

检核项目 4：能否扩大。

现有事物可否扩大适用范围；能否增加使用功能；能否添加零部件；能否延长使用寿命，增加长度、厚度、强度、数量、价值等。

日常使用的钢化玻璃（见图 4.7）是在玻璃中加入了某些防震、防碎的材料，云南白药牙膏（见图 4.8）是在牙膏中加入了药物成分，增加了牙膏的功能。

图 4.7　钢化玻璃

图 4.8　云南白药牙膏

检核项目 5：能否缩小。

现有事物能否体积变小、长度变短、重量变轻、厚度变薄以及拆分或省略某些部分；能否浓缩化、省力化、方便化。

例如，缩小体积：1 号电池→2 号电池→5 号电池→7 号电池→8 号电池→纽扣电池；普通摄像机→微型摄像机（见图 4.9）；日本索尼公司的微型盒式磁带录音机只有一张名片那么大；“卡西欧”微型电视机屏幕只有 5 厘米；浓缩果汁（见图 4.10）引起了果汁工业的革命。

图 4.9　微型摄像机

图 4.10　浓缩果汁

检核项目 6：能否替代。

现有事物能否用其他材料、元件、结构、力、设备力、方法、符号、声音等代替。

例如，曹冲因为没有能称几千斤重的大象的秤，用同样重量的石头来代替大象（见图 4.11）。冰糕可以用充气的冰淇淋代替，从而发明了软雪糕。英国人发明出碳素纤维自行车，使车子的重量减轻。

为了使宇宙飞船能把在月球上收集到的各种信息发回地面，就必须在月球上架设一架像大伞似的天线。采用形状记忆合金成天线，然后冷却，把天线折叠成球团放进飞船里，送到月面后使天线“记忆”起原来的形状，自动展开而达到预定的状态（见图 4.12）。

图 4.11　曹冲称象

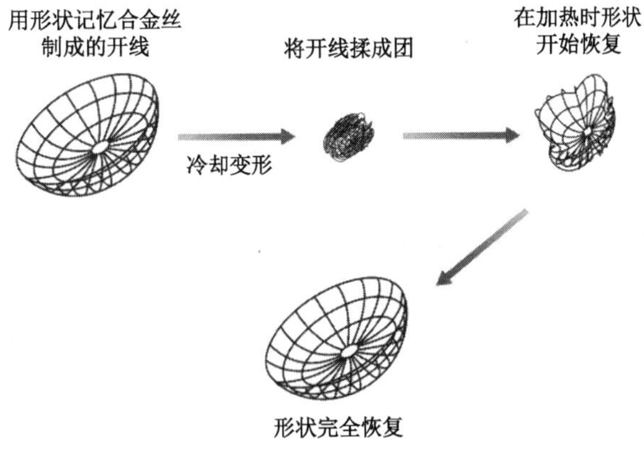

图 4.12　形状记忆金属

检核项目 7：能否调整。

现有事物能否变换排列顺序、位置、时间、速度、计划、型号；内部元件可否交换。

例如，日常使用的钟表是 12 小时时钟，能否改成 24 小时时钟呢（见图 4.13）？飞机诞生时，螺旋桨装在飞机头部，后来喷气式发动机都装到了顶部成为直升机。滑动公共座椅不仅可以随意将多把椅子组合在一起，也可以自己单独使用（见图 4.14）。

图 4.13　24 小时时钟

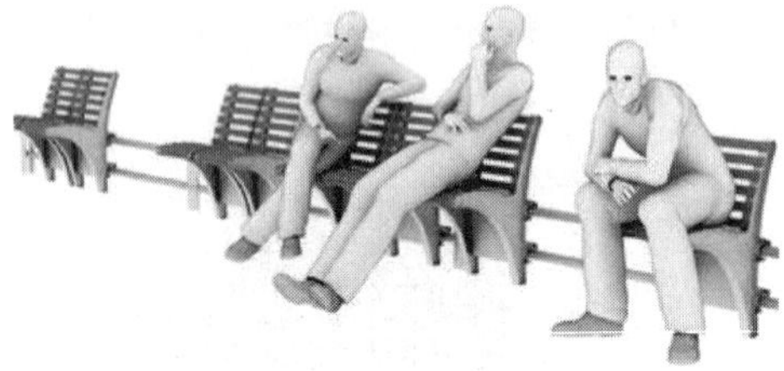

图 4.14　滑动公共座椅

检核项目 8：能否颠倒。

现有事物能否从里外、上下、左右、前后、横竖、主次、正负、因果等相反的角度颠倒过来使用。

例如，跑步时地面是静止的，人是运动的，而使用跑步机时人相对地面是静止的，而跑步机是运动的（见图 4.15）。

在动物园人是在笼子外边观看，动物是关在笼子里的，而在北京动物园的散发区里，动物在笼子外边，人在笼子里观看（见图 4.16）。

检核项目 9：能否组合。

能否进行原理、材料、部件、形状、功能、目的等的组合。

日常生活中，切葱一般是用菜刀，现在有了葱花剪（见图 4.17）。

光会产生影子，一盏灯会使一个物体产生一个影子。假如灯光从一个人的右边射来，那么他的左边就会出现一个影子。如果在他的左边再加一盏灯呢？如果两盏灯、三盏灯、多盏灯从多个角度同时照射，影子不就无处显身了？就有了医院手术用的无影灯（见图 4.18）。

图 4.15　跑步机

图 4.16　北京动物园的散发区

图 4.17　葱花剪

图 4.18　无影灯

2．实施步骤

运用奥斯本检核表法进行创新活动的实施步骤如下。

（1）根据创新对象明确需要解决的问题。

（2）根据需要解决的问题，参照表中列出的问题，运用丰富的想象力，强制性地一个个核对讨论，写出新设想。

（3）对新设想进行筛选，将最有价值和创新性的设想筛选出来。

3．运用注意事项

（1）要一条一条地进行检核，不要有遗漏。

（2）多检核几遍，效果会更好。

（3）检核每项内容时，要尽可能地发挥自己的想象力，产生更多的创造性设想。

（4）检核方式需要根据情况而定，可一人检核，3～8 人共同检核也可以。

4．实施案例

如果以保温瓶的开发为创造目标，运用奥斯本检核表法时，可以采用按表格填空的方式进行。其检核思考的结果如表 4.2 所示，表中的新设想，不乏具有开发价值的新产品概念。

表 4.2　保温瓶在奥斯本检核表法的新设想

序号	检 核 项 目	新 设 想	
		名称	设想概述
1	有无其他用途	保健理疗瓶	利用保温瓶的热气对人体进行理疗，如预防感冒、止痛等
2	能否借用	电热式保温瓶	借用电热壶原理制成电加热保温瓶
3	能否改变	个性化热水瓶	按照个性要求喷涂颜色、图案和设计不同开关的外壳，满足不同消费者的需要
4	能否扩大	新型瓶盖	扩大传统瓶盖的容积，并分隔为两层，上层可放置茶叶
5	能否缩小	新型保温杯	开发多种形状的保温杯，使之个性化（如学生保温杯、旅游保温杯等）
6	能否代用	不锈钢保温瓶胆	用薄不锈钢材料代替传统玻璃瓶胆，还可使瓶胆一体化，造型多样化
7	能否重新调整	新潮保温瓶	调整保温瓶的线型组织与比例尺寸，使之具有标新立异的艺术形状
8	能否颠倒	倒置式热水瓶	变传统直立式为倒置式，即用旋转式支架使保温瓶口朝下倒水
9	能否组合	多功能保温瓶	将保温瓶与花瓶、空气负离子发生器组合成一体，使之具有多种功能

奥斯本检核表法之所以有此功能，主要有以下几点原因。

（1）提问，尤其是提出具有创见的新问题，本身就是一种创造。检核思考是一种强制性思考，有利于突破不愿提问的心理障碍。运用检核表法顺藤摸瓜式地自问自答，比起随机的毫无方向地想来要规范得多，目的性更强些。

（2）检核思考首先是一种多角度发散性思考，然后是深思熟虑，这是创造性思考的基本规律。由于受习惯性心理的影响，人们很难对同一问题从不同方向和角度去思考。如果为了广而思之，固然可以进行非逻辑思考或使用别的创新技法，但是使用奥斯本检核表法，可以在一定程度上帮助人们克服“广思”的障碍。因为奥斯本检核表法的设计特点之一是多向思维，用多条提示引导你去发散思考。

（3）设问检核为创新活动提供了最基本的思路。创造思路固然很多，但采用奥斯本检核表工具，就可以使创造者尽快地集中精力朝提示的目标和方向思考。

4.1.2 5W2H 法

1. 基本原理

5W2H 法又称七问分析法，美国陆军用英语中的 7 个疑问词来进行设问（见图 4.19），这 7 个疑问词的第一个字母正好是 5 个 W 和 2 个 H，5W2H 法因此得名。

该法简单、方便，易于理解、使用，富有启发意义。人们通过设问，发现解决问题的线索，寻找出创新和发明新项目的思路，更进一步进行设计构思，从而搞出新的发明项目。

目前，5W2H 法已广泛应用于改进工作、改善管理、技术开发、价值分析等方面，也有助于弥补考虑问题的疏漏。

图 4.19　5W2H 法

2. 实施步骤

（1）对某一种现行的方法或现有的产品，从 7 个角度检查提问。

（2）对 7 个方面提问一一审核，将发现的疑点、难点一一列出。

（3）讨论分析，寻找改进措施。可采用列表提问，如表 4.3 所示，使问题、原因及改进措施更加简洁明晰。

表 4.3　5W2H 法检核表

	追问原因	对策
5W2H 追问原因 VS 5W2H 对策	Why 为什么	为何做
	What 何事	做何事
	Where 何地	何地做
	When 何时	何时做
	Who 主角是谁	谁去做
	How 如何做	如何实施
	How much 何价	成本多少

3．问题提示

5W2H 法的 7 个设问要抓住事物的主要特征，视具体问题性质的不同，设置不同内容的设问检查。

（1）为什么（Why）。

可以问：为什么采用这个技术参数？为什么不能有响声？为什么停用？为什么变成红色？为什么要做成这个形状？为什么采用机器代替人力？为什么产品的制造要经过这么多环节？为什么非做不可？等。

（2）做什么（What）。

可以问：条件是什么？哪一部分工作要做？目的是什么？重点是什么？与什么有关系？功能是什么？规范是什么？工作对象是什么？等。

（3）谁（Who）。

可以问：谁来办最方便？谁会生产？谁可以办？谁是顾客？谁被忽略了？谁是决策人？谁会受益？等。

（4）何时（When）。

可以问：何时要完成？何时安装？何时销售？何时是最佳营业时间？何时工作人员容易疲劳？何时产量最高？何时完成最为适宜？需要几天才算合理？等。

（5）何地（Where）。

可以问：何地最适宜某物生长？何处生产最经济？从何处买？还有什么地方可以作销售点？安装在什么地方最合适？何地有资源？等。

（6）怎样（How）。

可以问：怎样做省力？怎样做最快？怎样做效率最高？怎样改进？怎样得到？怎样避免失败？怎样求发展？怎样增加销路？怎样达到效率？怎样才能使产品更加美观大方？怎样使产品用起来方便？等。

（7）多少（How much）。

可以问：功能指标达到多少？销售多少？成本多少？输出功率多少？效率多高？尺寸多少？重量多少？等。

4．实施案例

南昌某高校校内一个食堂小吃窗口的生意一直没有起色，顾客较少，亏损比较严重。老板运用 5W2H 法来检查亏损的原因，制定改善方案，从而改变经营状况。

（1）分析问题。

① Why。

为什么开小吃窗口？（赚钱，服务顾客）

为什么小吃窗口的生意冷清？（顾客少）

② What。

小吃窗口提供些什么？经营些什么品种？还可经营些什么？（目前主要经营油炸、麻辣烫等，品种款式较少）

③ Who。

谁来买小吃？是否存在潜在顾客？（顾客以学生为主；教工零星来，很少）

④ When。

食堂小吃窗口的营业时间？（早、中、晚，以学生一日三餐时间为主）

⑤ Where。

小吃窗口在哪里？（食堂二楼）

⑥ How。

食堂供应小吃窗口是如何经营的？（食物先做好，学生来了再卖给学生）

⑦ How much。

价格如何？（学生普遍反映价格偏贵、不实惠）

由此可见，该窗口因品种少、口味一般、价格偏贵、位置偏、营业时间不灵活等原因，造成顾客少，导致生意一直冷清。

（2）提出改善、解决问题的方案。

① Why：吸引更多顾客。

② What：品种太少，无新颖性。解决办法：增加品种，翻新花样，高薪聘请手艺好的厨师。

③ Who：除了学生之外还要吸引教师、周边居民，扩大顾客范围。

④ When：延长营业时间，冬天早餐时间延长，夏天晚餐时间延长；增加特色小吃，如端午粽子、中秋月饼、生日面等。

⑤ Where：二楼地理位置不理想，学生不知或不愿爬二楼。解决办法：一楼做醒目、个性化广告，拉近心理距离。

⑥ How：供应特色小吃，不同地域、口味的小吃；色香味美，干净卫生，品种多样；开拓电话、网络点餐业务，送货上门。

⑦ How much：做到物美价廉，定价要符合学生的消费能力，以薄利做到多销。

针对这些问题，该窗口做出了上述整改措施，从而实现了扭亏为盈，生意开始火爆起来。

4.1.3 和田十二法

和田十二法是我国创造学者许立言、张福奎在奥斯本检核表法的基础上，创造性地提出的一种创新技法。和田十二法是奥斯本检核表法的一种继承和延伸，也是一种大胆的创新和突破，由于该方法只涉及 12 个动词，又是在上海市闸北区和田路小学首先使用的，所以和田十二法又称和田检核表法、聪明十二法。

1. 基本原理

和田十二法是指人们在观察、认识一个事物时，可以考虑是否从以下 12 个方面进行检核，如表 4.4 所示。

表 4.4　和田十二法

序号	检核项目	含　义	实　例
1	加一加	现有物品能否加上其他物品、材料、部件、功能等	奶瓶加温度计变成了能显示温度的奶瓶；电话加录音功能变成了录音电话
2	减一减	现有物品能减去（简化）什么？把原物品减少、减轻、减薄或减慢、减序等，使其形态、价值、功能、成本等明显优化	鼠标、键盘减去和计算机的连接线变成无线鼠标、无线键盘；明信片就是减去了信封
3	扩一扩	现有物品的形状大小、功能、用途、使用领域等能否扩大	雨伞扩大变成双人伞，牙膏口扩大点，增加购买频次
4	缩一缩	现有物品体积、长度、重量等能否缩小，功能、用途等能否简化	压缩饼干，纽扣电池，掌上电脑，浓缩果汁
5	变一变	现有物品的形状、尺寸、颜色、味道、材料、成分能否改变，从而形成新的物品，或者从使用对象、场合、时间、方式、用途、方便性和广泛性等方面变化，一般具有主动性	心形水果，荧光材料做成的公交站牌，手机、家电、衣服等款式、颜色、造型的变化
6	改一改	针对现有物品的缺点、不足之处一一改进，从而达到逐步完善原物品的目的，一般具有被动性	玻璃体温计易碎改成塑料体温计，改变书本的体积变成口袋书
7	联一联	现有物品与其他事物之间是否有联系，是否能够从中找到解决问题的方法	由每个人的指纹是独一无二的联想到防盗开发的指纹锁，鲁班被小草割破了手指联想到了锯木头的锯子
8	学一学	能否从学习模仿其他物品的原理、形状、结构、颜色、方法等，以求对现有物品的创新	学习模仿蝙蝠的回声定位系统发明的雷达；学习模仿鸟类的飞行能力发明的飞机
9	代一代	现有物品中的工具、方法、材料等能否用其他的代替	用纸代替其他产品开发的纸杯、纸巾、纸内裤；电子烟
10	搬一搬	现有物品的制作工艺、原理、方法能否搬到别的场合中取用；其他物品中的制作工艺、原理、方法能否搬用，产生一种新的物品	电视机上的拉杆天线搬到教室就成了可伸缩的教具；电灯搬到晚会就成了装饰彩灯，搬到道路口就成了交通灯
11	反一反	将事物的形态、性质、功能、结构反一反，或者把上与下、里与外、前与后、横与竖、方与圆、左与右、导电与绝缘、热与冷等矛盾的两个方面倒一倒，产生新的产品、新的功能、新的用途	上楼是人走楼梯不动，反过来，楼梯走、人不动，就发明了电梯；传统的衣服是完整的、对称的，而反其道而行之的乞丐服，在衣服上剪洞，故意不对称反而成了潮流
12	定一定	在解决某一问题，改进某一物品时，能否先有一个约定的标准，大家都能接受的规定，使工作效率更高、更方便、更准确	信用卡的积分标准；工作流程的标准；噪声的标准；交通信号灯的标准：红灯停，绿灯行，黄灯等待

2. 和田十二法案例

利用和田十二法对电风扇进行分析改进，如表 4.5 所示。

表 4.5　利用和田十二法改进电风扇

检核项目	新设想说明
加一加	加上日光灯变成带灯的风扇（见图 4.20）；加上根据环境温度变化调节风量的功能；加上控制时间的功能；加上驱蚊功能
减一减	减去扇叶变成无扇叶风扇（见图 4.21）；吊扇减去吊杆变成吸顶式风扇
扩一扩	增大电风扇的转速；扩大送风角度
缩一缩	缩小体积变成小型风扇（见图 4.22）
变一变	改变结构、款式变成各种形状的风扇（见图 4.23）
改一改	改进普通风扇容易使人伤风感冒的缺点开发的保健电风扇
联一联	联想到灭蚊、催眠开发出灭蚊风扇、催眠风扇
学一学	从太阳能的应用中学到利用太阳能的风扇；学习智能技术开发出智能风扇
代一代	用塑料或木料代替铁做扇叶
搬一搬	将电风扇搬到计算机里面为 CPU 散热（见图 4.24）；搬到汽车中变成移动的风扇
反一反	风扇只能吹出冷风，反过来想开发出冬天能吹出热风；风扇能吹出空气，反过来想开发出排出空气的排气扇
定一定	制定噪声标准、节能标准，制造出低噪声风扇、节能风扇

图 4.20　带灯的电风扇

图 4.21　无叶风扇

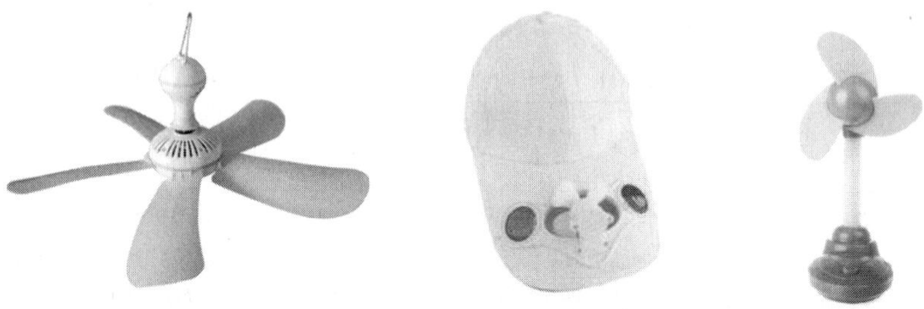

图 4.22　各种小型风扇

图 4.23　各种形状的风扇

图 4.24　CPU 风扇

思 考 题

1．用奥斯本核检表法设计自行车、手机、电视机、水杯、汽车。

2．“张小姐，请你将这份调查报告复印 2 份，于下班前送到总经理室交给总经理；请留意复印的质量，总经理要带给客户参考。”（填写表 4.6）

要求：根据 5W2H 法将该案例进行划分，体会该方法所传递的重点。

表 4.6　5W2H 法检核表

5W2H	内容	方案
What	做什么	
Who	谁	
Where	何处	
When	何时	
Why	为什么	
How	如何做	
How much	多少价	

3．请利用和田十二法对自行车、课桌、书包、电视机等进行改进。

4.2　列举分析法

> 所谓创造，就是掌握呈现在自己眼前的事物属性，并把它置换到其他事物上。
>
> ——克劳福特

目前比较流行大学生创业，假如你现在是一位创业者，想开发一种新的快餐食品，你会怎么做？

大家可以从创意角度进行思考，不需要考虑具体怎么去经营。

有人说可以推出新的食品种类，打造新式餐具、新式吃法来吸引顾客，也可以推出电话、网上订餐等业务来方便顾客。

还有人说快捷食品的定位应该是便捷、干净、卫生，所以我们也可以在这个方面下功夫。同时我们也可以借鉴其他快餐的营业经验，观察还有哪些方面不能满足顾客的需要，据此推陈出新。

大家的想法都很好，其中很多想法就应用了列举型的创新方法。

4.2.1　列举分析法概述

列举分析法运用了分解和分析的方法，作为一种最基本的创造技法，其应用广泛，常用于简单设想的形成与发明目标的确定。

列举分析法的要点是将研究对象的特点、缺点、希望点罗列出来，提出改进措施，形成有独创性的设想。

列举分析法的流程如图 4.25 所示。

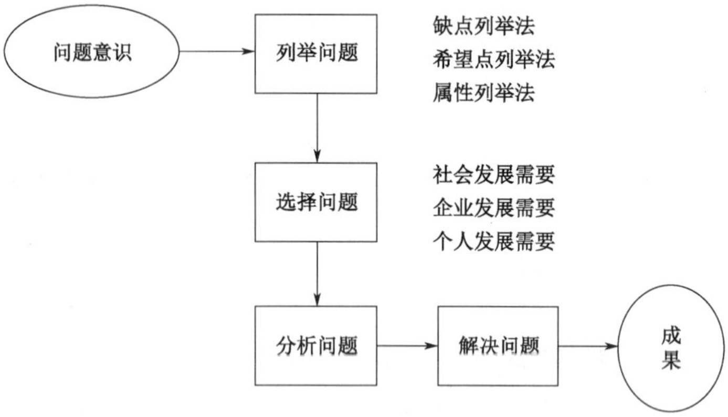

图 4.25 列举分析法的流程

列举分析法具有如下特点。

（1）列举分析法采用了系统分析的方法，重视需求的分析，使创造过程系统化、程序化。

（2）列举分析法运用了分解和分析的方法，在详尽分析的基础上进行列举。

（3）列举分析法简单实用，是一种较为直接的创造技法，特别适用于新产品开发、旧产品改造的创造性发问过程。

（4）列举分析法不仅是创造性发问的主要技法，而且为创新解决问题提供了方向和思路。

4.2.2 属性列举法

1931 年克劳福特教授提出了“属性列举法”，并首次在大学开设了创造性思维课程。克劳福特认为每一事物都是从另一事物产生的。一般创造物都是从已有的事物中加以改造得到的。所谓属性，就是指事物所具有的固有的特性，如人类有性别、年龄、体重等属性。一般而言，一个事物具有许多属性，事物的每一个属性都可以被分开加以增进或改变。

属性列举法是列举法的典型技法，其要点是首先针对某一事物列举出其重要部分或零件及属性等，然后就所列各项逐一思索是否有改进的必要性或可能性，促使创新产生。

日本学者上野阳一为找到研究对象的属性提出了区分研究对象属性的 3 种方式。

① 根据名词属性——整体、部分、材料、制法等来区分。

② 根据形容词属性——性质等来区分。

③ 根据动词属性——功能等来区分。

操作步骤如下。

第一步，确定一个明确的研究对象。

第二步，找出名词、形容词、动词、量词属性。

第三步，对原属性进行改造。

第四步，提出新设想。

案例 1：电风扇的创新设计。

（1）分析现有的电风扇。

观察待改进的电风扇，搞清其基本组成、工作原理、性能及外观特点等问题。

（2）对电风扇进行属性列举。

① 名词属性。

整体：落地式电风扇。

部件：电机、扇叶、网罩、立柱、底座、控制器。

材料：钢、铝合金、铸铁。

制造方法：铸造、机加工、手工装配。

② 形容词属性。

性能：风量、转速、转角范围。

外观：圆形网罩、圆形截面立柱、圆形底座。

颜色：浅蓝、灰色、象牙白。

③ 动词属性。

功能：扇风、调速、摇头、升降。

（3）对电风扇进行属性改造。

① 针对名词属性进行思考。

- 扇叶能否再增加一个？即换用两头有轴的电动机，前后轴上装相同的两个扇叶，组成“双头电风扇”，再使电动机座能旋转 180°，从而使送风面达 360°，如图 4.26 所示。

图 4.26　双头电风扇

- 扇叶的材料是否能改变？例如，用檀香木制成扇叶，再在特配的中药浸剂中加压浸泡，制成含保健元素的“保健风扇”。
- 调节风速大小和转速高低的控制按钮能否改进？能否改成遥控式的？能否加上微计算机，使电风扇智能化？若能，“遥控风扇”“智能风扇”便脱颖而出。

② 针对形容词属性进行思考。

- 能否将有级调速改为无级调速？
- 网罩的外形是否多样化？克服清一色的圆形有无可能？可否做成椭圆形、方形、菱形、动物造型？
- 电风扇的外表涂色能否多样化？将单色变彩色，让其有个性化特点，可能更吸引消费者。如果能采用变色材料，开发一种“迷幻式电风扇”，也给人以新的感受。
- 为了提高儿童的安全性，设计成如图 4.27 所示的无叶风扇。

③ 针对动词属性进行思考。

- 使电风扇具有驱赶蚊子的功能。
- 冷热两用扇，夏扇凉风、冬出热风。
- 消毒电风扇。能定时喷洒空气净化剂，消除空气中的有害病毒，尤其适合大众流通场合及医院病房。
- 理疗风扇。

图 4.27　心形无叶风扇

4.2.3　缺点列举法

日常生活中使用的东西都是十全十美的吗？当然不是，即便是工厂里正在生产的或市场上正在销售的各种商品，也并不是完美无缺的，它们都或多或少地存在着缺点。

缺点列举法就是通过发现、发掘事物的缺陷，把它的具体缺点一一列举出来，然后针对这些缺点，设想改革方案，进行创造发明。

1．列举缺点的主要途径

（1）用户意见法。

（2）会议列举法。

（3）对比分析法。

游标卡尺，作为常用的度量工具，以其精度为名，一般可以精确到 0.01 厘米，但是其结构比起卷尺和直尺相对要复杂很多，刚刚接触的人，很可能不能一下子摸到门路。

普通游标卡尺：读数麻烦，变成数字表后，读数超级容易，如图 4.28 所示。

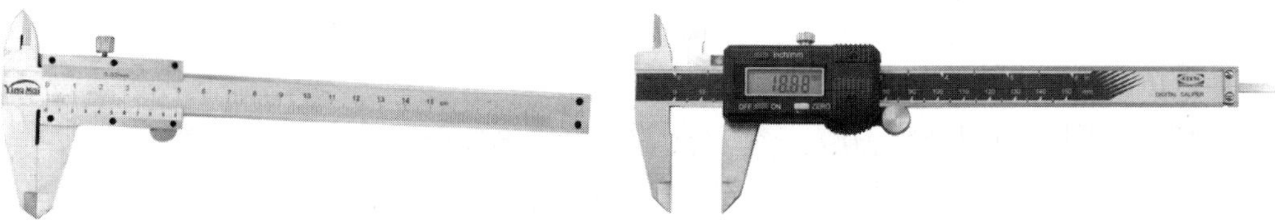

图 4.28　游标卡尺

2．操作步骤

（1）选定研究对象。

（2）针对存在的问题提出缺点，如形状、颜色、材料、功能、个人需求等。

（3）提出解决办法。

（4）综合各类办法，写出最先解决的主要缺点的操作方案。

案例 2：分析玻璃体温计的不足。

（1）选定研究对象：普通玻璃体温计（见图 4.29）。

（2）提出缺点。

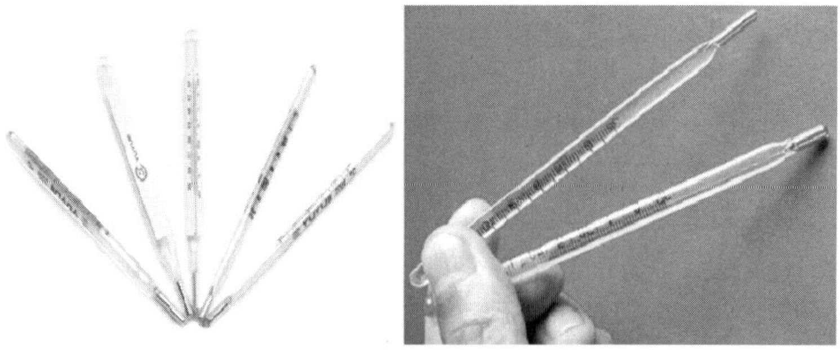

图 4.29　玻璃体温计

① 形状：形状单一；表面光滑，容易脱落；小孩看到害怕。

② 颜色：要转动才能看清可读。

③ 材料：玻璃容易碎；水银有毒，一旦破碎不好清理。

④ 功能：使用不方便（解开衣服放置），不卫生（多人重复使用）；测试时间长（5 分钟）；冬天使用很凉；儿童夹持不住；测量部位单一；使用前需要甩动。

⑤ 个人需求：盲人无法使用；夜晚无光线时无法使用；不能远距离测量；存放不方便。

（3）分析产生缺点的原因。

（4）提出各种解决办法。

① 电子体温计，有数字显示，可报时间，测好后鸣叫，还可添加语音功能，测好体温后直接读出，供盲人使用，如图 4.30 所示。

② 一次性体温计，如图 4.31 所示。

③ 不接触身体的体温计，如图 4.32 所示。

④ 卡通形象体温计，如图 4.33 所示。

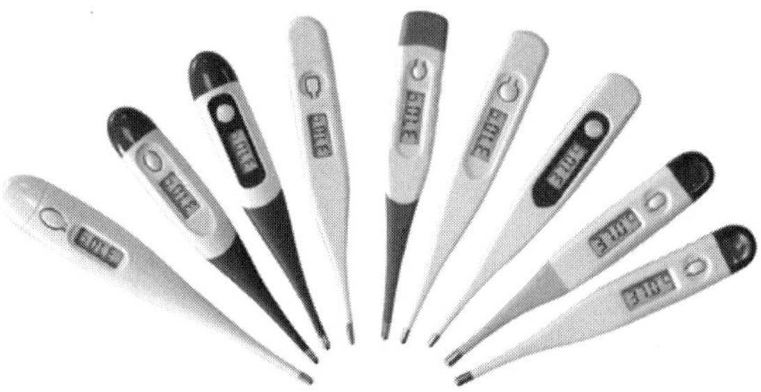

图 4.30　电子体温计

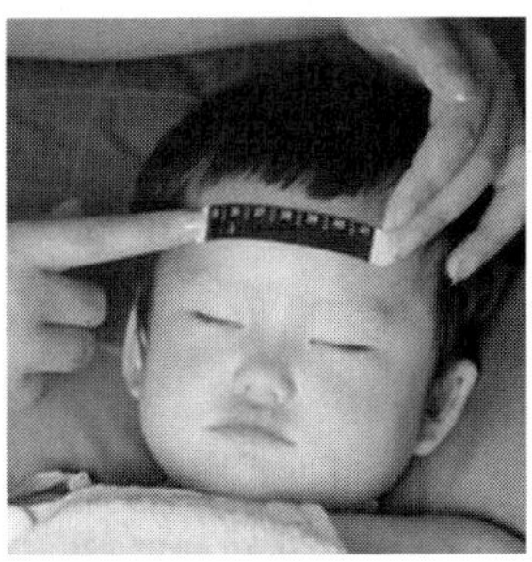

图 4.31　一次性体温计

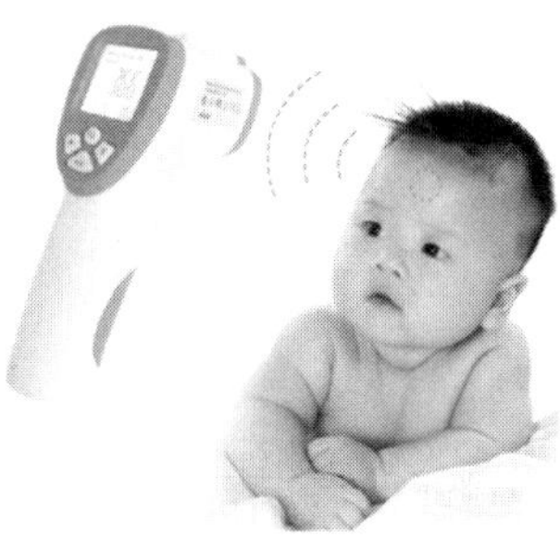

图 4.32　红外体温计

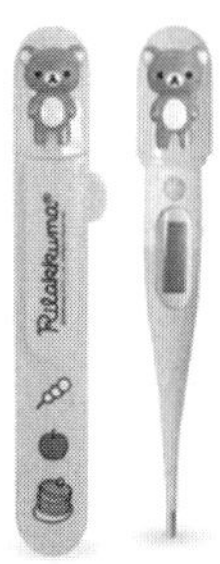

图 4.33　卡通体温计

4.2.4 希望点列举法

希望点列举法就是发明者根据人们提出来的种种希望，经过归纳，沿着所提出的希望达到的目的，进行创造发明的方法。

一些伟大发明，或者是日常生活中的很多用品，都是根据希望点列举出来的。人类希望实现飞天梦，于是发明了飞机；人类希望让气温随人的意愿调节，于是发明了空调；人们希望夜间上下楼梯时，有人的时候灯能自动亮，没人的时候灯能自动灭，于是就发明了声光控开关；还有人希望打电话时能看到对方的形象，于是发明了可视电话；人们希望洗手后不用毛巾擦也能干手，于是发明了电热干手机等。这都使用了希望点列举法。

希望点列举法的操作步骤如下。

① 定课题，激发和收集人们的希望。

② 列希望，仔细研究人们的希望，以形成希望点。

③ 定方案，以“希望点”为依据，创造新产品以满足人们的希望。

注意事项如下。

① 重视人类需求的分析，我们应该知道人类有哪些需求。

② 注意特殊群体的需求和希望，如盲人、聋哑人、残疾人、孤寡老人、住院病员、精神病人、左撇子和有特殊嗜好的人。

③ 善于发现潜在的需求，根据国外有关资料介绍，在社会对产品的需求中，潜在需求占 60%～70%。

④ 现实的需求，摆在眼前的需求，是人们急于实现的需求，是几乎每个人都能感觉到的需求。

1. 功能型希望点列举

功能型希望点列举是在不改变原事物基本作用原理的前提下，针对事物不具备而又有所希望的方面，将希望点一一罗列，进行变换和创新的一种思维模式。

案例 3：派克笔的发明。

美国有个叫派克的人，最初只开了个自来水笔的小铺子，后来，他却以生产“派克笔”（见图 4.34）而闻名于世。

有一天，他忽然想到：为什么不把作为一个整体的自来水笔分成若干零散的部分来考虑呢？于是，他将自来水笔划分成笔尖、笔帽、笔杆等部分，再对各个部分逐一加以思考。这样一来，果然许多以往想不到的好想法如泉水般地从脑海里涌了出来。

图 4.34 派克钢笔

例如，设想制成可画粗线和细线的不同笔尖；设想用 14K 金、18K 金、白金等不同材料做成的不同笔尖；设想制作螺纹式笔帽、插入式笔帽；设想制作流线型笔杆、彩色笔杆，如此等等。

派克首先选用流线型笔杆和插入式笔帽这两个设想加以深入研究，终于制成了誉满全球的派克钢笔，并由此获得了大量财富。以后派克钢笔又经过许多改进，可以称得上是“笔中之王”了。

2．原理型希望点列举

原理型希望点列举是针对现有事物的某些不足列举出希望点，并根据希望或理想，打破原事物概念的束缚，从全新的角度进行再创造的一种思维模式。

日本最新科学突破，使大脑直接控制假肢成为可能，如图 4.35 所示。

图 4.35　可以伸缩和连续旋转的假肢

希望点列举法与缺点列举法一样，都是列举得越多越好，甚至可以空想、幻想。这需要发散思维和想象力。希望点列举法既可以个人进行，也可以团体进行。

4.2.5　成对列举法

成对列举法是通过列举两种不同事物的属性，并在这些属性间进行组合，通过相互启发而发现发明目标的方法。

操作步骤如下。

① 确定两个事物为研究对象。

② 分别列出两个事物的属性。

③ 将两事物的属性一一进行强制组合，如图 4.36 所示。

④ 分析、筛选可行的组合，形成新的设想。

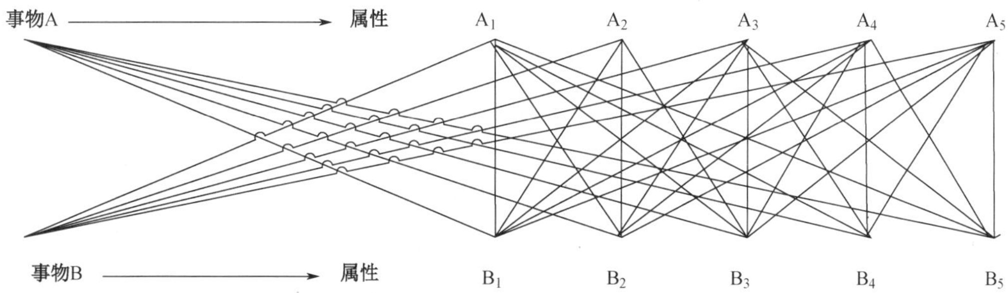

图 4.36　属性组合

案例 4：应用成对列举法来设计一种新型的灯。

（1）确定灯为 A 事物，为了设计新颖，选择与其差别较大的猫为 B 事物。

（2）分别列出灯和猫的属性。

灯：灯泡，灯罩，灯座，开关。

猫：猫头，尾巴，耳朵，爪子。

（3）将灯和猫的属性强制组合，如表 4.37 所示。

图 4.37　灯与猫

表 4.7　灯和猫的属性强制组合

猫头形状的灯泡	猫头图案的灯罩	猫头形状的灯座	猫头形状的开关
可以随意变换角度的细灯管	长筒型灯罩	可以随意弯曲、调节长短的灯座	尾巴形状的开关
双灯泡	灯罩上面有两个耳形透光孔	耳朵形状的灯座	声控开关
多个小灯管	可以收缩调整的灯罩	爪子形状的灯座	触摸式开关

（4）提出新型灯的设想。

将表 4.7 中的各种设想进行分析、综合，提出新型灯的方案（见图 4.38），如下。

① 灯泡。多个小灯管，上下串行排列。

② 灯罩。长筒型猫头图案灯罩，可以收缩调整筒的直径，上面有两个耳形透光孔。

③ 灯座。爪子形状的灯座，可以随意弯曲，调节长短。

④ 开关。触摸式开关。

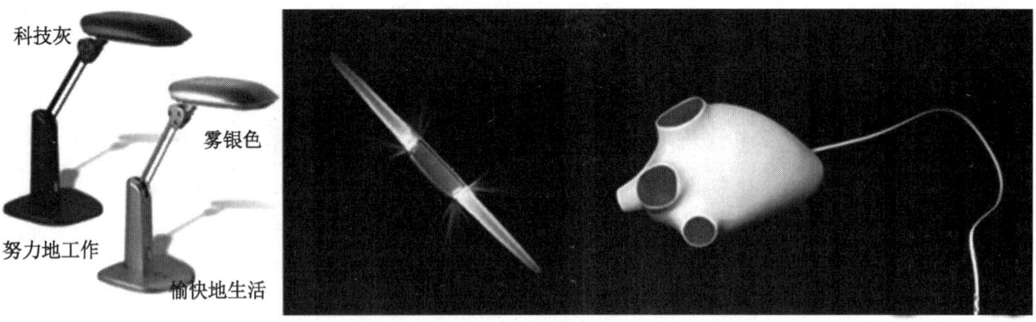

图 4.38　新型灯

思 考 题

利用缺点列举法分析现有的电视机的缺点并提出改进意见。

延伸训练

繁星路由器如图 4.39 所示，它是一个 802.11ac Wi-Fi 站，是 Starry 互联网的一个子节点，也支持当前的任何互联网服务。通过路由器上的触摸屏，可以直观地看到你的互联网连接状态和速度，支持拨号，具有家长控制功能和支持联网设备的能力。它将会给你的手机和其他设备提供 Wi-Fi 连接，而且将会支持未来智能家庭中的任何联网设备。使用时将繁星路由器与调制解调器连接，然后按照屏幕上的指示操作即可，通过手机 APP 可以设置宽带名称、网络共享等功能。

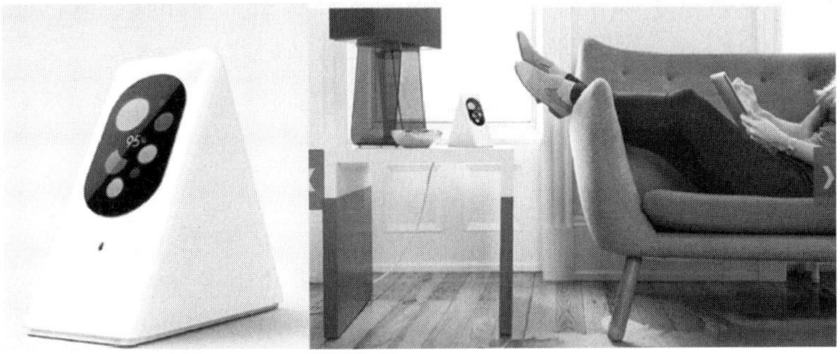

图 4.39　繁星路由器

4.3　组合创新法

> 创造的原理，最终是信息的截断和再组合。把集中的信息分散开，以新的观点再将其组合起来。
>
> ——高桥浩

在英国，有位叫赫斯菲尔德的科学家，将 X 光技术与计算机技术进行组合而发明出计算机断层扫描技术（CT 技术），他不仅荣获 1979 年的诺贝尔医学奖，而且使他供职的英国科艺百代公司（EMI）从这项发明的商品化（见图 4.40）中受益匪浅。

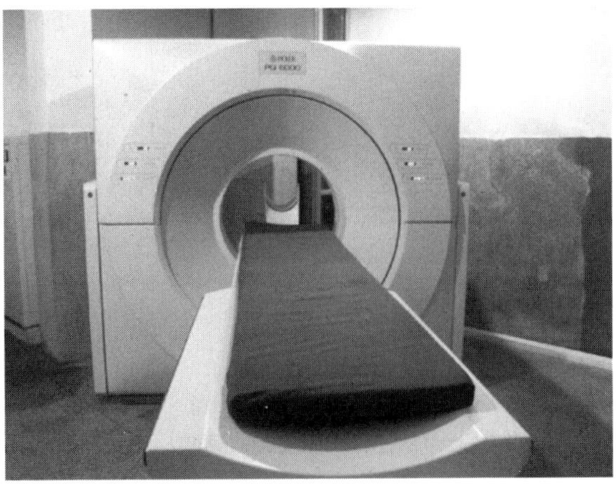

图 4.40　CT 机

在这个领域，X 光技术日益表现出来的诸多缺陷促使他寻找一条创新之路。他设想，如果利用射线将人体拍成一张张的断层“照片”，然后把这些射线“照片”输入计算机，由计算机对这些由数据组成的信息进行处理和转化，就可以得到人体内部组织的完整图像，这将对医学透视和诊断大有裨益。

它拍摄的人体内部照片更清楚、更全面。因为 CT 扫描可以显示出 X 光照不到的柔软组织，并克服了高密度物质（如骨骼）的遮盖效果，而这种高密度物质在传统 X 光照片中会遮住其后面的组织。

X 光机和计算机都是划时代的重大发明，为医疗诊断学开创了一条崭新的道路。在赫斯菲尔德发明 CT 的案例中，发明人应用了组合创造法。

在创造活动中，将若干已有的事物进行组合，并使组合体在功能或性能等方面发生变化的创造，就是组合创造，相应的方法即为组合创造法。

4.3.1 组合法概述

1. 组合法的概念

组合是客观世界中十分普遍的现象。小至微观世界的原子、分子，大至宇宙中的天体、星系，到处都存在组合的现象。组合的结果是复杂的，组合的可能性是无穷的。

为组合现象提供精确的数学描述就是组合数学和概率论，其中包含大家所熟知的排列组合和各种“博彩”游戏。

从人的思维角度来看，想象的本质就是组合。心理学研究表明，创造性想象可以借助不同的手段去建立不同的表象。

如图 4.41 所示，中国古代的“龙”就是以蛇为主体，结合兽脚、马头、鹿角、鱼鳞等其他特征的超现实想象。人面狮身的斯芬克斯和传说中的美人鱼都是人类组合思维的杰作。

任何复杂的思维过程都包含分析和综合。分析是在思维上把事物的整体按不同的角度或标准分解为各个部分、个别特征和不同的方面。综合是在思维中把各个部分、个别特征和方面结合起来。所以说，在一定程度上“组合就是创造”。

图 4.41　组合思维

组合的概念有广义与狭义之分。

广义的组合是指不受学科、领域限制的信息的汇合、事物的结合、过程的排列等。例如，儿童的积木游戏、饮食中的烹调、产品新功能的设计、文学艺术形象的创作、建筑学和电影中的“蒙太奇”等。

狭义的组合则是指在技术发明范围内，将多个独立的技术因素（如现象、原理、材料、工艺、方法、物品等）进行重新的组合。不是一种简单的罗列、机械的叠加。

如图 4.42 所示，一支饮料吸管和一把小勺放在一起并不是创造组合，而把小勺固定在吸管的一端，并满足人们的实用和审美要求时，就可以称为创造组合。

图 4.42　吸管勺

所以说，组合法是一种以综合分析为基础，并按照一定的原理或规则对现有的事物或系统进行有效的综合，从而获得新事物、新系统的创造方法。

2. 组合法的原理

组合法的原理本质上是系统的原理，其具体表现在以下 3 个方面。

第一，从系统的思想来看，组合法就是把两个或多个系统按照一定原则进行组合生成新系统的过程，在统一的整体目标下，其中各个组成元素能够协调、有机地进行组合，并且在某些方面相互作用。

第二，产生的新系统具有新的特征或效果，系统的功能总和必须大于系统内各组成元素的单独功能之和。

第三，系统具有不同的属性或状态，这就要求在运用组合法进行创造活动时，创造者需要从各个不同的方面或角度进行系统的分析和评价。

3. 组合法的类型

实用化的分类是目前比较简单的流行分类方法，主要有下面几种。

（1）同类组合。

同类组合就是若干相同或相近事物的组合，又称同物组合。

同物组合的目的是在保持事物原有功能或原有意义的前提下，通过数量的增加来弥补功能的不足或产生新的功能。

最简单的同物组合有子母灯、情侣表、双插座等。复杂的同物组合的一个典型例子是自动控制中 3 片 CPU 的设计，就是利用冗余来提高效率的。

案例 5：“支奴干”运输机。

著名的“空中之鹰”101 空降师是美国陆军的精锐之师，但长期被一个问题所困扰：

缺少一种能够配合空降使用的大型运输直升机。传统直升机的起飞重量有限，不能运输重型装备，有人设想，在现有螺旋桨上再叠加一个螺旋桨，但效果不大；又有人设想，把直升机加长，前后各装一个螺旋桨，这就是现在的直升机巨无霸，起飞载重 160 吨，它是螺旋桨的组合，如图 4.43 所示。

图 4.43 “支奴干”运输机

（2）元件组合。

元件是具有某项功能的器件或物品。元件组合不是简单的零部件装配，而是把具有相互独立功能的两种或两种以上的事物以适当的方式结为一体，从而使组合后的事物具有多种功能。

案例 6：瑞士军刀。

被世界各国视为珍品的瑞士军刀（见图 4.44），称得上是迄今为止最精彩的组合发明，其中被称为“瑞士冠军”的款式最为难得，它由大刀、小刀、木塞拔、开罐器、螺丝刀、开瓶器、电线剥皮器、钻孔锥、剪刀、钩子、木锯、鱼鳞刮、凿子、钳子、放大镜、圆珠笔等 31 种工具组合而成。携刀一把等于带了一个工具箱，但整件长只有 9 厘米，重 185 克，完美得令人难以置信。正因为如此，素以苛求著称的美国现代艺术博物馆也收藏了一把，作为军刀中的极品。美国前总统约翰逊、里根、布什都特地订购瑞士军刀，作为赠送国宾的礼品。

图 4.44 瑞士军刀

（3）材料组合。

材料组合是利用各种化学、物理原理，将不同的材料组合起来，从而获得新材料的方法。

组合成的新材料较原材料表现出更好的强度、轻度、成本等诸多方面的优异特性。从各种家居装修中的铝合金门窗到航空航天中的特殊合金材料等，各种材料组合的现象无处不在。

案例 7：铁芯铜线。

在生活中对于导线的要求：导电性能好、机械强度高、容易焊接、耐腐蚀、成本低。铜具有良好的导电性、耐腐蚀性，并容易焊接，但力学性能较差。铁具有力学性能好、价格便宜的优点。将铁和铜组合设计出铁芯铜线。这种组合，充分利用了两种材料的优点，满足了供电系统对电线的使用要求。

（4）方法组合。

方法组合是指在生产工艺和加工处理，以及组织管理中，把两种以上的方法组合起来使用，产生新的效果。

例如，在对水进行灭菌处理时，如果单独使用激光或超声波，都只能杀死部分细菌。如果同时采用两种方法处理，就可以杀死全部细菌。

案例 8：世界首台自动洗澡机问世。

世界首台自动洗澡机（见图 4.45）由日本美容器材和化妆品制造商 AVANT 所开发，机内装有 13 个喷嘴，可自动喷出温水，发出红外线和暖风，并有洗净露、沐浴泡沫和润肤乳，除脸部和头发外，全身上下均可清洗，全程 18 分钟，收费 1000 日元。公司花了两年时间、100 万美元才制造了 10 台。

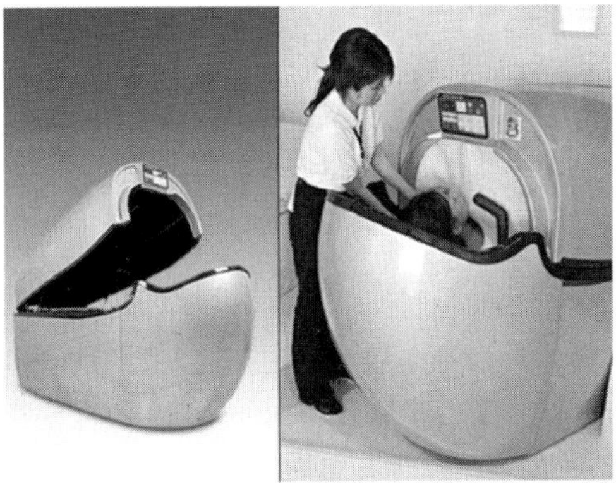

图 4.45　自动洗澡机

（5）技术原理与技术手段组合。

可以把已有的技术原理同某些技术手段结合起来，创造出新产品。

例如，弗兰克·惠特尔把喷气推进理论与燃气轮机组组合，发明了喷气式发动机；英国生物学家艾伦·克鲁克把衍射原理与电子显微镜组合在一起，发明了晶体电子显微镜。

（6）现象组合。

现象组合就是把某些自然现象或者物理、化学现象进行组合，从而创造出新产品、新方法以及发现新的原理。

案例 9：清除人体结石的新方法。

德国科学家结合了两种现象，发明了一种不用手术清除肾结石的方法。

一个现象是：如果水中两个电极进行高压放电，产生了大的冲击力可以击碎坚硬的宝石。

另一个现象是：在椭圆球面上的一个焦点发出声波，经过反射后在另一焦点汇集。

利用这两种现象，科学家设计了一个水槽，让患者躺在其中，使其结石处于椭圆球的一个焦点上，在另一个焦点上设置电极。经过几分钟的放电，冲击波通过人体就可以把大部分结石击碎。

（7）重组组合。

重组组合又称分解组合法，是指在事物的不同层次上分解原来的组合，再根据新的目的进行重新组合。其特点是：在一个事物上进行，不增加新的事物，重组主要是改变事物各组成部分间的相互关系。日常生活中随处可见这样的例子，如儿童玩具“变形金刚”（见图 4.46）和分体组合家具（见图 4.47）等。

（8）综合。

综合是将不同领域、不同方面、不同类型的事物以某个目的为中心通过一定的方法手段有机地组合在一起。

图 4.46　变形金刚

图 4.47　组合家具

当代一切重大的科学技术项目都是综合性的产物，如图 4.48 所示，美国的阿波罗飞船全部构件有 300 多万个，调动了 2 万多家公司企业，120 所大学实验室的 42 万余名研究人员，经过 11 年努力才把宇航员送到月球并返回。总指挥韦伯指出，阿波罗飞船计划中，没有一项是突破性的新技术，关键在于综合。

图 4.48　阿波罗计划

4.3.2　形态分析法

1. 形态分析法的概念

组合法中的经典方法是形态分析法，是美籍瑞士科学家茨维基于 1942 年提出的。它是以系统分析和综合为基础，用集合理论对研究对象相关形态要素进行分解排列和重新组合，得出所有可能的总体方案，最后通过评价进行选择。

第二次世界大战期间，美国情报部门探听到法西斯德国正在研制一种新型巡航导弹，但费尽心机也难以获得有关技术情报。然而，火箭专家兹维基博士却在自己的研究室里，轻而易举地搜索出法西斯德国正在研制并严加保密的乃是带脉冲发动机的巡航导弹。

兹维基博士难道有特异功能？没有。他能够坐在研究室里获得技术间谍都难以弄到的技术情报，是因为运用了他称之为"形态分析"的思考方法。

在研制过程中，兹维基在当时可能的技术水平上，分析了火箭的各主要组成要素及其可能具有的各种形态，如表 4.8 所示。

表 4.8　火箭形态分析表

序号	组成的状态	1	2	3	4	状态个数
1	使发动机工作的媒介物	真空	大气	水	地内部	4
2	推进燃料的工作方式	静止	移动	推动	旋转	4
3	推进燃料的物理状态	气体	液体	固体		3
4	推进的动力装置的类型	没有	内藏	外装		3
5	点火的类型	自己点火	外部点火			2
6	做功的连续性	持续的	断续的			2
可能方案数：4×4×3×3×2×2=576						

兹维基利用排列组合的原理，在 1 周之内就提交了 576 种火箭设计方案，其中就包括了德国保密的 F-1 型巡航导弹和 F-2 型火箭。在经过先发散后收敛的创造过程中，美国很快获得了同样的先进方案，在军备竞赛中赶上了德国。

形态分析法：每一个事物（技术装置）都可以分解成若干子系统，直至分解成不能再分的要素，这些要素重新排列组合，就会产生很多新的功能、方法或装置。

2. 形态分析法的实施步骤

形态分析法的实施一般可以分为 5 步。

（1）选择和确定创造对象。

形态分析法适用的对象十分广泛，可以是有形的机器设备或其内部工作系统、部件、工作系统，甚至剧本、乐曲等。

（2）要素分析。

这一步需要确定创造对象的主要组成部分，即组成要素，也就是独立变量。它的变化会直接影响对象的变化。

① 组成要素要尽可能全面，关键因素不应被遗漏。

② 它们在功能上或逻辑上应相互独立，即仅仅改变其中某一要素时，仍会产生一个具有可行性的独立方案。

③ 数量不宜太多，也不宜太少，一般3～7个为宜。

（3）确定形态。

即列出每一要素所包括的所有可能的形态（方法、技术手段或工具）。这需要分析者认真仔细地工作，具有丰富的行业经验以及较强的发散思维能力，要尽可能列出每一要素在自然界或各行业中所具有的形态，列出的形态越多、范围越广越好。

（4）形态组合。

按照创造对象的总体功能要求，对各要素的各种组成形态进行排列组合，获得所有可能的方案。每种方案的组成为P1、P2、P3、…

组合数目：*N*=要素的形态数的乘积。

（5）评价筛选、组合方案。

对照产生的方案，制定评价标准，通过分析比较，选出少数较好的设想，然后通过把方案进一步具体化，最终选出最优方案。当然，评价的过程可以分几步逐步进行。

案例10：简易运输车。

要素分析思路1：驱动方式、制动方式、轮子数量。

要素分析思路2：驾驶室位置、坐垫形状、外观。

请问：

（1）思路1和思路2，哪个更合理一些？

要素不宜太多，否则方案数就越多，一般选择3个要素。从性能改变上来看，选择思路1相对来说更合适。

（2）列出简易运输车要素形态表，如表4.9所示。

表4.9　简易运输车要素形态表

序号	组成要素/形态	1	2	3	4	5	6
1	驱动方式	柴油机	蓄电池	太阳能	脚踏	风力	电力
2	制动方式	电磁制动	脚踏制动	手动制动			
3	轮子数量	4	6	8			
可能方案数　54=6×3×3							

根据要素形态表排列组合产生出54种设计方案，再根据实际情况评价、筛选出一种最佳、最优、最合适的设计方案。

4.3.3　主体附加法

1．主体附加法的概念

主体附加法又称内插式组合法，是以某一特定对象为主体，通过置换或插入其他事物或技术，从而导致发明或革新的方法。它是对材料、元件、方法和技术等组合方式的灵活运用的结果。

主体附加法常常在产品不断升级和完善的过程中被使用。

原理：在一个主体产品上附加一个东西，产生一个新的发明，用公式表示就是：主体+附加＝新产品。

例如，最初发明的电风扇是单速的并且不能摆头。后来，人们逐渐增加了诸如摆头、双叶、模拟自然风的变速、定时等附加事物和功能，使电风扇的品种和功能变得多样化。

主体附加法的特点是以原有技术、产品为主体，附加只是补充。附加的目的有两种：一是为了使主体的功能得到更好的发挥，如在自行车上附加打气筒、车筐、车铃等；另外一种是获得一些辅助功能，如带温度计的奶瓶、带秤的菜篮等。

2．主体附加法的实施步骤

（1）选择要改进的事物，即确定主体。

（2）确定新功能。将原主体的功能与组成分解，经过分析比较找出原主体的不足，确定改进后应具备的新功能。

（3）确定附加件（即内插件）。根据新功能的要求确定要附加的事物。

（4）确定主体和附加件的连接方式与结构。

（5）进行附加组合。

案例 11：主体附加的手机。

手机诞生的最初目的在于通话，随着技术的不断发展创新，手机的功能越来越完善，用途也越来越广泛。这就是一个主体附加的过程，在本体（手机）上增加新附件（其他功能）（主体+附件）。

例如，手机在通信的基础上附加了一些其他功能：拍照、上网、收发邮件、手电筒、地图导航、网络购物、脉搏测量、游戏和娱乐。

4.3.4　信息交合法

1．信息交合法的概念

在组合系列技法的探索中，最具影响的中国特色技法是我国的许国泰提出的信息交合法，又称魔球法。它是利用不同信息进行交合而获得新设想的一种创造方法。

2．信息交合原理

信息交合论是由 2 个公理和 3 个定理构成的。

公理 1：不同信息的交合可以产生新信息。

公理 2：不同联系的交合可以产生新联系。

定理 1：心理世界的构想，即人脑中勾勒的映像由信息和联系组成。

定理 2：新信息、新联系在相互作用中产生。

定理 3：具体的信息和联系具有区域性，也就是具有特定的范围和相对的区域与界限。

3．信息交合的实施步骤

信息交合法的具体实施可以分为以下 5 步。

（1）定中心，即确定所研究的对象，也就是零坐标。例如，研究“曲别针的用途”，就以其为中心。

（2）画标线，即用矢量标串起信息序列，也就是根据研究对象的需要画出几条坐标轴。

（3）注标点，在信息轴上标出有关的信息点。例如，在曲别针的属性轴上标出材质、重量、硬度等。

（4）相交合，取不同信息轴上的信息进行交合就可以产生新信息。例如，曲别针中的外界信息轴上的“磁”与属性轴上的“材质”相交合，就产生了“指南针”。

（5）在所有的产生的新设想中，进行筛选，寻找出最优的方案。

案例 12：曲别针的用途。

许国泰把曲别针的总体信息分解成重量、体积、长度、截面、弹性、直线、银白色等 10 多个要素。再把这些要素用一根标线连接起来，形成一根信息标。然后把与曲别针有关的人类实践活动要素相分析，连成信息标，最后形成信息反应场，如图 4.49 所示。这时，现代思维之光，射入了这枚平常的曲别针，马上变成了孙悟空手中神奇变幻的金箍棒。他从容地将信息反应场的坐标，不停地组切交合。

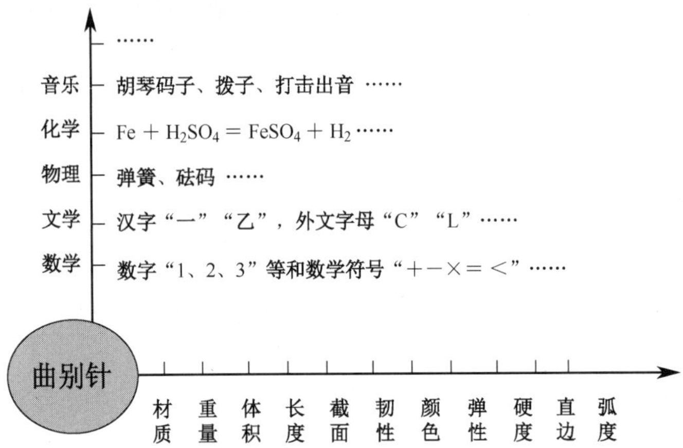

图 4.49 信息交合

曲别针用在数学上，可以分别做出数字。如果再做成加、减、乘、除等符号，进行运算，运算出来的结果，就有无数。

曲别针用在音乐上，可以创作乐曲。

曲别针可做成外文字母，进行拼读。

曲别针可以与硫酸反应产生氢气，可以用曲别针做指南针。

曲别针是铁元素构成的，可以与其他几十种金属元素进行反应。

实际上，曲别针的用途，是接近于无穷的。

4.3.5 焦点法

1．焦点法的概念

焦点法是美国惠廷创立的一种方法。

它是指定一个事物的中心（焦点），依次与罗列的各元素一一组合。也就是说，本方法是就特定的问题而寻求各种构思的方案。

2．焦点法的实施步骤

（1）选择焦点。焦点就是你希望创新的事物，或者是准备推广的新产品、新技术、新思想，将其填入中心圆圈中。

（2）列举与焦点无关的事物或传统的产品、技术和思想。可以从多方面、多角度罗列，尽量避免罗列与焦点事物相近的东西。将所选的内容逐一填入环绕焦点四周的小圆圈内，如图 4.50 所示。

（3）分别将中心圆与周围的小圆圈连接，得到多种组合方案。

（4）展开联想或采取头脑风暴法，对每种组合提出创造性设想。

（5）评价所有的设想方案，筛选出新颖实用的最优方案。

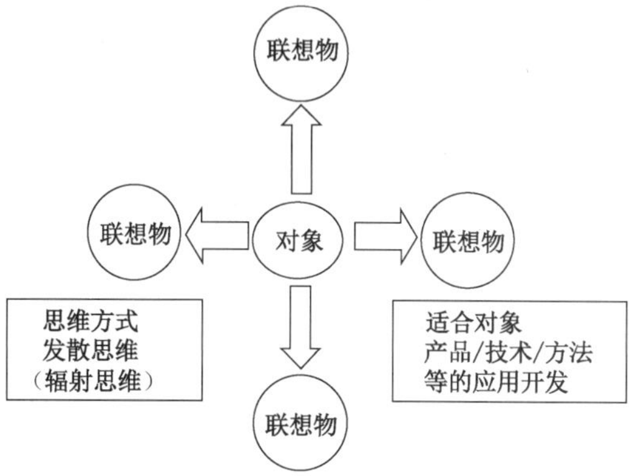

图 4.50　焦点法

案例 13：椅子的设计。

指定椅子为创造对象，椅子就是思考的焦点，即思想过程中的不变项。

列举与椅子无关的事物或技术，如灯泡等，如图 4.51 所示。

将作为焦点的椅子与灯泡等其他外围事物逐一相连。

对每种组合进行联想，如椅子与灯泡联系，可以考虑设计的椅子种类为：玻璃制的椅子、球形椅子、螺旋插入组合椅子、电动椅子、遥控椅子、可发光椅子等，如图 4.52 所示。

对于每一想法还可以进一步展开联想，以“球形椅子”为例，如图 4.53 所示，球形—球形植物—花朵—花样式椅子—花的香味—带香味的椅子—花的颜色—各种花朵图案和颜色的椅子……

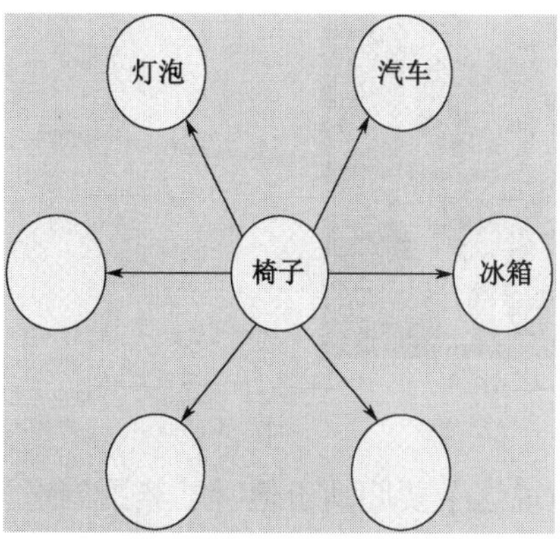

图 4.51　以椅子为焦点的设计

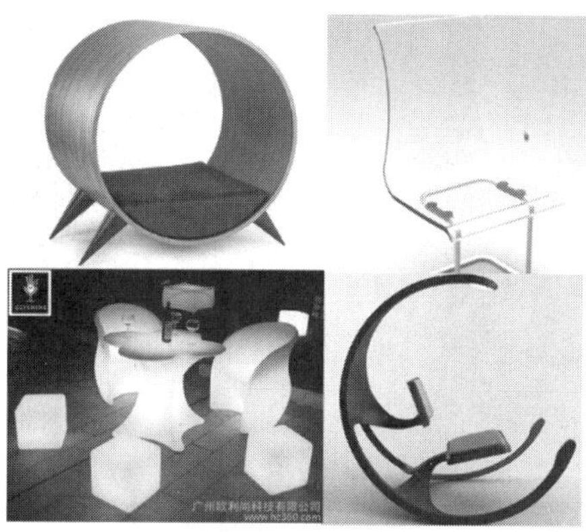

图 4.52　椅子和灯泡的组合

从上述设计方案中选出新颖实用并且具有市场的椅子进行试制。

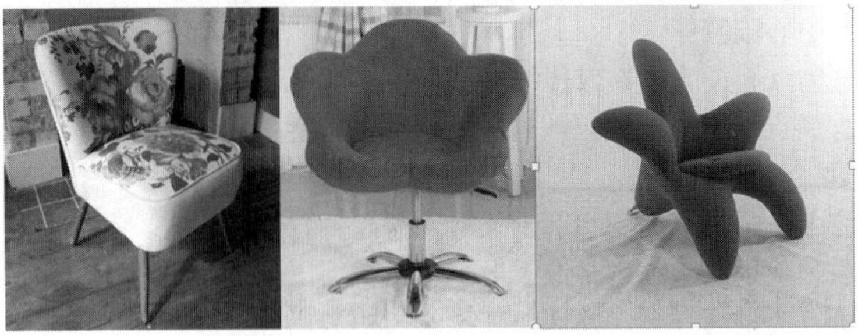

图 4.53　花式椅子

思 考 题

请利用信息交合法列出毛巾、铅笔、硬币、报纸中其中一个的用途，要求：① 画出信息标及信息点；② 信息点不少于 20 条。

延伸训练

举世闻名的奥运会办到第 23 届时，曾面临主办国畏惧巨额开支而无法举办的窘境，如第 21 届加拿大蒙特利尔奥运会亏损 10 亿美元，第 22 届莫斯科奥运会开支更是高达 90 亿美元。

面对洛杉矶政府只给授权却不给资金的现实和困难，怎么才能做到成功地举办呢？

为此，尤伯罗斯借助发散思维的创意点子，不仅令第 23 届洛杉矶奥运会得以起死回生，还实现了 2.15 亿美元的盈利，创造了震惊世界的奇迹，他本人也因此荣获了美国《时代周刊》评选出的“世界名人”称号（见图 4.54）。

图 4.54　尤伯罗斯

当华盛顿邮报记者采访他是怎样获得成功的，他说这主要归功于他听了英国创造学家德・波诺博士关于创新思维的演讲后，尝试着运用了发散思维去运筹帷幄。尤伯罗斯的创意如图 4.55 所示。

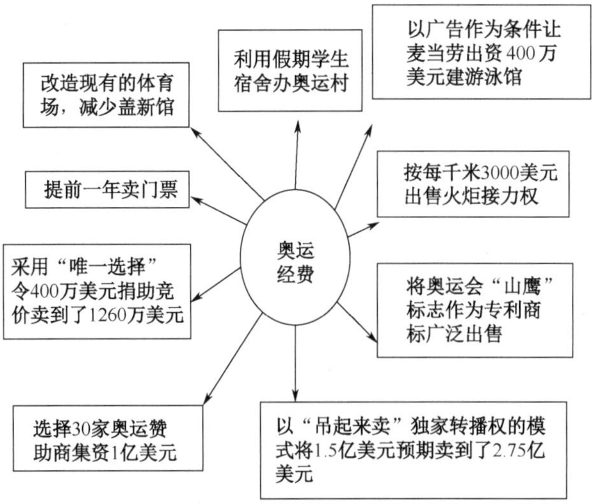

图 4.55 尤伯罗斯的创意

4.4 逆向思维法

> 塞翁失马，焉知非福。
>
> ——刘安

图 4.56 司马光砸缸救人

司马光小时候和一群小孩子在庭院里面玩，一个小孩站在大缸上面，失足跌落缸中被水淹没，其他的小孩子都被吓跑了，司马光拿起石头砸开了缸，水从而流出，小孩子得以活命（见图 4.56）。司马光砸缸救人就是运用了逆向思维法，救出落水小孩的常规思维是把人拉出来，使人离开水，司马光的逆向思维是把水放出去，使水脱离人。敢于“反其道而思之”，让思维向对立面的方向发展，从问题的反面深入地进行探索。当大家都朝着一个固定的思维方向思考问题时，而你却独自朝相反的方向思索，这样的思维方式就叫逆向思维。

人们习惯于沿着事物发展的正方向去思考问题并寻求解决办法。其实，对于某些问题，尤其是一些特殊问题，从结论往回推，倒过来思考，从求解回到已知条件，反过去想或许会使问题简单化。

4.4.1 逆向思维概述

逆向思维也称反向思维，是指转换思维视角，用与通常考虑问题的方向相反的思考方法。

唯物辩证法认为，任何事物都包括对立的两个方面，这两个方面既相互依存又相互排斥地存在于一个统一的整体之中。当我们碰到按原有的习惯思路、方法、程序等无法解决的问题，陷入困境时，我们可以从不同角度、不同方向，或从相反方向、对立面再来观察思考，也就是突破常规、常理、常识，反向思维、反向求索，很可能就会出现一些出人意料的崭新的方式、方法、结构等，实现创新，这就是逆向思维型技法。

世界上的事物都有正反两个方面，人们也应该从正反两个方面认识事物。但是长期的思维习惯往往使人们只看到其中的一面，使思维的过程和结果越来越雷同，没有新意。利用事物的另一面，逆向思维可以获得意想不到的效果。

逆向思维主要有以下特点。

1. 普遍性

逆向思维型技法具有普遍性特征，是因为世界上任何事物都包括对立统一的矛盾，对立面是客观存在的。只是对立面往往处在背景之中，使人们不易觉察，缺乏鲜明的认识。要想创新，就必须将对立面从背景中拉出来，将其推向前台，使之一目了然。例如，在图 4.57 中，如果以黑色为背景我们看到的是白色的奖杯，而如果以白色为背景我们看到的是两个男人的头像。

图 4.57 不同视角的两幅图

2. 批判性

反向思考是与正向思考相比较而言的，正向的就是指常规的、常识的、公认或习惯的想法与做法，反向思考当然就是对传统、习惯、常识、常理的反叛，是对天经地义、绝对正确的挑战，其显而易见的好处是可以克服思维定势，破除由经验和习惯造成的僵化的认识模式，具有批判性。

被世界尊为“杂交水稻之父”的袁隆平（图 4.58）的创新成果是以“杂交”为手段获得的，然而育种专家早就有的定论是：凡自体授粉的植物没有杂交优势。水稻恰恰就属于没有杂交优势的自体授粉类植物。袁隆平以批判的眼光感到此话依据不足，通过艰辛的考察调查，发现了有杂交优势的“叛逆者”，为全人类做出了巨大的贡献。

图 4.58　杂交水稻之父袁隆平

3．创新性

循规蹈矩地按传统习惯方式去解决问题虽然轻车熟路、简单易行，但容易使思路僵化、刻板，陷入思维定势的桎梏，所得的结果也是预料之中的。反向思考既然是从人们并非熟悉的反面去思索，其结果必然也会出人意料，即具有创新性。例如，关于地质变动的假设理论盛行一时，外国地质学家由此理论分析中国地貌，断言中国是贫油国家。中国地质学家李四光采用批判精神审视板块理论，提出新的地质理论，并据此探测地下资源，发现了大油田，批驳了中国是贫油国家的断言，促进了中国石油事业的发展。

4.4.2　逆向思维的类型

逆向思维的类型如图 4.59 所示。

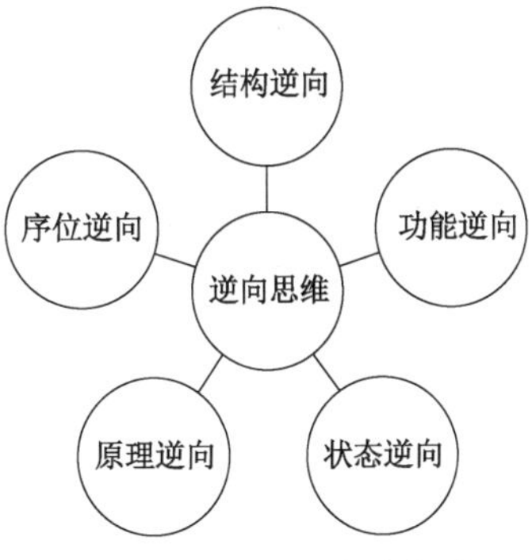

图 4.59　逆向思维的类型

1．结构逆向

结构逆向是从已有事物的结构形式出发所进行的逆向思维，以通过结构位置的颠倒、置换等技巧，使该事物产生新的性能。例如，传统的电烤箱加热源在下方，油脂会下滴在电热丝上产生大量的油烟，污染食物、味道不好；采用结构逆向，将电热丝安装到上面，食品在下面，不存在油烟了，符合饮食健康、卫生、环保理念（见图 4.60）。

2．功能逆向

功能逆向是指从原有事物功能上去进行逆向思维，以寻求解决问题，获得新的创造发明的思维方法。例如，成语说煽风点火，风有助燃的作用，使得火势更猛；采用功能逆向，当风力足够大的时候，风也可以灭火，于是发明了风力灭火机（见图 4.61）。

图 4.60　采用结构逆向的电烤箱

图 4.61　采用功能逆向的风力灭火机

3．状态逆向

状态逆向是指人们根据事物某一状态的反面来认识事物，从中找到解决问题的办法或方案的思维方法。例如，以前木匠用刨子和锯子来加工木料，木材不动而工具动，人的体力消耗大，工作质量还不能保证；采用状态逆向，将工作状态反转，使得工具不动而木料动，发明了电锯和电刨（见图 4.62），大大提高了工作效率及工艺水平。

图 4.62　采用状态逆向的电锯

4．原理逆向

科技史上有些重大的创新发明其起源就是在原理上做相反的想象。1819 年，丹麦的物理学家奥斯特发现了通电导体可使磁针转动的磁效应；1820 年，法国的安培发现通电的螺线管具有与磁石相同的作用。英国物理学家法拉第想:“为什么不能用磁产生电呢？”于是，法拉第做了各种各样的试验，经过 9 年艰苦探索，终于在 1831 年获得了成功——发现了电磁感应现象（见图 4.63），由此创造了世界上第一台发电机，为人类进入电气化现代文明开辟了道路。

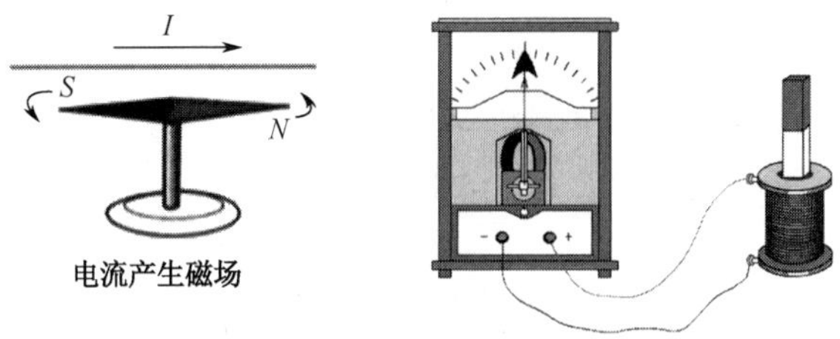

图 4.63　“电生磁”及“磁生电”

5. 序位逆向

“序”是指顺序和方位。顺序又指时序或程序，方位又指方向和位置。序位逆向指对事物的顺序和方位逆向变动，以产生新的较佳效果的思维。例如，传统思维认为“种菜种瓜要抢先，迟了不值钱”，利用序位逆向的时间逆向，在“迟”字上做文章，物以稀为贵，夏天的西红柿、秋天的西瓜、冬天的辣椒等反而能给人们带来良好的经济效益。再如，传统的火箭是往天上打的，根据序位逆向的方向逆向：火箭能否往地下打？苏联工程师米哈伊尔于 1968 年研制成功的钻井火箭，能穿透土壤、冰层、冻土、岩石，每分钟钻进 10 米，重量只有普通钻机的 1/17，耗能减少了 2/3，效率提高了 5～8 倍，引起了钻井、打桩手段的革命。

4.4.3　逆向思维的技法

1. 重点转移与问题逆转法

俗话说，有心栽花花不开，无心插柳柳成荫。在科技创新中常有这样的现象，原定的目标久攻不克，而偶然出现的现象却诞生了重大成果。例如，细菌学家弗莱明（见图 4.64）正在做培育葡萄球菌的实验，偶然发生有器皿中的葡萄球菌成片死亡，研究发现是青霉孢子在作怪。于是他将目标转向青霉孢子的杀菌研究，最终发明了青霉素，这一发明使人类的平均寿命延长了 10 年。

2. 问题逆转

当一个问题难以解决时，可试着将问题转移，变换成与之相关的另一个问题甚至是相反的问题，然后集中精力思考解决。一旦新问题得到解决，原来的问题也就不复存在了。

汽车被盗是各国都存在的社会问题。为此，许多发明家都动了不少脑筋，研制发明了各种各样防盗的锁具与报警装置，但这些技术不久便会被盗贼们破解。怎么办？一位技术人员突发奇想，既然防不胜防那就不去设防，让小偷去偷。问题在于车被偷后能让主人找到它。于是，从发明防盗装置改为发明寻找车的跟踪装置。

图 4.64 弗莱明

据此思路，一种车装信号发送装置问世了。将它隐藏于汽车的任一部件，一旦车子被盗失踪，利用警察局的计算机就能启动该装置，在 5 千米范围内了如指掌，一部带有跟踪设备的警车很快就能将车找回来。

3. 还原分析法

还原分析法是指把创造的起点移到创造的原点，即先暂时放下所研究的问题，反过来追本溯源，分析问题的本质，然后从本质出发，另辟蹊径，寻找新的创造方法。此法有“后退一步，海阔天空”之功效。就是把创新的对象的最主要的功能、要素抽象出来，回到根本抓住关键。

案例 14：气泡室的发明。

探测高能粒子运动轨迹的仪器——“气泡室”的发明过程，就是美国核物理学家格拉塞尔在喝啤酒时，看到杯中一串串上升的气泡，猛然受到了启发，便将啤酒看成高能粒子要穿越的介质，随手拣起几粒鸡骨代替高能粒子，待酒杯中碎骨的沉落，周围不断冒出气泡，气泡清晰地显示了碎骨下落的轨迹。换元实验是成功的，能否还原呢?格拉塞尔经过反复实验，终于发现，当带电粒子穿过液态氢时，所经路线同样出现了一串串气泡，由此找到了能呈现粒子飞行轨迹的良策，荣获诺贝尔物理学奖。

4. 缺点逆用法

缺点逆用法是指利用事物的缺点进行创新的方法。任何事物都具有双重性，即利弊并存。

案例 15：缺点逆用法案例。

英国的泰坦尼克号轮船在起航不久就遇险沉没了，此事使许多人感到震惊。这是由于从北冰洋漂过来的冰块使船底的局部出现低温，船底的焊接部分产生低温脆性而造成的。含碳量高的钢，在-100℃左右时，其耐冲击强度接近于零，这时的钢韧度几乎完全丧失。这说明，低温脆性是钢铁的缺点。

但是，今天人们利用低温脆性，创造了低温脆性切削法（实验室阶段）：当钢在-150℃～-100℃时失去韧性，在这样的低温下进行切削，比在常温时要容易得多。

思 考 题

1. 在生活中你有哪些地方用到逆向思维？能和大家一起分享你是如何想到的吗？在今后的生活中碰到类似的问题时，我们可以有哪些方法来使用逆向思维法？

2．请找出一个你认为很讨厌的东西，说出它的优点。

3．举出一个缺点逆用法的例子。

延伸训练

宋徽宗时的一次科举考试，主考官出了一个画题《深山藏古寺》。画师们经过构思，有的在山腰间画座古寺，有的把古寺画在丛林深处。寺呢？有的画得完整，有的画出寺的一角或寺庙的一段残墙断壁……

主考官连看几幅均不满意，原因是这些画均体现了半藏而不是全藏，与画题无法吻合，正当主考官失望之余，有一幅画深深地吸引了他，如图 4.65 所示：在崇山之中，一股清泉飞流直下，跳珠溅玉，泉边有个老态龙钟的和尚，正一瓢一瓢地舀着水倒进桶里。

仅这么一个挑水的老和尚，就把“深山藏古寺”表现得含蓄深邃而淋漓尽致：和尚挑水，不是浇菜煮饭，就是洗衣浆衫，让人想到附近一定有寺；和尚年纪老迈，还得自己挑水，可见寺之破败，可见寺一定藏在深山之中，画面尽管看不到寺，观者却深知寺是全藏在深山之中的。

这位画师的高明之处就在于他运用了侧向思维，选择了和尚挑水的新颖角度来表现主题。

图 4.65　深山藏古寺

4.5 智力激励法

> 倘若你有一个苹果，我也有一个苹果，而我们彼此交换，那么，你和我仍然是只有一个苹果。但是，倘若你有一种思想，我也有一种思想，而我们彼此交流，我们每个人将各有两种思想。
>
> ——萧伯纳

有一年，美国的北方格外寒冷，大雪纷飞，电线上积满了冰雪，大跨度的电线常被积雪压断，严重影响通信。过去，许多人试图解决这一问题，但都未能如愿以偿。后来，电讯公司经理应用奥斯本发明的头脑风暴法，尝试解决这一难题。他召开了一种能让头脑卷起风暴的座谈会，参加会议的是不同专业的技术人员，要求他们必须遵守以下 4 项基本原则。

（1）自由思考。即要求与会者尽可能解放思想，无拘无束地思考问题并畅所欲言，不必顾虑自己的想法或说法是否“离经叛道”或“荒唐可笑”。

（2）延迟评判。即要求与会者在会上不要对他人的设想评头论足，不要发表“这主意好极了”“这种想法太离谱了”之类的“捧杀句”或“扼杀句”。至于对设想的评判，留在会后组织专人考虑。

（3）以量求质。即鼓励与会者尽可能多而广地提出设想，以大量的设想来保证质量较高的设想的存在。

（4）结合改善。即鼓励与会者积极进行智力互补，在增加自己提出设想的同时，注意思考如何把两个或更多的设想结合成另一个更完善的设想。

按照上述会议规则，大家七嘴八舌地议论开来。有人提出设计一种专用的电线清雪机；有人想到用电热来化解冰雪；也有人建议用振荡技术来清除积雪；还有人提出能否带上几把大扫帚，乘坐直升机去扫电线上的积雪。对于这种“坐飞机扫雪”的设想，大家心里尽管觉得滑稽可笑，但在会上也无人提出批评。相反，有一个工程师在百思不得其解时，听到用飞机扫雪的想法后，出动直升机沿积雪严重的电线飞行，依靠高速旋转的螺旋桨即可将电线上的积雪迅速扇落。他马上提出“用直升机扇雪”的新设想，顿时引起其他与会者的联想，有关用飞机除雪的主意一下子又多了七八条。不到 1 小时，与会的 10 名技术人员共提出 90 多条新设想。

会后，公司组织专家对设想进行分类论证。专家认为设计专用清雪机、采用远红外电热或电磁振荡等方法清除电线上的积雪，在技术上虽然可行，但研制费用大、周期长，且受地域条件的限制较大，一时难以见效。从“坐飞机扫雪”激发出来的几种设想，倒是一些大胆的新方案，如果可行，将是既简单又高效的好办法。经过现场试验，发现用直升机扫雪真能奏效，一个久悬未决的难题，终于在头脑风暴会中得到了巧妙地解决。

从上例可见，所谓头脑风暴法，实际上是一种智力激励法。这种方法的英文原意是 Brain Storming，直译为精神病人的胡言乱语，奥斯本借用这个词来形容会议的特点是让与会者敞开思想，使各种设想在相互碰撞中激起脑海的创造性“风暴”。

4.5.1　智力激励法概述

1. 头脑风暴法的概念

头脑风暴法出自“头脑风暴”一词。所谓头脑风暴（Brain Storming），最早是精神病理学上的用语，是指精神病患者的一种胡思乱想的思维状态，在创造学中转化为无限制的自由联想和讨论，其目的在于产生新观念或激发创造性设想。

头脑风暴法在我国的称呼较多，如智力激励法、自由思考法、诸葛亮会议法等，而头脑风暴法是最常见的简单称谓。它是由美国创造学家亚历克斯·奥斯本于 1939 年首次提出、1953 年正式发表的一种激发思维的方法。

奥斯本认为人类在长期解决问题的过程中总企图走捷径，遇到问题时习惯于本能地过早进行判断。但这种判断的依据又是什么呢？它经常是依据以前经验而形成的定势，所以判断的结果总是指向原先行为相同的思路和方式，这样我们就无法突破定势，无法创造性地解决问题。因此，在创造发明过程中，我们要控制这种批判。

采用头脑风暴法组织群体决策时，要集中有关人员召开专题会议，主持人以明确的方式向所有参与者阐明问题，说明会议的规则，尽力创造融洽轻松的会议气氛。主持人一般不发表意见，以免影响会议的自由气氛，由参与者“自由”提出尽可能多的方案。

传统会议的缺点如图 4.66 所示：多数人意见或一致意见的压力；老板或领导权威的影响；随意的评判；部分与会者沉默或不够积极。

图 4.66　传统会议的缺点

运用头脑风暴法组织会议针对某一主题，营造自由愉快、畅所欲言的气氛，让所有参加者自由提出想法或点子，并以此相互启发、相互激励、引起联想、产生共振和连锁反应，从而可以诱发更多的创意及灵感，如图 4.67 所示。

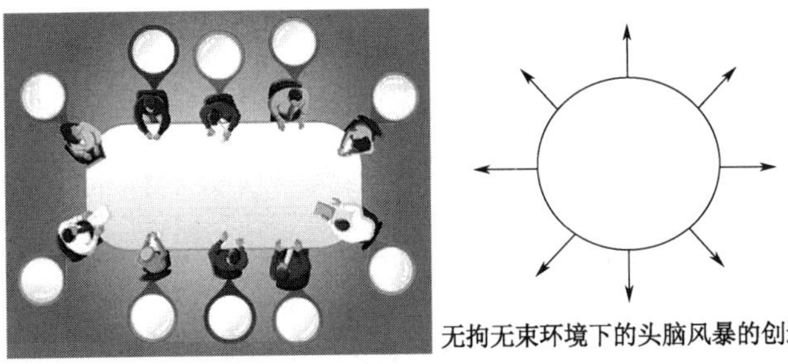

图 4.67　头脑风暴会议

2．头脑风暴法的基本原理

原理一：只专心提出构想而不加以评价。

原理二：不局限思考的空间，鼓励天马行空，想出越多主意越好。

3．头脑风暴法的 4 个原则

四大原则之一：自由奔放去思考。

要求与会者尽可能解放思想，无拘无束地思考问题并畅所欲言，不必顾虑自己的想法或说法是否“离经叛道”或“荒唐可笑”；欢迎自由奔放、异想天开的意见，必须毫无拘束，广泛地想，观念愈奇愈好。

四大原则之二：会后评判。

禁止与会者在会上对他人的设想评头论足，排除评论性的判断。至于对设想的评判，留在会后进行，也不允许自谦。

四大原则之三：以量求质。

鼓励与会者尽可能多地提出设想，以大量的设想来保证质量较高的设想的存在，设想多多益善，不必顾虑构思内容的好坏。

四大原则之四：“搭便车”，见解无专利。

借用别人的构思，借题发挥，根据别人的构思联想另一个构思，即利用一个灵感引发另外一个灵感，或者把别人的构思加以修改。

4．头脑风暴法的 8 点要求

（1）运用头脑风暴法，首先应有主题。

（2）不能同时有两个以上的主题混在一起，主题应单一。

（3）问题太大时，要细分成几个小问题。

（4）创造力强，分析力亦要强，要有幽默感。

（5）头脑风暴要在 45～60 分钟内完成。

（6）主持人要把构思写在白板上，字体清晰，以启发其他人的联想。

（7）在头脑风暴后，对创意进行评价（会后评价）。

（8）评价创意时，做分类处理：可以立即实施的构思；需较长时间加以研究或调查的构思；缺少实用性的构思。

5．头脑风暴会议的流程

头脑风暴会议的流程如图 4.68 所示。

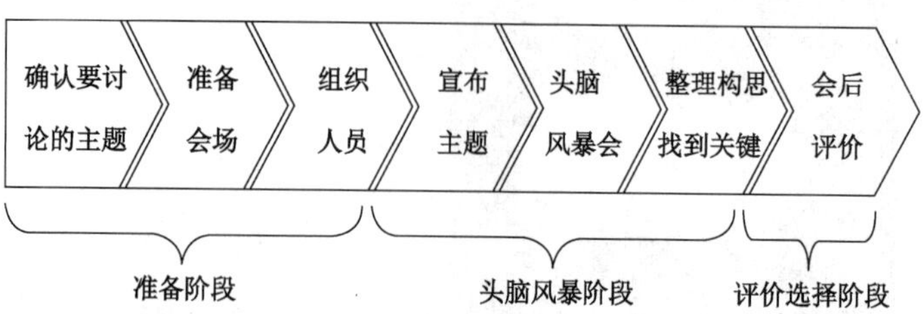

图 4.68　头脑风暴会议的流程

（1）准备阶段。

① 选定讨论的主题。

② 选定参加者（一般不超过 10 名），其中记录员 1 名。

③ 确定会议时间和场所。

④ 准备好海报纸、记录笔等记录工具。

⑤ 布置场所：将海报纸（大白纸）贴于白板上；座位的安排以“凹”字形为佳。

⑥ 会议主持人应掌握头脑风暴法的一切细节问题，彻底了解头脑风暴法的基本原理、4 个原则、8 点要求等。

（2）头脑风暴阶段，如图 4.69 所示。

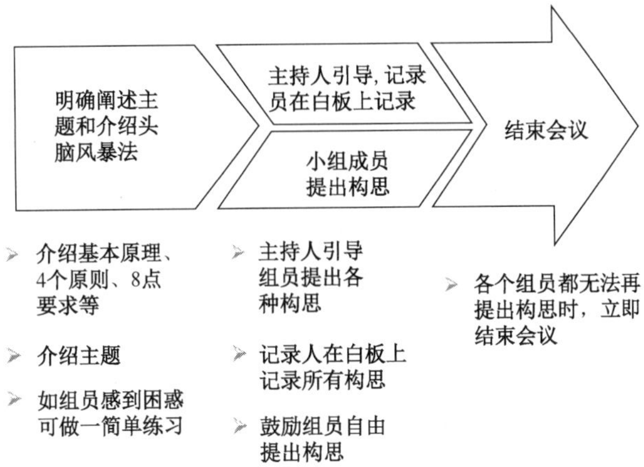

图 4.69 头脑风暴阶段

（3）评价选择阶段。

① 会后以鉴别的眼光讨论所有列出的构思。

② 也可以让另一组人来评价。

③ 将会议记录整理分类后展示给参加者。

④ 从效果和可行性两个方面评价各构思。

⑤ 选择最合适的构思，尽可能采用会议中激发出来的构思。

案例 16：小鸡过马路。

马路对面的草丛里有很多美味的虫子，但现在马路被太阳晒得很烫，还有很多汽车来来往往，可是虫子真好吃呀……

你这只聪明的小鸡，快说有什么办法？

办法总比困难多：

搭过街天桥

地下挖隧道

爬到树上，扑腾过去

借助树枝，弹射过去

请燕子姐姐背过去

……

打的

另外修条路，让车子走那边，再来解决路面发烫的问题，如穿轮滑，用栏杆、红绿灯挡住车，铺上沙，安安全全过马路

等到天黑没车时，沿路走到路的尽头，绕过去

会想到很好的方法的一定会受到老板的赏识

有创新精神潜质：

能变通常理的才是有创新精神的人

在马路这边种草，把虫子吸引过来

用大吸尘器管子伸过去吸

像钓鱼一样钓虫子

自己养殖虫子

把马路像地毯一样卷起来

让大水淹没马路，自己坐船

在网上订购

制造塞车，从车轮底下过去

念咒语，让虫子自己到嘴里

绑架别的小鸡，让小鸡妈妈拿虫子交换

把路买下来，向以上过马路的小鸡收税，每次一只虫子

想象虫子的滋味，吃鼻涕干

能改变问题性质的是具备优秀潜质的人

更多的办法，办法总比困难多：

荡秋千，利用柳树枝条荡过去

乘滑翔伞，乘热气球，乘宇宙飞船

建索道、滑道

用马戏团的大炮，把自己打过去

把自己像奥特曼一样变大，一步跨过去

缠着妈妈买虫子吃

捡别的小鸡吃剩的

并非超现实版本：

让别的小鸡用虫子做智力题打赌，中间抽头

让小鸡们把虫子存放在自己这里，想吃的时候可以随时借，下次加倍还

号称研发更美味的虫子，让小鸡们拿手里的虫子交换未来享用的权利

号称有比更美味的虫子还美味 100 倍的虫子的养殖配方，卖给楼上的小鸡

把楼上这条信息，卖给吃腻了虫子的小鸡

攻略秘籍：

把以上方法编成培训讲义

让每个想吃美味虫子的小鸡来接受培训

让每个来接受培训的小鸡上交一只虫子完成作业

想出新办法的免交，教师高兴还奖励一只

4.5.2 改进型智力激励法

1. 默写式头脑风暴法

奥斯本头脑风暴法传入德国后，德国的创造学家鲁尔巴赫根据德意志民族习惯于沉思

的性格，以及由于数人争着发言易使点子遗漏的缺点，对奥斯本头脑风暴法进行改造，创立的用书面畅述的方法。

默写式头脑风暴法规定：每次会议由 6 个人参加，每人在 5 分钟内提出 3 个设想，所以它又称“635 法”。

具体操作方法如下。

召开由 6 人参加的会议，主持人在会上阐明议题，发给与会者每人 3 张卡片。在第一个 5 分钟内，每人针对议题在 3 张卡片上各写上一个点子，然后传给右邻；自第二个 5 分钟内，每人从传来的卡片上得到启发，再在 3 张卡片上各写出一个点子，之后再传给右邻。这样继续下去，经过半小时可传递 6 次，共得 6×3×6=108 个点子。由于这种方法是 6 人参加，每人 3 张卡片，每次 5 分钟，因此得名“635”法。

2. 卡片式头脑风暴法

卡片式头脑风暴法又称 CBS 法，由日本创造开发研究所所长高桥诚创立，其特点是对每个人提出的设想可以进行质询和评价。

具体操作方法如下。

召开由 3～8 人参加的会议，会前宣布发明课题，会议时间为 1 小时。会上发给每人 50 张卡片，桌上放 200 张卡片备用。在前 10 分钟内，与会者独自在卡片上填写设想，每张卡片填写一个设想。接着用 30 分钟，按座次每位与会者轮流宣读自己的设想，一次只能介绍一张卡片（宣读时将卡片放在桌子中央，让大家能看清楚）。然后其他与会者既可质询，也可将受启发所得的新设想填入备用卡片。最后 20 分钟，大家可以相互评价和探讨各自的设想，以便从中诱发出新设想。

3. NBS 的头脑风暴法

日本广播公司又在上述基础上，提出一种叫 NBS 的头脑风暴法。

它的具体做法是：会前必须明确主题，每次会议由 5～8 人参加，每人必须提出 5 个以上的设想，每个设想填写在一张卡片上。

会议开始后，各人出示自己的卡片，并依次做出说明。在别人宣读设想时，如果自己发生了“思维共振”产生新的设想，应立即填写在备用卡片上。

待与会者发言完毕，将所有卡片集中起来，按内容进行分类，横排在桌上，在每类卡片上加一个标题，然后进行讨论，挑选出可供实施的设想。

4. 三菱式的头脑风暴法

日本三菱树脂公司感到采用奥斯本头脑风暴法，虽然可以产生大量的设想，但由于它严禁批评，这样就难以对设想进行评价和集中，于是他们又创造出三菱式头脑风暴法，又称 M 头脑风暴法。它的具体做法如下。

（1）提出主题。

（2）由参加会议的人各自在纸上填写设想，时间为 10 分钟。

（3）各人轮流发表自己的设想，每人限 1～5 个，由会议主持者记下每人发表的设想，其他人也可以根据宣读者提出的设想，填写新的设想。

（4）将设想写成正式提案。

（5）由会议主持者将各人的提案用图解的方式写在黑板上，让与会者进一步讨论，以便获得最佳方案。

思 考 题

核桃仁怎样完整地取出？

延伸训练

某公司在召集单位职工讨论开发面包烤箱时，请了一位老年清洁女工。她提出生产一种带捕鼠器的烤箱。

大家听到将老鼠与面包放在一起的意见，顿时引起哄堂大笑。但是主持者并没有把这种离奇的发言置之不理，而是让这位老年女工说明道理。这位老年女工根据自己的经验，说面包烤箱总是留下不少面包屑，容易招来老鼠。

根据这位老年女工的提案，该公司终于开发出了不掉面包屑的烤箱。公司在新设计的烤箱最下层装了一个抽屉，用于收集掉下来的面包屑，没有面包屑也就不会引来老鼠了，如图 4.70 所示，产品一上市立即受到了广大用户的欢迎。

创新性思维发明的新产品：创意无处不在，如图 4.71 所示。

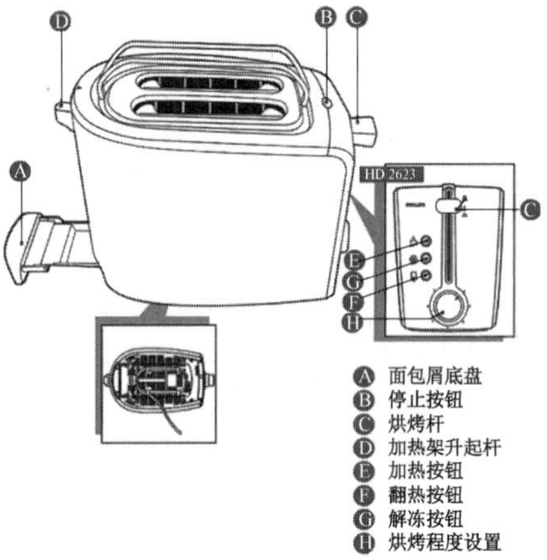

图 4.70 不掉面包屑的烤箱

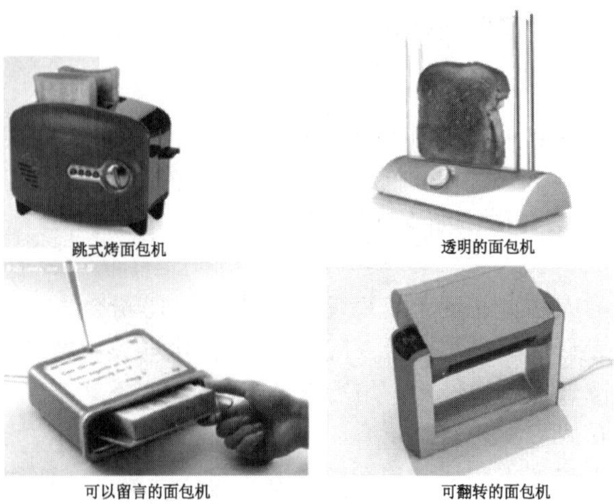

图 4.71 创意面包机

第5章 TRIZ

> 今天是 TRIZ 理论的时代。
>
> ——根里奇·阿奇舒勒

5.1 TRIZ 基本知识

5.1.1 TRIZ 概述

苏联发明家根里奇·阿奇舒勒（见图 5.1）认为，创新是有规律的，创新是可以设计的，并提出了发明问题的解决理论，即 TRIZ 理论（Theory of Inventive Problem Solving）。TRIZ 由阿奇舒勒在 1946 年创立，动用了 1500 人年的工作量，根据对世界各国 250 万份高水平发明专利的系统分析，提出了一套具有完整理论体系的创新方法。

1946 年，阿奇舒勒在苏联里海海军的专利局工作，在处理世界各国著名的发明专利过程中，他总是考虑这样一个问题：当人们进行发明创造、解决技术难题时，是否有可遵循的科学方法和法则，从而能迅速地实现新的发明创造或解决技术难题呢？答案是肯定的。阿奇舒勒发现任何领域的产品改进、技术的变革、创新和生物系统一样，都存在产生、生长、成熟、衰老、灭亡，是有规律可循的。人们如果掌握了这些规律，就能能动地进行产品设计并能预测产品的未来趋势。后来，在他的领导下，苏联的研究机构、大学、企业组成了 TRIZ 的研究团体，分析了世界近 250 万份高水平的发明专利，总结出各种技术发展进化遵循的规律模式，以及解决各种技术矛盾和物理矛盾的创新原理和法则，建立了一个由解决技术，实现创新开发的各种方法、算法组成的综合理念体系，并综合多学科领域的原理和法则，建立起 TRIZ 理论体系（见图 5.2 和图 5.3）。20 世纪 80 年代中期之前，该理论一直对其他国家保密。

图 5.1　根里奇·阿奇舒勒

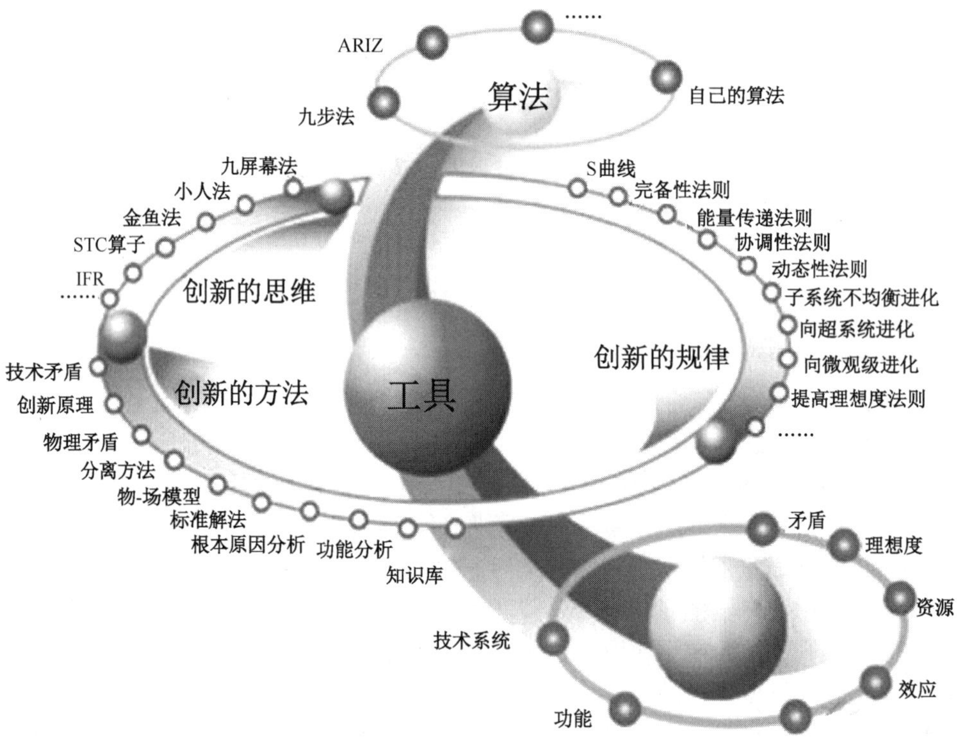

图 5.2　TRIZ 理论体系结构

1．核心思想

TRIZ 理论的核心思想包括 3 个方面：第一，无论是一个简单的产品还是复杂的技术系统，其核心技术都是遵循客观规律发展演变的，即具有客观的进化规律和模式；第二，各种技术难题、冲突和矛盾的不断解决是推动这种进化过程的动力；第三，技术系统发展的理想状态是用最少的资源实现最大数目的功能。

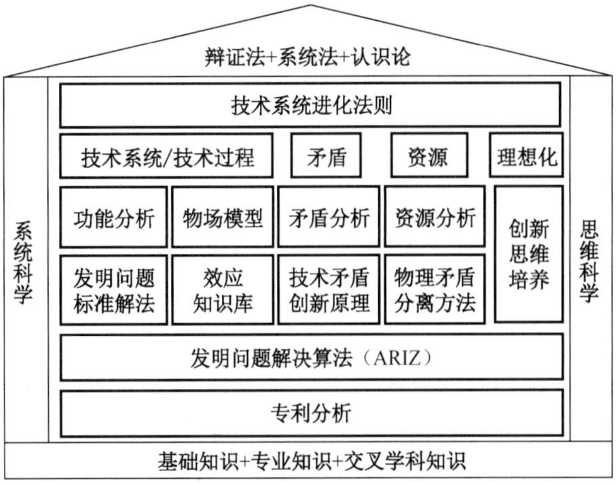

图 5.3　TRIZ 理论体系

2. 主要内容

（1）创新思维方法与问题分析方法。

（2）技术系统进化法则。

（3）技术矛盾解决原理。

（4）创新问题标准解法。

（5）发明问题解决算法 ARIZ。

（6）基于物理、化学、几何学等工程学原理而构建的知识库。

3. 体系架构

（1）8 个技术系统进化法则。

（2）IFR 最终理想解。

（3）40 个发明原理。

（4）39 个通用参数和阿奇舒勒矛盾矩阵。

（5）物理矛盾和分离原理。

（6）物-场模型分析。

（7）76 个标准解法。

（8）ARIZ 发明问题解决算法。

（9）科学原理知识库。

TRIZ 理论成功地揭示了创造发明的内在规律和原理，着力于澄清和强调系统中存在的矛盾，其目标是完全解决矛盾，获得最终的理想解。它不是采取折中或者妥协的做法，而且它是基于技术的发展演化规律研究整个设计与开发过程，而不再是随机的行为。实践证明，运用 TRIZ 理论，可大大加快人们创造发明的进程，而且能得到高质量的创新产品。

5.1.2　发明创造的等级划分

TRIZ 通过分析专利发现，各国家不同的发明专利内部蕴含的科学知识、技术水平都有很大的区别和差异。以往，在没有分清这些发明专利的具体内容时，很难区分出不同发明专利的知识含量、技术水平、应用范围、重要性、对人类的贡献大小等问题。因此，把发明专利依据其对科学的贡献程序、技术的应用范围及为社会带来的经济效益等情况，划分一定的等级加以区别，以便更好地推广应用。TRIZ 理论将发明专利或发明创造分为以下 5 个等级。

第 1 级：通常的设计问题，或对已有系统的简单改进。这一类问题的解决主要凭借设计人员自身掌握的知识和经验，不需要创新，只是知识和经验的应用。例如，用厚隔热层减少建筑墙体的热量损失，用承载量更大的重型卡车替代轻型卡车，以实现运输成本的降低。

该类发明创造或发明专利占所有发明创造或发明专利总数的 32%。

第 2 级：通过解决一个技术冲突对已有系统进行少量改进。这一类问题的解决采用行业内已有的理论、知识和经验即可实现。解决这类问题的传统方法是折中法，如在焊接装置上增加一个灭火器、可调整的方向盘等。

该类发明创造或发明专利占所有发明创造或发明专利总数的 45%。

第 3 级：对已有系统的根本性改进。这一类问题主要采用本行业以外的已有方法和知识解决，设计过程中要解决冲突。例如，在汽车上用自动传动系统代替机械传动系统，在电钻上安装离合器，在计算机上使用鼠标等。

该类发明创造或发明专利占所有发明创造或发明专利总数的 18%。

第 4 级：采用全新的原理完成对已有系统基本功能的创新。这一类问题的解决主要是从科学的角度而不是从工程的角度出发，充分控制和利用科学知识、科学原理实现新的发明创造。例如，第一台内燃机的出现，集成电路的发明，充气轮胎，记忆合金制成锁，虚拟现实。

该类发明创造或发明专利占所有发明创造或发明专利总数的 4%。

第 5 级：罕见的科学原理导致一种新系统的发明、发现。这一类问题的解决主要是依据自然规律的新发现或科学的新发现。例如，计算机、形状记忆合金、蒸汽机、激光、日体管道的首次发明。

该类发明创造或发明专利不足所有发明创造或发明专利总数的 1%。

发明创造的级别越高，获得该发明专利时所需的知识就越多，这些知识所处的领域就越宽，搜索有用知识的时间就越长。同时，随着社会的发展、科技水平的提高，发明创造的等级随时间的变化而不断降低，最初的最高级别的发明创造逐渐成为人们熟悉和了解的知识。发明创造的等级划分及知识领域如表 5.1 所示。

表 5.1　发明创造的等级划分

发明创造级别	创新的程序	比例/%	知识来源	参考解的数量
1	明确的解	32	个人的知识	10
2	少量的改进	45	公司内的知识	100
3	根本性的改进	18	行业内的知识	1000
4	全新的概念	4	行业以外的知识	10000
5	发现	<1	所有的知识	100000

由表 5.1 可以发现以下内容。

（1）95%的发明专利是利用了行业内的知识。

（2）只有少于 5%的发明专利是利用了行业外的及整个社会的知识。

因此，如要企业遇到技术冲突或问题，可以先在行业内寻找答案；若不可能，再向行业外拓展，寻找解决方法。若想实现创新，尤其是重大的发明创造，就要充分挖掘和利用行业外的知识，正所谓“创新设计所依据的科学原理往往属于其他领域”。

5.1.3 TRIZ 理论的应用与发展

1. TRIZ 理论在国内的推广应用

萃智（北京）工业技术研究院是国内首家完成 TRIZ 的本土化研究的专业机构。在全国多个央企、军工企业、高等院校以及省市级政府开展 TRIZ 创新理论与方法的培训和咨询工作，积累了大量的实践经验，培养了大批高层次科技创新人才。并运用 TRIZ 的方法和工具申请多项国家发明级别专利。对 TRIZ 在国内的推广起到了重要的推动作用。

中国青年高级人才培训中心是隶属于共青团中央的高级人才培训机构，是中国青年高层次创新型人才培养工程的实施单位，也是共青团中央指定从事青年职业资格证书培训工作的试点单位。该中心拥有一批高水平的马克思主义理论工作者和各学科的科技工作者，在多学科的公共参与和努力下，中心经过引进、消化、吸收和再创新创立了具有中国特色的创新理论和方法体系（CM-TRIZ），经过数年的推广和在实践中的应用，证明该理论和方法体系是具有体系完整、内容丰富、易学好懂、实用性强等特点的创新知识资源。根据习近平总书记在 5 月 4 日的讲话精神，现阶段中心的基本业务是在广大青年中宣传和推广创新理论和方法，教育和培养高层次创新型人才，全面提高我国的自主创新能力，推动创新驱动发展，建设中国特色的创新型国家。

黑龙江省在 TRIZ 理论方法的普及、研究和应用上走在国内各省的前列，2007 年黑龙江省和俄罗斯 TRIZ 研究机构合作，开始了对省内企业的 TRIZ 普及和培训工作，取得了显著效果。2007 年 7 月，黑龙江省开始了技术创新方法（TRIZ 理论）的试点工作；2007 年 8 月，黑龙江省和四川省被国家科技部正式批准为国家首批技术创新方法试点省；2008 年 4 月，国家科技部等四部委向全国联合下发了《关于加强创新方法工作的若干意见》的通知，有力地推动了 TRIZ 理论在我国自主创新中的普及和应用。

2. TRIZ 理论的发展

TRIZ 理论诞生于苏联，其得天独厚的条件为 TRIZ 理论的发展和应用孕育了肥沃的土壤。苏联在 20 个世纪就大力号召培养国民创新能力和素质，并将其列入宪法中。在 20 世纪 60 年代，各种形式的发明创造学校和组织蓬勃兴起，据不完全统计，有 100 多所院校开设有 TRIZ 理论的课程。随着苏联的解体，人才向西方国家流动，世界各国得以慢慢揭开 TRIZ 理论的面纱，并将其应用到本国的发展中。

美国的一些世界级公司，如波音公司，利用 TRIZ 理论，解决了波音飞机空中加油的关键技术问题，从而战胜了法国空中客车公司，为波音赢得了几亿美元的订单。德国几乎所有名列世界 500 强的大企业都采用了该理论，如西门子、奔驰、宝马等著名公司都有专门的机构及人员负责该理论的培训和应用。日本的索尼公司每年都要推出数种新产品，其动力来源于创新战略和创新理论方法的研究应用。韩国的三星电子公司也专门成立了协会，在产品技术研发部门实施技术创新理论培训，目前三星公司已成为在中国申请专利最多的国外企业。

3. TRIZ 的发展历程

（1）1946～1956 年（诞生期）。这一阶段开始研究隐藏在发明背后的规律，直至第一篇 TRIZ 论文发表。

（2）1956～1985 年（发展期）。这阶段解决发明问题规则系统的新版本发布，标志着 TRIZ 理论体系的建立与完善，它从苏联国内专家级研究应用走向教育普及。

（3）1985～1989 年（成熟期）。这一阶段苏联成立 TRIZ 协会，开发出第一个 TRIZ 软件，开始研究 TRIZ 理论与其他理论方法的结合。

（4）1989 年，随着苏联的解体，TRIZ 理论开始走向世界。

（5）1993 年，TRIZ 理论正式进入美国；1999 年，美国阿奇舒勒 TRIZ 研究院成立；2000 年，欧洲 TRIZ 协会成立。伴随着 TRIZ 理论在欧美和亚洲大规模研究和应用的兴起，TRIZ 理论的发展进入新的阶段。

（6）1999～2004 年，欧美、日、韩的 TRIZ 理论从专家级研究应用发展到大规模行业应用，并走向教育普及，广泛吸收产品研发与创新的最新成果，试图建立基于 TRIZ 理论的技术创新理论体系。

（7）2004 年，TRIZ 国际认证进入中国，中国开始教育与行业应用探索。

5.2 矛盾及解决方法

5.2.1 技术矛盾及物理矛盾

任何产品都具有一个或多个功能，如汽车具有运输、牵引等功能，手机具有通话、上网、拍照等功能，铅笔具有书写、绘画等功能。可以说，产品是多种功能的复合载体，为了实现这些功能（即产品应当具有与其相关的性能），产品就要由多个零部件（且相互关联）组成。为了提高产品的市场竞争力，需要根据市场需求不断地对产品的某个或某些性能进行改进或创新设计。当改变某个零部件的设计，即提高产品某方面的性能时，可能会影响到与被改进零部件相关联的零部件，结果就可能导致产品的另一方面的性能受到影响。如果由于改进而产生的影响是负面影响，则改进设计就出现了矛盾。因此可以说，创新设计要做的工作就是解决改进设计过程中的各种矛盾，将主要工作聚焦于“矛盾”这一焦点上。

TRIZ 将矛盾分为两类：技术矛盾（Technical Contradictions）和物理矛盾（Physical Contradictions）。

1. 技术矛盾

技术矛盾是指一个作用同时产生有用及有害两种效应，也可指有用效应的引入或有害效应的消除导致一个或几个子系统变坏。技术矛盾常表现为一个系统中两个子系统之间的矛盾，而且总是涉及两个基本参数，当其中一个得到改进时，另一个变得更差。

技术矛盾通常有以下 3 种表现。

（1）一个子系统中引入一种有用性能后，导致另一个子系统产生一种有害性能，或增强了已存在的有害性能。

（2）一种有害性能导致另一个子系统有用性能的变化。

（3）有用性能的增强或有害性能的降低使另一个子系统或系统变得更加复杂。

技术矛盾的解决原理 TRIZ 理论总结了 39 个通用工程参数来描述矛盾。实际应用中，把构成矛盾的双方内部性能用这 39 个工程参数中的某两个来表示，即把实际工程设计中的技术矛盾转化为标准的技术矛盾，然后运用 TRIZ 理论中包含的分割、分离、等势性、维数变化、振动原理等 40 个发明创新原理。同样的，只要正确、科学地应用这些原理，我们就可以逐步实现对技术矛盾的深入分析和标准化，最终实现技术矛盾的解决。

2．物理矛盾

一般来说，相对于技术矛盾，物理矛盾显得更加尖锐和明显，并且技术矛盾的存在往往隐含着物理矛盾的存在，有时物理矛盾的解决比技术矛盾的解决更容易。如果最终能够准确确定物理矛盾，那么该问题就能够较为容易地解决。在解决实际创新设计问题时，应当努力把问题中所面临的物理矛盾和技术矛盾分析清楚，然后运用相应的解决原理和方法，对症下药，一一解决，最终就能够获得问题的最优解。

物理矛盾是 TRIZ 研究的主要问题之一。它是指为了实现某种功能，一个子系统或元件应具有一种特性，但同时出现了与该特性相反的特性。物理矛盾的核心是指对一个物体或系统中的一个子系统有相反的、矛盾的要求。

例如，为了便于加速并降低加速时的油耗，汽车的底盘应有较小的重量，但为了保证高速行驶时汽车的安全，底盘又应有较大的重量，这种要求底盘同时具有大重量和小重量的情况，对于汽车底盘的设计来说就是物理矛盾，解决该矛盾是汽车底盘设计的关键。

物理矛盾的两种表现如下。

（1）一个子系统中有害性能降低的同时导致该子系统中有用性能的降低。

（2）一个子系统中有用性能增强的同时导致该子系统中有害性能的增强。

物理矛盾的解决一直是 TRIZ 理论研究的重要内容。TRIZ 理论的创始人阿奇舒勒提出了包含有矛盾特性的空间分离、矛盾特性的时间分离、通过物理作用及化学反应使物质从一种状态过渡到另一种状态等 11 种解决原理。正确、科学地应用这些原理我们就可以逐步实现对物理矛盾的深入分析和标准化，最终实现物理矛盾的解决。

5.2.2 技术矛盾的解决方法

技术矛盾常表现为一个系统中两个子系统之间的矛盾，而且总是涉及两个基本参数：当其中一个得到改进时，另一个变得更差。

怎样解决技术矛盾问题？我们先看一道代数问题的解题流程，如图 5.4 所示。

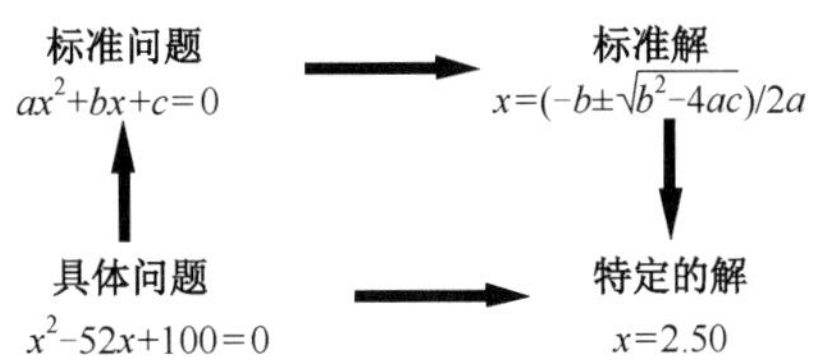

图 5.4 代数问题的解题流程

接下来，我们来观察 TRIZ 解决技术矛盾的步骤，如图 5.5 所示。

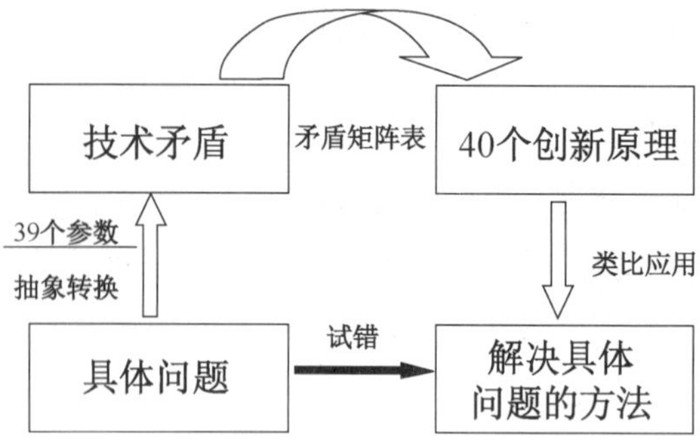

图 5.5　解决技术矛盾的步骤

TRIZ 法解决问题的流程大致分为以下 4 步。

（1）对待解决的实际问题做详尽的分析并提取存在的矛盾。

（2）将该矛盾转化为 TRIZ 法中的某种通用问题模型。

（3）利用矛盾矩阵表得到 TRIZ 法提供的通用形式的解。

（4）把 TRIZ 解具体化为针对该实际问题的具体解。

案例 1：飞行的靶标。

在射击运动员的训练中需要有靶标，当运动员击中靶标后靶标破裂成大量的碎片落到地面上，难以打扫（见图 5.6）。

图 5.6　射击飞行的靶标

如何定义技术矛盾？

（1）问题是什么？

射击需要靶标。

（2）现在有什么解决办法？

制造飞碟作为靶标（7 运动物体的体积见图 5.7）。

（3）上述方法有什么缺点？

碎片不易清理，费时费力（25 时间损失见图 5.7）。

（4）查找矛盾矩阵表。

（5）类比应用。

抽取：用激光代替实物飞碟。

抛弃与再生：用冰或干冰做飞碟。

预先作用：铺网等。

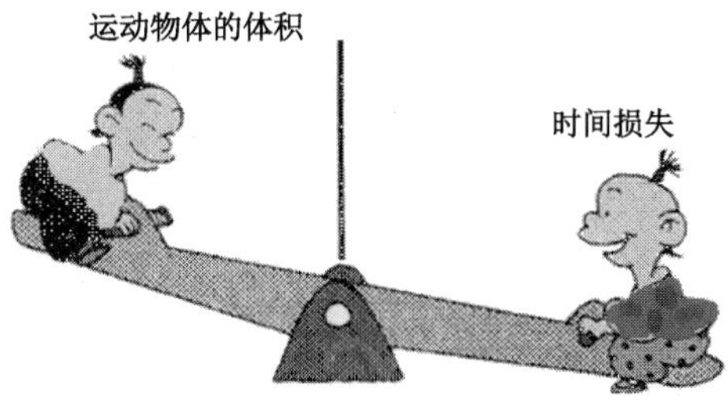

图 5.7　运动物体的体积 VS 时间损失

5.2.3　39 个工程参数及矛盾矩阵表

1．39 个工程参数

TRIZ 法通过对百万件专利的详细研究，提出用 39 个通用工程参数来描述技术矛盾。在实际应用时，首先要把组成矛盾双方的性能用该 39 个通用工程参数来表示，这样就将实际工程技术中的矛盾转化为一般的标准的技术矛盾。

39 个工程参数中常用到运动物体（Moving Objects）与静止物体（Stationary Objects）两个术语。运动物体是指自身或借助于外力可在一定的空间内运动的物体。静止物体是指自身或借助于外力都不能使其在空间内运动的物体。39 个工程参数如表 5.2 所示。

表 5.2　39 个工程参数

序号	参数	序号	参数	序号	参数	序号	参数
1	运动物体的质量	11	应力或压力	21	功率	31	物体产生的有害因素
2	静止物体的质量	12	形状	22	能量损失	32	可制造性
3	运动物体的长度	13	结构的稳定性	23	物质损失	33	可操作性
4	静止物体的长度	14	强度	24	信息损失	34	可维修性
5	运动物体的面积	15	运动物体作用时间	25	时间损失	35	适应性及多用性
6	静止物体的面积	16	静止物体作用时间	26	事或物的数量	36	装置的复杂性
7	运动物体的体积	17	温度	27	可靠性	37	监控与测试的困难程度
8	静止物体的体积	18	光照度	28	测试精度	38	自动化程度
9	速度	19	运动物体的能量	29	制造精度	39	生产率
10	力	20	静止物体的能量	30	物体外部有害因素作用的敏感性		

39 个工程参数的名称及意义如下。

（1）运动物体的质量是指在重力场中运动物体受到的重力，如运动物体作用于其支撑或悬挂装置上的力。

（2）静止物体的质量是指在重力场中静止物体所受到的重力，如静止物体作用于其支撑或悬挂装置上的力。

（3）运动物体的长度是指运动物体的任意线性尺寸，不一定是最长的。

（4）静止物体的长度是指静止物体的任意线性尺寸，不一定是最长的。

（5）运动物体的面积是指运动物体内部或外部所具有的表面或部分表面的面积。

（6）静止物体的面积是指静止物体内部或外部所具有的表面或部分表面的面积。

（7）运动物体的体积是指运动物体所占有的空间体积。

（8）静止物体的体积是指静止物体所占有的空间体积。

（9）速度是指物体的运动速度、过程或活动与时间之比。

（10）力是指两个系统之间的相互作用。对于牛顿力学，力等于质量与加速度之积。在 TRIZ 中，力是试图改变物体状态的任何作用。

（11）应力或压力是指单位面积上的力。

（12）形状是指物体外部轮廓或系统的外貌。

（13）结构的稳定性是指系统的完整性及系统组成部分之间的关系。磨损、化学分解及拆卸都降低稳定性。

（14）强度是指物体抵抗外力作用使之变化的能力。

（15）运动物体作用时间是指物体完成规定动作的时间、服务期。两次误动作之间的时间也是作用时间的一种度量。

（16）静止物体作用时间是指物体完成规定动作的时间、服务期。两次误动作之间的时间也是作用时间的一种度量。

（17）温度是指物体或系统所处的热状态，包括其他热参数，如影响改变温度变化速度的热容量。

（18）光照度是指单位面积上的光通量，系统的光照特性，如亮度、光线质量。

（19）运动物体的能量是指能量是物体做功的一种度量。在经典力学中，能量等于力与距离的乘积。能量也包括电能、热能及核能等。

（20）静止物体的能量是指能量是物体做功的一种度量。在经典力学中，能量等于力与距离的乘积。能量也包括电能、热能及核能等。

（21）功率是指单位时间内所做的功，即利用能量的速度。

（22）能量损失是指为了减少能量损失，需要不同的技术来改善能量的利用。

（23）物质损失是指部分或全部、永久或临时的材料、部件或子系统等物质的损失。

（24）信息损失是指部分或全部、永久或临时的数据损失。

（25）时间损失是指一项活动所延续的时间间隔。改进时间的损失指减少一项活动所花费的时间。

（26）事或物的数量是指材料、部件及子系统等的数量，它们可以被部分或全部、临时或永久地改变。

（27）可靠性是指系统在规定的方法及状态下完成规定功能的能力。

（28）测试精度是指系统特征的实测值与实际值之间的误差。减少误差将提高测试精度。

（29）制造精度是指系统或物体的实际性能与所需性能之间的误差。

（30）物体外部有害因素作用的敏感性是指物体对受外部或环境中的有害因素作用的敏感程度。

（31）物体产生的有害因素是指有害因素将降低物体或系统的效率，或完成功能的质量。这些有害因素是由物体或系统操作的一部分而产生的。

（32）可制造性是指物体或系统制造过程中简单、方便的程度。

（33）可操作性是指要完成的操作应需要较少的操作者、较少的步骤以及使用尽可能简单的工具。一个操作的产出要尽可能多。

（34）可维修性是指对于系统可能出现失误所进行的维修要时间短、方便和简单。

（35）适应性及多用性是指物体或系统响应外部变化的能力，或应用于不同条件下的能力。

（36）装置的复杂性是指系统中元件的数目及多样性，如果用户也是系统中的元素将增加系统的复杂性。掌握系统的难易程度是其复杂性的一种度量。

（37）监控与测试的困难程度是指如果一个系统复杂、成本高、需要较长的时间建造及使用，或部件与部件之间关系复杂，都使得系统的监控与测试困难。测试精度高，增加了测试的成本也是测试困难的一种标志。

（38）自动化程度是指系统或物体在无人操作的情况下完成任务的能力。自动化程度的最低级别是完全人工操作。最高级别是机器能自动感知所需的操作、自动编程和对操作自动监控。中等级别的需要人工编程、人工观察正在进行的操作，改变正在进行的操作及重新编程。

（39）生产率是指单位时间内所完成的功能或操作数。

上述 39 个通用工程参数可分为如下 3 类。

物理及几何参数：（1）～（12）、（17）、（18）、（21）。

技术负向参数：（15）、（16）、（19）、（20）、（22）～（26）、（30）、（31）。

技术正向参数：（13）、（14）、（27）～（29）、（32）～（39）。

负向参数指这些参数变大时，使系统或子系统的性能变差。例如，子系统为完成特定的功能所消耗的能量[第（19）、（20）]越大，则设计越不合理。

正向参数指这些参数变大时，使系统或子系统的性能变好。例如，子系统的可制造性[第（32）]指标越高，子系统的制造成本就越低。

2．矛盾矩阵表

阿奇舒勒历经 16 年，分析归纳经常遇到技术矛盾的系统特征，共有 39 个，可分为六大类：物理或几何参数、品质或功能参数、负面性质参数。

将其对应解决的法则，整理成矩阵的方式，提供一个快速简单的方式，找到解决技术矛盾的法则，这个矩阵为 39×39 的矩阵，共有 1263 个元素。空矩阵共 234 个，表示此类问题较少见。

阿奇舒勒将 39 个通用工程参数和 40 条创新原理有机地联系起来，建立起对应关系，整理成 39×39 的矛盾矩阵表（见图 5.7）。

矛盾矩阵表中列——所代表的工程参数是系统改善的特性；行——所描述的工程参数是系统恶化的特性。

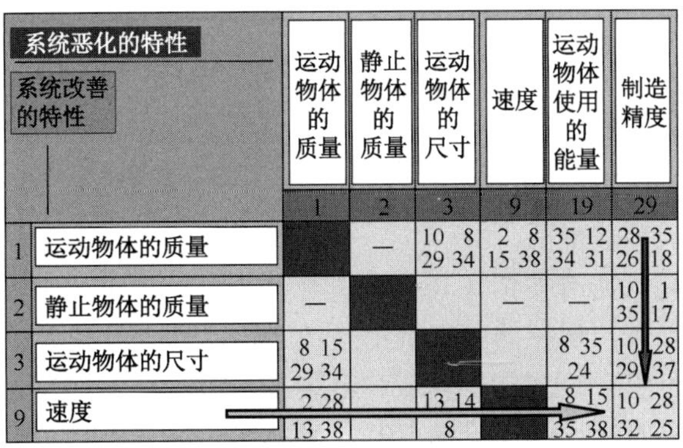

图 5.7　矛盾矩阵的应用

第一步，分析问题，找出可能存在的技术矛盾，最好能用动宾结构的词来表示矛盾。

第二步，针对具体问题确认一到几对技术矛盾，并将矛盾的双方转换成技术领域的有关术语，进而根据有关术语在 TRIZ 提供的 39 个通用工程特性参数中选定相应的工程参数。

第三步，按照相矛盾的通用工程参数编号 i 和 j，在矛盾矩阵中找到相应的矩阵元素 $M_{i\text{-}j}$，该矩阵元素值表示 40 条发明创新原理的序号，按照该序号找出相应的原理供下一步使用。

第四步，根据已找到的发明创新原理，结合专业知识，寻找解决问题的方案。一般情况下，解决某技术矛盾的发明原理不止一条，应该对每一条相应的原理做解决技术矛盾方案的尝试。

第五步，如果第四步的努力没有取得较好的效果，就要考虑初始构思的技术矛盾是否真正表达了问题的本质，是否真正反映了针对问题创新改进的方向。应重新设定技术矛盾，并重复上述工作。

5.2.4 40 个发明创新原理及应用

用有限的 40 条原理（见表 5.3）来解决无限的技术冲突问题。

表 5.3 40 个发明创新原理

序号	原理	序号	原理	序号	原理	序号	原理
1	分割	11	预先应急措施	21	紧急行动	31	多孔材料
2	抽取	12	等势原则	22	变害为利	32	改变颜色
3	局部质量	13	逆向思维	23	反馈	33	同质性
4	非对称	14	曲面化	24	中介物	34	抛弃与再生
5	合并	15	动态化	25	自服务	35	物理/化学状态变化
6	多用性	16	不足或超额行动	26	复制	36	相变
7	嵌套	17	维数变化	27	一次性用品	37	热膨胀
8	重量补偿	18	机械振动	28	机械系统的替代	38	加速氧化
9	预先反作用	19	周期性动作	29	气体与液压结构	39	惰性环境
10	预先作用	20	有效作用的连续性	30	柔性外壳和薄膜	40	复合材料

下面给出 40 个创新原理的详解和实例。

1．分割

分割原理体现在 3 个方面

（1）将物体分割为独立部分。

例如，过去的电视机所有按钮（开关、选台、音量、颜色）都在机体上，每个动作都要到电视机跟前才能操作，现在的电视机都是带遥控器的（见图 5.8）。

（2）使物体成为可组合的（易于拆卸和组装）。

例如，可拆卸的临时交通灯（见图 5.9）；可拆卸的铲车唇缘（见图 5.10）等。

图 5.8　带遥控器的电视

图 5.9　可拆卸的临时交通灯

图 5.10　可拆卸的铲斗唇缘设计

（3）增加物体被分割的程度。

例如，用软的百叶窗代替整幅大窗帘（见图 5.11）；分割的靠背椅（见图 5.12）等。

图 5.11　百叶窗

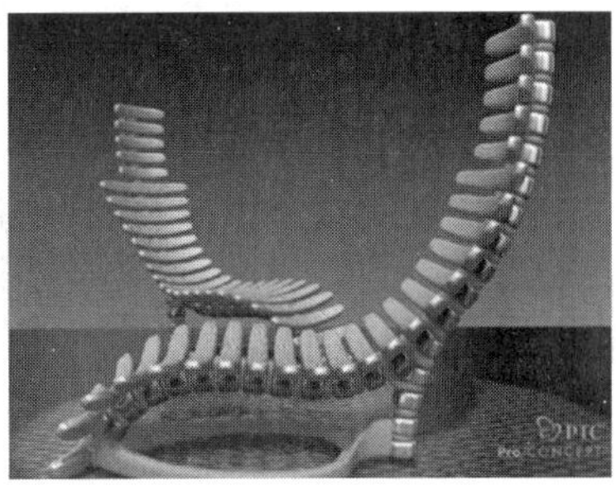

图 5.12　靠背椅

2．抽取

抽取原理体现在两个方面。

（1）将物体中“负面”的部分或特性抽取出来。

例如，空调将嘈杂的压缩机放在室外（见图 5.13）。

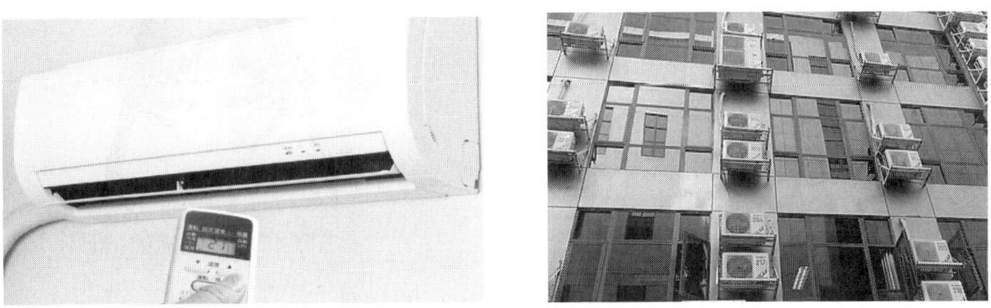

图 5.13　空调和空调外机

（2）只从物体中抽取必要的部分或特性。

例如，用狗叫声作为报警器的报警声，而不用养一条真正的狗（见图 5.14）。

图 5.14　狗、报警器

3. 局部质量

局部质量原理体现在 3 个方面。

（1）将物体或外部环境的同类结构转换成异类结构。

例如，采用温度、密度或压力的梯度，而不用恒定的温度、密度或压力（见图 5.15）。

图 5.15　气体密度压力表

（2）使物体的不同部分实现不同的功能。

例如，带橡皮擦的铅笔，带起钉器的榔头（见图 5.16）；多功能的工具（见图 5.17），不同部分可作为普通钳子、剥线钳、普通螺丝刀、十字螺丝刀和指甲修剪工具等使用。

图 5.16　带起钉器的榔头

图 5.17　多功能的工具

（3）使物体的每一部分都处于最有利于其运行的条件下。

例如，快餐饭盒（见图 5.18）中设置了不同的间隔区来分别存放热、冷食物和汤。

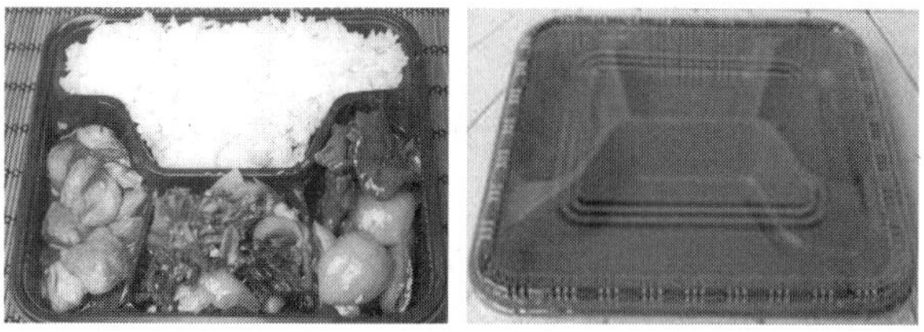

图 5.18　快餐饭盒

4．非对称

非对称原理体现在两个方面：

（1）用非对称形式代替对称形式。

例如，非对称容器或者对称容器中的非对称搅拌叶片可以提高混合的效果（如水泥搅拌车等）；生活中雨伞做成非对称的可以挡住不同方向的雨水（如图 5.19）。

（2）如果对象已经是非对称的，则增加其非对称的程度。

例如，将圆形的垫片改成椭圆形甚至特别的形状来提高密封程度。

图 5.19　非对称雨伞

5．合并

合并原理体现在两个方面。

（1）合并空间上的同类或相邻的物体或操作。

例如，网络中的个人计算机；并行处理计算机中的多个微处理器（见图 5.20）；合并两部电梯来提升一个宽大的物体（拆掉连接处的隔板）。

（2）合并时间上的同类或相邻的物体或操作。

例如，百叶窗中的窄条；同时分析多项血液指标的医疗诊断仪器；现代冷热水龙头，调温通过转动完成，将过去的两个龙头合并为一个龙头（见图 5.21）。

图 5.20　双 CPU 计算机

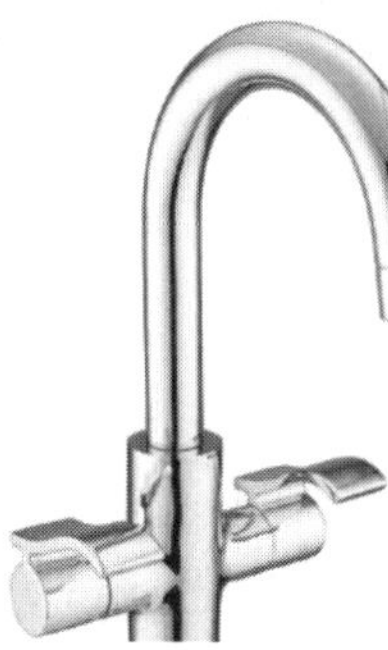

图 5.21　混水龙头

6. 多用性

多用性原理：使得物体或物体的一部分实现多种功能，以代替其他部分的功能。

例如，内部装有牙膏的牙刷柄；将汽车上的小孩安全座位转变成小孩推车；既可以作为沙发又可以作为床的沙发床（见图 5.22）；智能手机（见图 5.23）。

图 5.22 沙发床

图 5.23 智能手机

7. 嵌套

嵌套原理体现在两个方面。

（1）将第 1 个物体嵌入第 2 个物体，然后将这两个物体一起嵌入第 3 个物体……

例如，（一组）量杯（匙）；俄罗斯套娃（见图 5.24）。

（2）让物体穿过另一物体的空腔。

例如，伸展天线（见图 5.25）；伸缩变焦镜头。

图 5.24 俄罗斯套娃

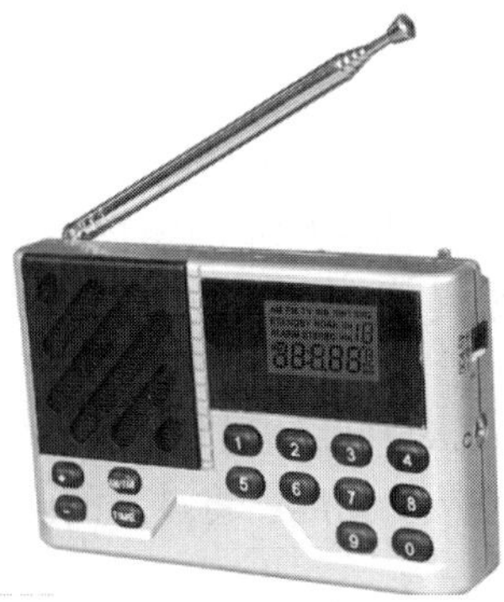

图 5.25 伸展天线

8. 重量补偿

重量补偿原理体现在两个方面。

（1）将一个物体与另一能产生提升力的物体组合，来补偿其重量。

例如，在一捆原木中加入泡沫材料，使之更好地漂浮；用气球悬挂广告条幅（见图 5.26）。

（2）通过与环境（利用气体、液态的动力或浮力等）的相互作用实现物体重量的补偿。

例如，飞机机翼的形状可以减小机翼上面的密度，增加机翼下面空气的密度，从而产生升力；水可使船只整个或部分浮出水面，减小阻力（见图 5.27）。

图 5.26　用气球悬挂广告条幅

图 5.27　船

9．预先反作用

预先反作用原理体现在两个方面。

（1）预先施加反作用。

例如，在溶液中加入缓冲剂来防止高 pH 带来的危害。

（2）如果物体将处于受拉伸工作状态，则预先施加压力。

例如，在浇注混凝土之前对钢筋进行预压处理（见图 5.28）。

图 5.28　对钢筋进行预压处理

10．预先作用

预先作用原理体现在两个方面。

（1）事先完成部分或全部的动作或功能。

例如，卷状食品保鲜袋，事先在两个保鲜袋间切口，但保留部分相连，使用时可以拉断相连部分等。

（2）在方便的位置预先安置物体，使其在第一时间发挥作用，避免时间的浪费。

例如，停车位的咪表；在石膏中安置锯子（见图 5.29）等。

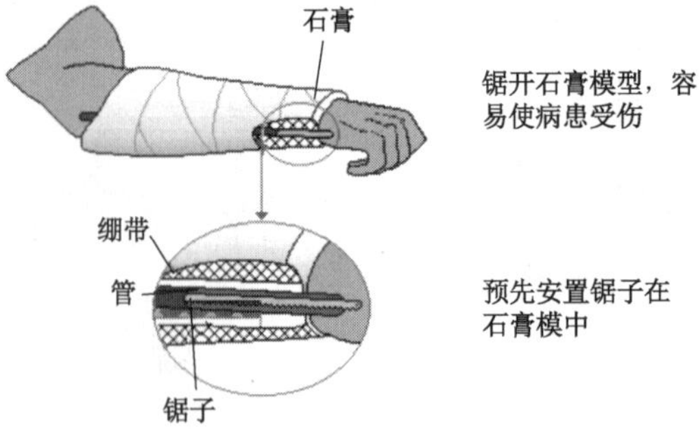

图 5.29　在石膏中安置锯子

11. 预先应急措施

预先应急措施原理：针对物体相对较低的可靠性，预先准备好相应的应急措施。例如，降落伞（见图 5.30）、应急楼梯（见图 5.31）。

图 5.30　降落伞

图 5.31　应急楼梯

12. 等势原则

等势原则原理：在势能场中，避免物体位置的改变。

例如，电子线路设计中，避免电势差大的线路相邻；汽车维修地槽（见图 5.32）；在两个不同高度水域之间的运河上的水闸（见图 5.33）等。

图 5.32　汽车维修地槽

图 5.33　三峡工程的五级船闸

13. 逆向思维

逆向思维原理体现在 3 个方面。

（1）颠倒过去解决问题的办法。

例如，为了松开粘连在一起的部件，不是加热外部件，而是冷却内部件等。

（2）使物体的活动部分改变为固定的，让固定的部分变为活动的。

例如，旋转部件而不是旋转工具；健身跑步机（见图 5.34）及游泳跑步机（见图 5.35）等。

（3）翻转物体（或过程）。

例如，通过翻转容器以倒出谷物；将杯子倒置，以便喷水清洗。

图 5.34 跑步机

图 5.35 游泳跑步机

14. 曲面化

曲面化原理体现在 3 个方面。

（1）将直线、平面用曲线、曲面代替，将立方体结构改成球体结构。

例如，在建筑中采用拱形或圆屋顶来增加强度；在结构设计中，用圆角过渡避免应力集中等。

（2）使用滚筒、球体、螺旋状结等结构。

例如，圆珠笔的球状笔尖使得书写流利，而且提高了寿命；旋转楼梯（见图 5.36）和旋转门（见图 5.37）。

（3）从直线运动改成旋转运动，利用离心力。

例如，用洗衣机甩干衣物，代替原来拧干的方法。

图 5.36 旋转楼梯

图 5.37 旋转门

15. 动态化

动态化原理体现在 3 个方面。

（1）使物体或其环境自动调节，以使其在每个动作阶段的性能达到最佳。

例如，汽车的可调节式方向盘（见图 5.38）（或可调节式座位、后视镜等）。

（2）把物体分成几个部分，各部分之间可相对改变位置。

例如，折叠椅、笔记本电脑（见图 5.39）等。

（3）将不动的物体改变为可动的，或具有自适应性。

例如，用来检查发动机的柔性的内孔窥视仪；医疗检查中用到的柔性状结肠镜等。

图 5.38　可调节式方向盘

图 5.39　笔记本电脑

16. 不足或超额行动

不足或超额行动原理：如果用现有的方法很难完成对象的 100%，可用同样的方法完成“稍少”或“稍多”一点，问题可能变得相当容易解决。

油印印刷时（见图 5.40），滚筒涂布全表面的印油，印刷到纸张上的是需要的字体部分，其他的印油被蜡纸所阻挡；表面贴装技术的锡膏印刷工艺，锡膏印刷机（见图 5.41）的刮刀涂布是全面积的锡膏，而印刷到电路板上的只是钢网开孔对应的焊盘上，其他的被钢网阻挡。

图 5.40　油印印刷

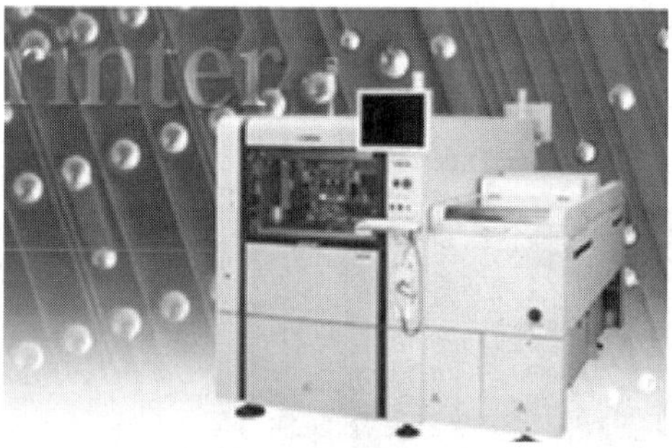

图 5.41　锡膏印刷机

17. 维数变化

维数变化原理体现在 4 个方面。

（1）将物体从一维变到二维或三维空间。

例如，旋转楼梯可以减少所占用的房屋面积。

（2）用多层结构代替单层结构。

例如，多碟 CD 机（见图 5.42）可以增加音乐的时间，丰富选择；立体停车场（见图 5.43）。

（3）使物体倾斜或侧向放置。

例如，自动装卸车（见图 5.44）。

（4）使用给定表面的“另一面”。

例如，利用镜子反光给植物增加光合作用，印制电路板经常采用两面都焊接电子元器件的结构，比单面焊接节省面积。

图 5.42　多碟 CD 机

图 5.43　立体停车场

图 5.44　自动装卸车

18．机械振动

机械振动原理体现在 5 个方面。

（1）让物体处于振动状态。

例如，电动剃须刀（见图 5.45）。

（2）对有振动的物体，则增加振动的频率（甚至到超声波）。

例如，振动送料器、电动牙刷（见图 5.46）。

（3）使用物体的共振频率。

例如，用超声波共振来粉碎胆结石或肾结石。

（4）用压电振动器代替机械振动器。

例如，用石英晶体振荡驱动高精度的钟表。

（5）使用超声波和电磁场振荡耦合。

例如，在高频炉里混合合金，使混合均匀。

图 5.45　电动剃须刀

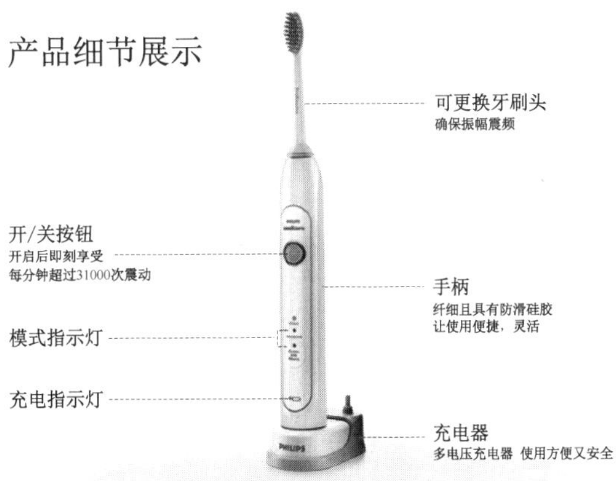

图 5.46　电动牙刷

19．周期性动作

周期性动作原理体现在 3 个方面。

（1）用周期性动作或脉动代替连续的动作。

例如，松开生锈的螺母时，用间歇性猛力比持续拧力有效；警铃（见图 5.47）利用间隙性响声来吸引人们的注意力。

（2）如果行动已经是周期性的，则改变其频率。

例如，用频率调制来传送信息，而不用 Morse 编码。

（3）利用脉动之间的间隙来执行另一动作。

例如，在心肺呼吸（见图 5.48）中，每 5 次胸腔压缩后进行呼吸。

图 5.47　警铃

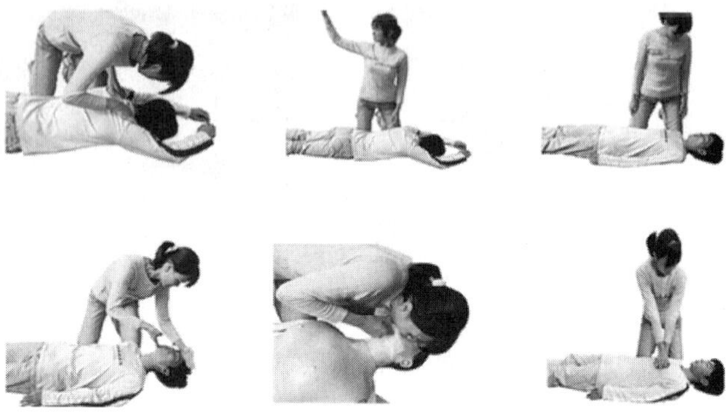

图 5.48　心肺呼吸

20．有效作用的连续性

有效作用的连续性原理体现在两个方面。

（1）持续采取行动，使对象的所有部分都一直处于满负荷工作状态。

例如，削苹果机（见图 5.49）对苹果一次性地进行削皮、去芯和切薄片。

（2）消除空闲的、间歇的行动和工作。

例如，打印机（见图 5.50）在回程过程中也进行打印。

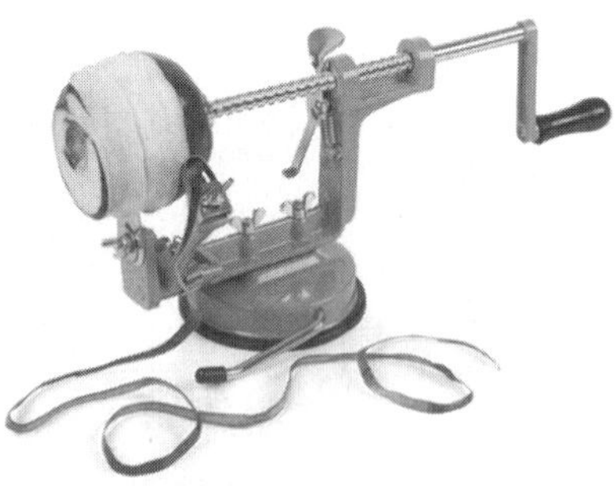

图 5.49　削苹果机

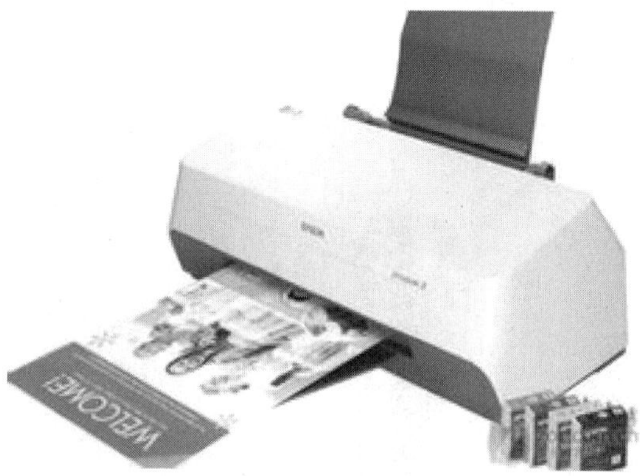

图 5.50　打印机

21．紧急行动

紧急行动原理：快速地执行一个危险或有害的作业。

例如，牙医使用高速电钻，避免烫伤口腔组织；使用照相用闪光灯（见图 5.51）闪烁一下，防止伤害眼睛；快速切断管子（见图 5.52）以致使管子来不及产生变形。

图 5.51　照相用闪光灯

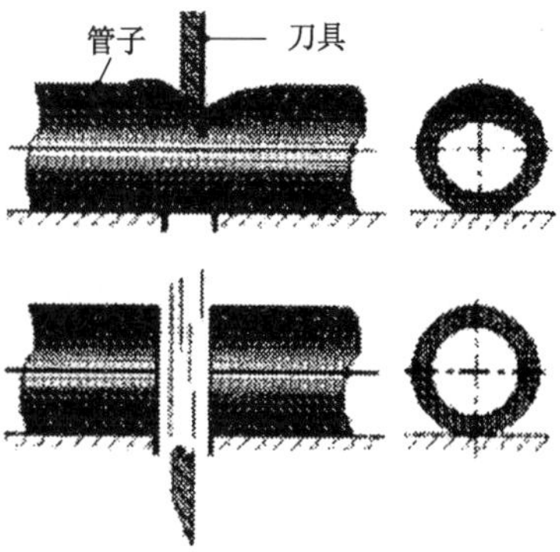

图 5.52　快速切管子

22．变害为利

变害为利原理体现在 3 个方面。

（1）利用有害的因素（特别是对环境的有害影响）来取得积极效果。

例如，利用酸腐蚀原油沉渣（见图 5.53）；用废弃的热能来发电；废品的回收利用。

（2）"以毒攻毒"，用另一个有害作用来中和以消除物体所存在的有害作用。

例如，在腐蚀性的溶液中添加缓冲剂；在潜水中使用氦氧混合气，来消除空气或其他硝基混合物带来的氧中毒。

（3）加大有害因素的程度。

例如，用逆火烧掉一部分植物，形成隔离带（见图 5.54），来防止森林大火的蔓延。

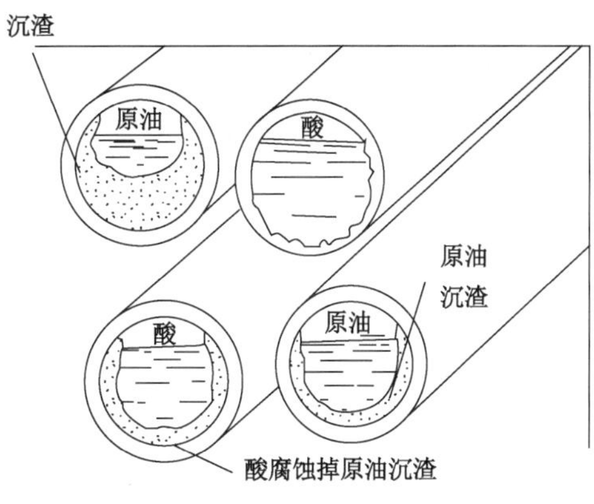

图 5.53　利用酸腐蚀原油沉渣

图 5.54　防火隔离带

23．反馈

反馈原理体现在两个方面。

（1）通过引入反馈来改善性能。

例如，音乐喷泉；路灯引入反馈（见图 5.55）来自动控制路灯；盲道（见图 5.56）。

（2）如果已经引入了反馈，则改变其大小和作用。

例如，在机场 5 英里范围内，改变自动驾驶仪的灵敏度。

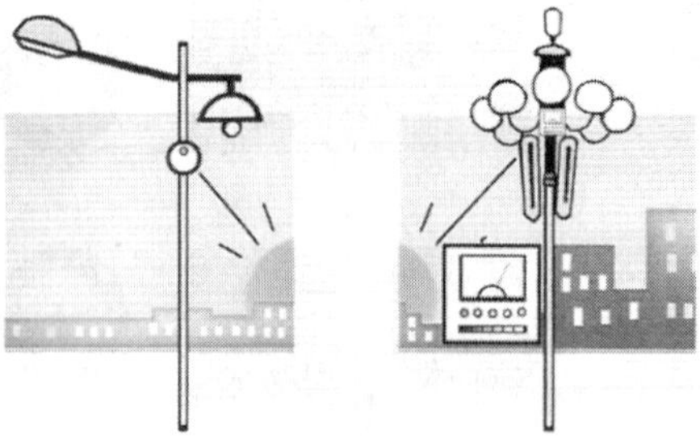

图 5.55 路灯引入反馈

图 5.56 盲道

24．中介物

中介物原理体现在两个方面。

（1）采用中介物传递或完成所需动作。

例如，木匠的冲钉器，用在榔头和钉子之间；机械传动中的惰轮（见图 5.57）。

（2）把一个物体和另一个物体临时结合在一起（随后能比较容易地分开）。

例如，用托盘（见图 5.58）把酒或菜肴端到餐桌上。

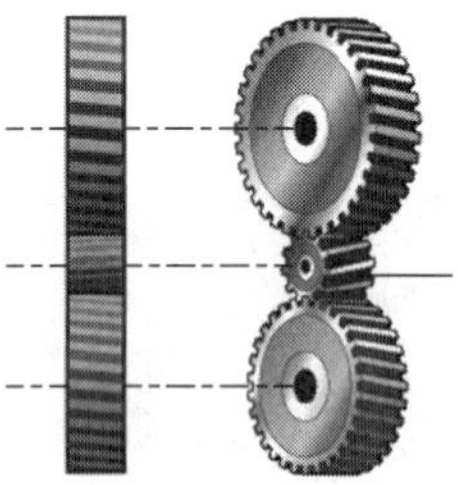

图 5.57 惰轮

图 5.58 托盘

25．自服务

自服务原理体现在两个方面。

（1）使物体具有自补充和自恢复功能以完成自服务。

例如，饮水机、抽水马桶（见图 5.59）等。

（2）利用废弃的资源、能量或物资。

例如，冬天汽车使用发动机余热取暖（见图 5.60）；麦秸填埋作为下一季庄稼的肥料。

26．复制

复制原理体现在 3 个方面。

（1）使用更简单、更便宜的复制品代替难以获得的、昂贵的、复杂的、易碎的物体。

例如，虚拟驾驶游戏机；听录音带而不亲自参加研讨会。

（2）用光学复制品或图形来代替实物，可以按比例放大或缩小图形。

例如，用空间摄影技术进行调查，而不是实地进行；通过照片测算木材（见图 5.61）。

（3）如果可视的光学复制品已经被采用，则进一步扩展到红外线或紫外线复制品。

例如，用红外图像来检测热源；红外线加热灯（见图 5.62）。

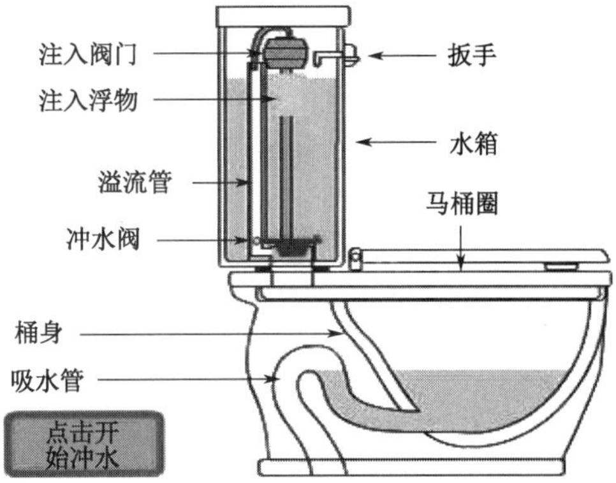

图 5.59　抽水马桶

图 5.60　冬天汽车使用发动机余热取暖

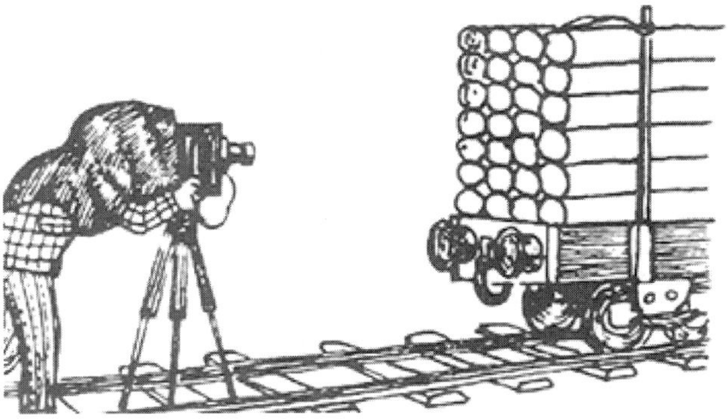

图 5.61　通过照片测算木材

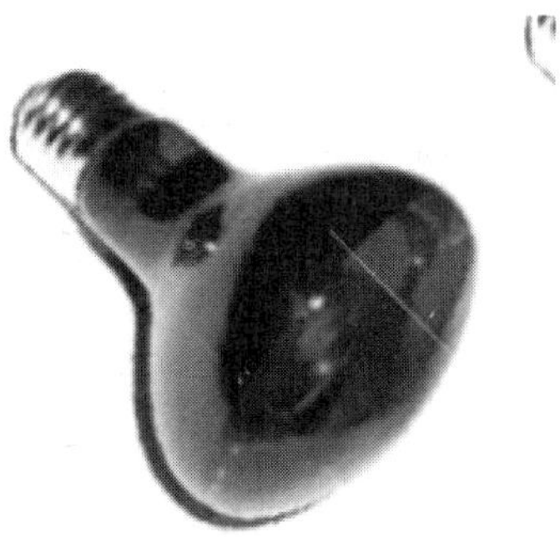

图 5.62　红外线加热灯

27．一次性用品

一次性用品原理：用廉价的物品代替一个昂贵的物品，在某些质量特性上做出妥协（如使用寿命）。

例如，使用一次性的纸用品，避免由于清洁和储存耐用品带来的费用，如酒店里的一次性筷子（见图 5.63）、塑料杯、一次性尿布、一次性口罩（见图 5.64）。

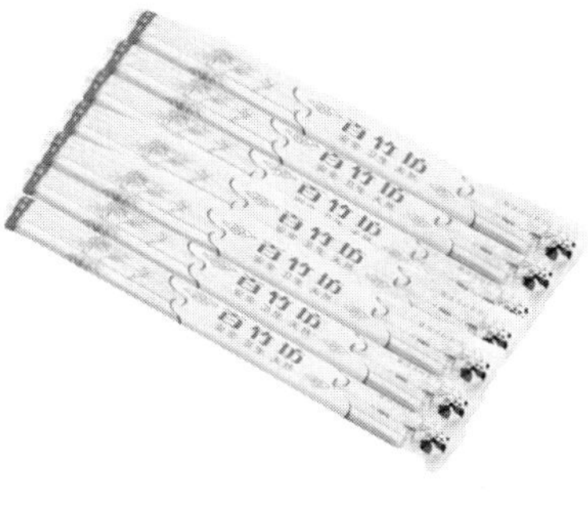

图 5.63　一次性筷子

图 5.64　一次性口罩

28．机械系统的替代

机械系统的替代原理体现在 4 个方面。

（1）用感官刺激的方法代替机械手段。

例如，用声学“栅栏”（动物可听见的声学信号）代替真正现实中的栅栏，来限制狗或猫的行动；在天然气中加入气味难闻的混合物（见图 5.65），警告用户发生了泄漏，而不采用机械或电器类的传感器，用气味代替机械检测（见图 5.66）。

（2）采用与物体相互作用的电、磁或电磁场。

例如，为了混合两种粉末，用产生静电的方法使一种产生正电荷，另一种产生负电荷。用电场驱动它们，或者先用机械方法把它们混合起来，然后使它们获得电场，导致粉末颗粒成对地结合起来。

（3）场的替代：从恒定场到可变场，从固定场到随时间变化的场，从随机场到有组织的场。

例如，早期通信中采用全方位的发射，现在使用有特定发射方式的天线。

（4）将场和铁磁离子组合使用。

例如，铁磁催化剂，呈现顺磁状态。

图 5.65　在液化气中用乙硫醇

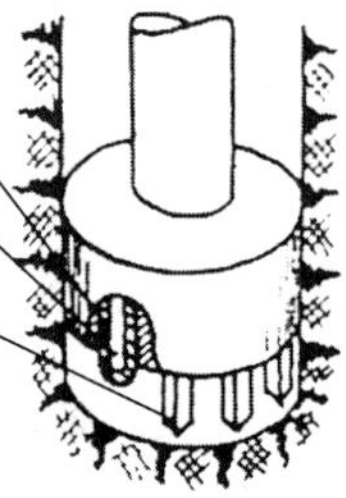

图 5.66　用气味代替机械检测

29．气体与液压结构

气体与液压结构原理：使用气体或液体代替物体的固体零部件，这些零部件可使用气体或水的膨胀，或空气或液体的静压缓冲功能。

例如，充满凝胶体的鞋底填充物，使鞋穿起来更舒服（见图 5.67）；液压钳（见图 5.68）；把车辆减速时的能量储存在液压系统中，然后在加速时使用这些能量。

图 5.67　气垫鞋

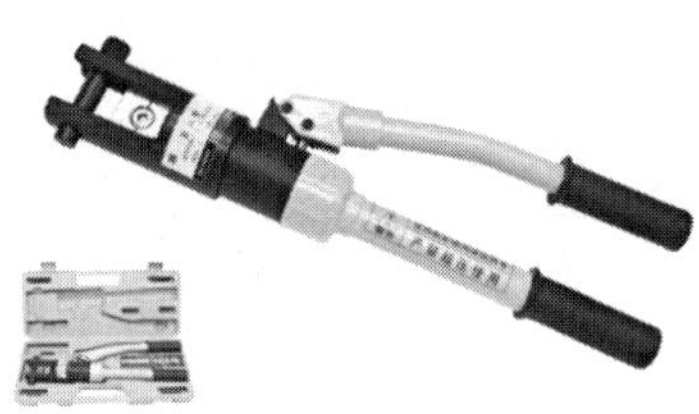

图 5.68　液压钳

30．柔性外壳和薄膜

柔性外壳和薄膜原理体现在两个方面。

（1）使用柔性外壳和薄膜代替传统结构。

例如，使用膨胀的（薄膜）结构作为冬天里网球场上空的遮盖；充气儿童城堡（见图 5.69）。

（2）用柔性外壳和薄膜把对象和外部环境隔开。

例如，公园的湖泊水面上供小朋友玩耍的水球（见图 5.70）。

图 5.69　充气儿童城堡

图 5.70　水球

31. 多孔材料

多孔材料原理体现在两个方面。

（1）使物体多孔或添加多孔元素（如插入、涂层等）。

例如，机翼用泡沫金属（见图 5.71）；在一个结构上钻孔以减轻重量。

（2）如果一个物体已经是多孔的，则利用这些孔引入有用的物质或功能。

例如，用多孔的金属网吸走接缝处多余的焊料；药棉利用多孔蘸药水（见图 5.72）。

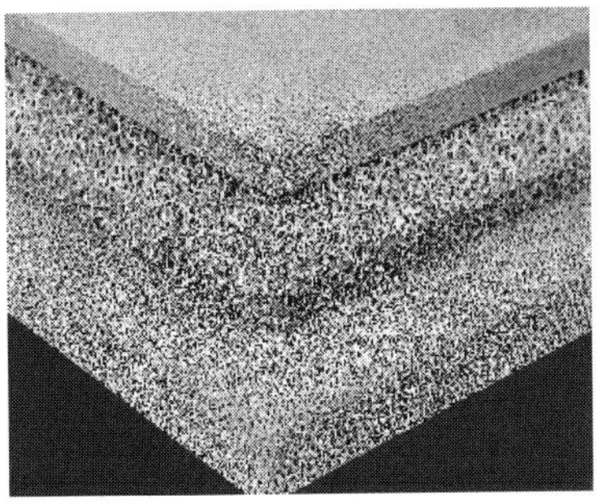

图 5.71　泡沫金属

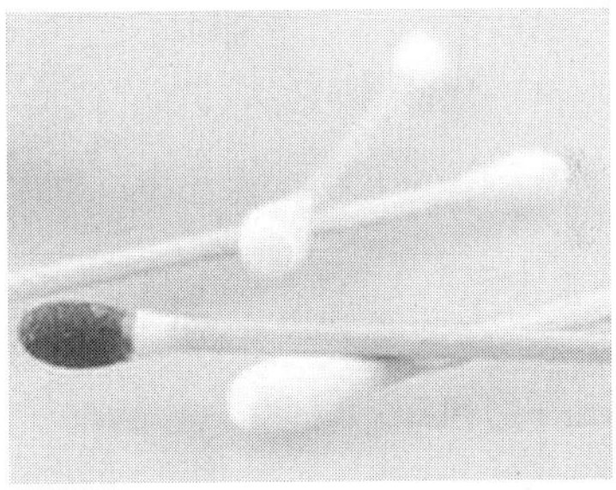

图 5.72　药棉

32. 改变颜色

改变颜色原理体现在 4 个方面。

（1）改变物体或周围环境的颜色。

例如，在冲洗照片的暗房中使用红色暗灯；感温汤匙（见图 5.73）。

（2）改变难以观察的物体或过程的透明度或可视性。

例如，感光玻璃；在半导体的处理过程中，采用照相平版印刷术将透明材料改成实心遮光板，同时，在丝绸网印花处理中，将遮盖材料从透明改成不透明；透明公厕（见图 5.74）。

（3）采用有颜色的添加剂，使不易观察的物体或过程容易观察到。

例如，研究水流实验中，给水加入颜料。

（4）如果已经加入了颜色添加剂，则借助发光迹线追踪物质。

图 5.73　感温汤匙

图 5.74　透明公厕

33. 同质性

同质性原理：将物体或与其相互作用的其他物体用同一种材料或特性相近的材料制作。

例如，冰激凌和装冰激凌的杯子（见图 5.75）都是可以吃的，使用与容纳物相同的材料来制造容器，以减少发生化学反应的机会；用金刚石制造钻石的切割工具。

图 5.75　冰激凌和装冰激凌的杯子

34. 抛弃与再生

抛弃与再生原理体现在两个方面。

（1）抛弃或改变物体中已经完成其功能和无用的部分（通过溶解、蒸发等手段）。

例如，在药品中使用消溶性胶囊；火箭飞行中的分离抛弃（见图 5.76）。

（2）在过程中迅速补充物体所消耗和减少的部分。

例如，自动铅笔（见图 5.77）；自动磨快割草机的刀片。

35. 物理/化学状态变化

物理/化学状态变化原理：改变物体的物理/化学状态，如浓度/密度、柔性、温度。

例如，在制作甜心糖果的过程中，先将液态的夹心冰冻，然后浸入溶化的巧克力中，这样避免处理杂乱、胶粘的热液体；

图 5.76 火箭分离

图 5.77 自动铅笔

将氧气、氮气或石油气从气态转换为液态，以减小体积，如液态石油气（见图 5.78）；液体肥皂（见图 5.79）是浓缩的，而且从使用的角度来看比固体肥皂更有黏性，更容易分配合适的用量，当多人使用时也更加卫生；用可调节的消音器来降低货物装入集装箱时的噪声，主要是限制集装箱壁的振动；使橡胶硫化（硬化）来改变其柔韧性和耐久性；将温度升高到居里点以上，将铁磁体改变成顺磁体通过升高温度来加工食物（改变食物的味道、香味、组织、化学性质等）；降低医学标本的温度来保存它们，以用于今后的研究。

图 5.78 液态石油气运输车

图 5.79 液体肥皂

36. 相变

相变原理：利用物体相变转换时发生的某种效应或现象（如热量的吸收或释放引起物体体积变化）。

例如，暖宝宝（见图 5.80），物质结晶时会释放之前所吸收的热量；阻水防洪的沙包（见图 5.81），加水 3 分钟，由 430 千克变成 20 千克的沙袋，轻便、易储存和搬运。

37. 热膨胀

热膨胀原理体现在两个方面。

① 利用热膨胀或热收缩的材料。

例如，过盈配合装配的产品（见图 5.82）；冷却内部件使之收缩，加热外部件使之膨胀，装配完成后恢复到常温，内、外件就实现了紧配合装配。

图 5.80　暖宝宝

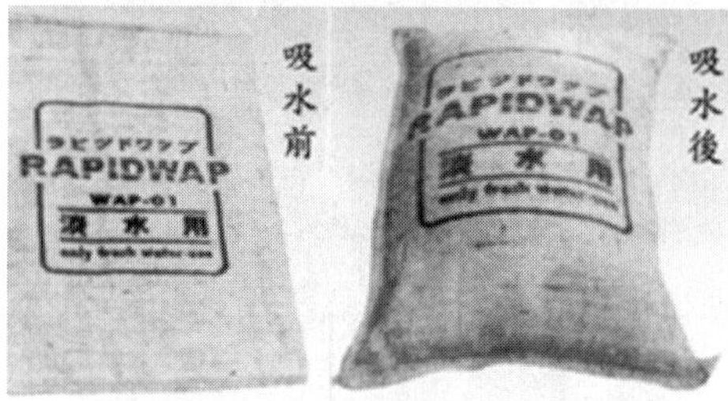

图 5.81　阻水防洪的沙包

（2）组合使用多种具有不同热膨胀系数的材料。

例如，双金属片传感器，使用两种不同膨胀系数的金属材料并连接在一起，当温度变化时双金属片会发生弯曲。

图 5.82　过盈配合装配的产品

38．加速氧化

加速氧化原理体现在 4 个方面。

（1）使用富氧空气代替普通空气。

例如，水下呼吸器中存储浓缩空气，以保持长久呼吸。

（2）使用纯氧代替富氧空气。

例如，用氧气乙炔火焰做高温切割；用高压氧气处理伤口（见图 5.83），既杀灭厌氧细胞，又帮助伤口愈合；炼钢时，在炼铁炉中加入纯氧（见图 5.84）。

图 5.83　用高压纯氧杀灭伤口细菌

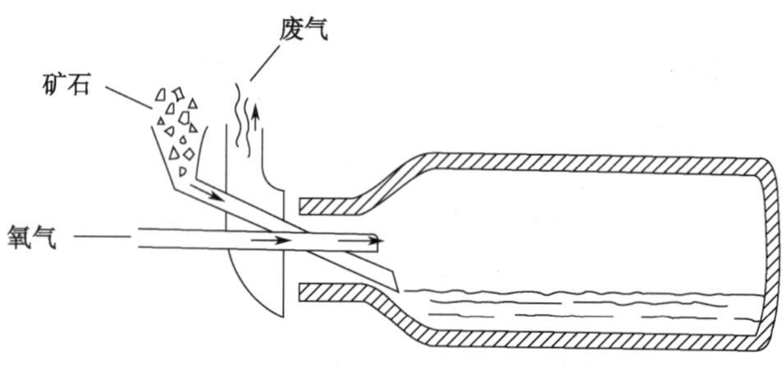

图 5.84　在炼铁炉中加入纯氧

（3）使用电离射线处理空气或氧气，使用电离子化的氧气。

例如，空气过滤器通过电离空气来捕获污染物。

（4）用臭氧代替离子化的空气。

例如，将臭氧溶于水中去除船体上的有机污染物。

39. 惰性环境

惰性环境原理体现在两个方面。

（1）用惰性气体环境代替通常环境。

例如，用氩气等惰性气体填充灯泡（见图 5.85），防止发热的金属灯丝氧化；为防止腐蚀，在大型轮船的所有内部空间均充上氮气。

（2）在真空中完成过程。

例如，在粉末状的清洁剂中添加惰性成分，以增加其体积，这样更易于用传统的工具来测量；真空包装（见图 5.86）。

图 5.85　惰性气体填充灯泡

图 5.86　真空包装

40. 复合材料

复合材料原理：从单一材料改成复合材料。

例如，复合的环氧树脂/碳素纤维高尔夫球杆（见图 5.87）更轻，强度更好，而且比金属更具有柔韧性。用作航空材料时也是相同的情况；玻璃纤维制成的冲浪板（见图 5.88）更轻、更容易控制，可做成各种不同的形状。

图 5.87　环氧树脂/碳素纤维高尔夫球杆

图 5.88　玻璃纤维冲浪板

5.2.5　物理矛盾及其解决方法

1. 物理矛盾及其表现

所谓物理矛盾，是指为了实现某种功能，一个子系统或元件应具有某种特性，但该特性出现的同时会产生与此相反的不利或有害的后果。

物理矛盾一般来说有两种表现。

（1）有害性能降低的同时导致该系统中有用性能的降低。

（2）有用性能增强的同时导致该系统中有害性能的增强。

2．物理矛盾的类型

（1）矛盾元素是通用工程参数，不同的设计条件对它提出了完全相反的要求。

例如，对于建筑领域，墙体的设计应该有足够的厚度以使其坚固。同时，墙体又要尽量薄以使建筑进程加快并且总重比较轻。

（2）矛盾元素是通用工程参数，不同的工况条件对它有着不同的要求。

例如，某个装置要实现温度达到100℃，又要实现温度达到200℃；灯泡的功率既要是25瓦，又要是100瓦。

（3）矛盾元素是非工程参数，不同的工况条件对它有着不同的要求。

例如，冰箱的门既要经常打开，又要经常保持关闭；道路上既要有十字路口，又要没有十字路口；歌咏比赛的奖项既要设立得多，又要设立得少等。

3．物理矛盾的解决方法

（1）空间分离：将矛盾双方分离在不同的空间，以降低解决问题的难度。当系统矛盾双方在某一空间只出现一方时，空间分离是可能的。

例如，测量海底时，将声呐探测器与船体空间分离，用以防止干扰，提高测试精度。又如，在快车道上方建立人行天桥，车流和人流各行其道，实现空间的分离。

（2）时间分离：将矛盾双方分离在不同的时间，以降低解决问题的难度。当系统矛盾双方在某一时间只出现一方时，时间分离是可能的。

例如，将飞机机翼设计成可调的活动机翼，以适应在飞行中各个时间段的不同要求。又如，为了解决用电高峰期电能紧缺的矛盾，进行时间分离，用电低峰时降低电价，鼓励人们低峰时间用电。

（3）条件分离：将矛盾双方在不同的条件下分离，以降低解决问题的难度。当系统矛盾双方在某一条件性下只出现一方时，条件分离是可能的。

例如，将水射流条件分离，给予不同的射流速度和压力，即可获得“软”的或“硬”的不同用途的射流，用于洗澡按摩或用作加工手段甚至用于武器。

（4）整体与部分分离：将矛盾双方在不同的层次分离，以降低解决问题的难度。当系统矛盾双方在系统层次只出现一方时，整体与部分分离是可能的。

例如，采用柔性生产线，以满足大众化和个性化市场需求的不同要求。

案例2：土地爷的哲学。

有一次土地爷外出，临行前嘱咐他的儿子替他在土地庙“当值”，并且一定要把前来祈祷者的话记下来。他走后，前前后后来了4个祈祷者。

一位船夫祈祷赶快刮风，以便乘风远航。

一位果农祈祷别刮风，避免把快成熟的果子给刮下来。

一个种地的农民祈祷赶紧下雨，以免耽误播种的季节。

一位商人祈祷千万别下雨，以便趁着好天气带着大量的货物赶路。

这下可难住了土地爷的儿子，他不知该怎么办才能满足这些人彼此不同的要求，只好把所有祈祷者的话都原封不动地记了下来。

很快，土地爷回来了，看了儿子的记录，哈哈一笑说，别愁眉苦脸了，照我的办法做就是了，肯定能满足他们各自的要求。土地爷提笔在上面批了 4 句话：

刮风莫到果树园，

刮风河边好行船；

白天天晴好走路，

夜晚下雨润良田。

如此一来，4 个不同的祈祷都如愿以偿、皆大欢喜。其实，土地爷的前两句话说的是风的“空间分离”，后两句话说的是雨的“时间分离”。

案例 3：一个欧洲鞋业公司遇到的难题。

某欧洲鞋业公司生产一种知名品牌的运动靴。为了节约生产成本，该公司把生产地点转移到了东南亚某个国家。

刚开始时生产工艺和质量控制得非常严格，一切似乎都很顺利。但是没过多久，问题出现了，管理者很快发现少数当地工人有偷靴子的行为。管理者曾多次公开警告，包括使用降薪、开除等管理手段，但始终难以奏效。

我们现在来分析一下这个欧洲鞋业公司遇到的问题。生产过程需要降低成本，因此需要让东南亚国家的当地人生产靴子，但是因为有当地工人偷靴子，所以又不能让当地工人生产靴子。在这里，“既要”又“不要”让当地工人生产靴子的矛盾出现了，这是一个典型的物理矛盾。

解决这个矛盾的资源，实际上就在这双靴子的本身。在咨询了技术创新专家以后，这个欧洲鞋业公司选择了如下的生产方案：生产地点还是选择在东南亚，但是，在某个国家生产左靴子，在另外一个国家生产右靴子，在第三个国家生产靴带子。对于生产地点来说，应用的空间分离原理；对于靴子来说，应用的是整体与部分的分离原理。此后，工人偷靴子的现象基本上就杜绝了。

同理，在生产诸如枪械等军工产品的时候，也常常采用把枪栓、撞针等零部件异地生产的方法，以避免在某一地枪支零部件丢失以后被窃贼装成整枪的危险。

案例 4：燃灶燃气输入控制。

分析问题：燃具工作时燃气的输入大小希望可控，从而减少能源的浪费。当加热锅时，应加大燃气输入量，当锅是空的或锅不在燃具上时，应仅输入少量燃气，起保温或保持炉火燃烧的功能。

物理矛盾提取：根据条件的不同，希望燃气输入可大可小，构成物理矛盾。

使用分离原理中的条件分离原理来解决，如图 5.89 所示。

（1）当锅被取走或锅内食物较轻时，移动杆受弹簧推力向上移动，移动杆上的控制孔与输气管道上的孔几乎封合，燃气输入会变小。

（2）当锅内装有食物放在此燃具上时，移动杆受锅的重力下移量增加，控制孔与主管上的孔口相连部分变大，输气量也随之变大。

案例 5：北京公交系统。

北京的公交目前存在以下问题。

（1）单路车因路线长而总是不按时到达。

（2）多路车因站牌在同一地点不得不在同一个行车道上拥堵占道。经常有很多公交车同时进站的情形发生。

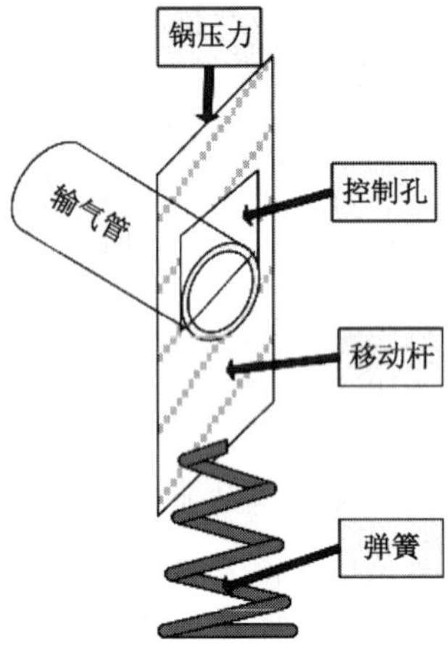

图 5.89　燃气输入示意图

（3）单路车为保证时间间隔短大量配车，而除上下班高峰时间外，开只有几人乘坐的空车。

（4）每次等车既费时，又费事，常常因有多辆公交车同时到站，乘客无法按正常次序乘车。

（5）站牌太多，字又小，经常因换乘公交车车站不在下车站附近而费尽周折。

TIRZ 法分析解决：

空间上分离：专用公交线，就像路上的无轨铁路。

时间上分离：高峰时段每 3 分钟发一次车，低谷时段每 10 分钟发一次车。

整体与部分的分离：部分单位可在上下班时租用专线公交车作班车。

基于条件的分离：设立公交车停车港湾，减少公交车停车时造成的道路拥堵。

5.3　物质–场模型分析及 ARIZ 算法简介

5.3.1　物质–场模型分析

1. 概念

引例：

提出问题：现有一枚钉子，要钉在墙壁上，怎么办？

构建解决问题模型：钉子（S1）、锤子（S2）、力（F）

TRIZ 认为：所有技术系统的功能都能分解成为 3 个基本元素（两个物质一个场）。

物质–场分析法是一种使用符号表达技术系统变换的建模技术，它以解决问题中的各种矛盾为中心，通过建立一种模型来描述系统内的问题，皆在用符号语言清楚地描述系统构成要素以及构成要素之间的相互联系。采用物质–场分析方法得到的系统模型简称物场模型。它是 TRIZ 法的重要分析工具，用来分析与现存技术有关的模型类型问题。

所有技术系统的作用是实现某种功能，所有的系统都可以分解为两个物质（S1，S2）

和一个场（F）。只有 3 个基本元件组成。

如图 5.90 所示，其中物质 S1 是系统动作的接受者，场 F 通过物质 S2 作用于物质 S1 并改变 S1。功能：手拿杯子。

图 5.90 物质-场模型

2. 物质与场的种类

物质的种类特指某种物品或实体，或者是无论简单的产品，还是高度复杂的技术系统。可以将它们理解为一种与任何结构、功能、形状、材质等各种复杂性质无关的对象，如房屋、空气、水、地球、太阳、计算机、手机、人等。

场泛指两个物体之间相互作用，如机械作用、热作用、化学作用、电作用、磁场作用、重力作用。这些作用在 TRIZ 中称为场。其命名以其能量类型冠名，如机械作用对应的为机械场，热作用对应热场。还包括泛指一个空间的场（技术场），如温度场、机械场、声场等，如拍打、支撑、毒害、加热、吸引等，都可以称为是物质-场分析中的一种“场”。

3. 物质-场模型的分类

相互作用是指在场与物质的相互作用与变化中，所实现的某种特定功能。针对不同的问题类型，可以用 4 种不同的物质-场模型来描述。

（1）有用并且充分的相互作用。

例如，手拿杯子，杯子稳稳地握在手中。

理想的物质-场类型，实现功能的 3 个元素相互作用有用且充分。

（2）有用但不充分的相互作用。

例如，手拿杯子，杯子没拿稳下滑。

实现功能的 3 个元素齐全，但相互作用未能实现或部分实现，手与杯子之间的相互作用就是有用但不充分的。

（3）有用但过渡的相互作用。

例如，手拿杯子，杯子变形。

实现功能的 3 个要素齐全，相互作用效应过渡。手用力过度，杯子变形，属于有用但过渡的相互作用。

（4）有害的相互作用。

例如，手拿杯子，手被杯子割破。

实现功能的 3 个要素齐全，产生的作用与预期相反。手与杯子之间的相互作用为有害的相互作用。

相互作用是指在场与物质的相互作用与变化中，所实现的某种特定功能。针对不同的问题类型，可以用 4 种不同的物质-场模型来描述。

4. 物质-场模型的作用

一个技术系统，至少需要由物质和场两个必不可少的元素构成。物质通过场，最终实现系统的功能；而场则以物质作为作用的依托，二者缺一不可。不仅是超系统、系统乃至子系统，真正的系统结构，都少不了物质和场这两种“分子”。显然，以物质和场作为基本元素的物质-场分析法，也直接解决发明创造问题的本质所在。物质与场包含了一个技术系统中最重要的东西。物质-场分析法已把一个技术系统分解到“物”和“场”这种“分子”的级别，显然是一种最细致的分析方法。

在技术创新中应用物质-场分析法的作用如下。

（1）能正确地描述产品或技术系统的构成要素以及构成要素之间的相互联系，从而使技术人员能正确地理解系统问题的所在。

（2）通过改变功能载体、功能作用体，以及它们之间的相互作用，来变换物质-场模型，从而追踪实现技术创新。

（3）快速满足市场需求和及时正确地运用技术，为技术创新的具体实践提供了有效的方法。

5. 物质-场模型的应用实例

以旧自行车车况改善为例。

自行车成为绿色环保、健康的运动，故维修自行车，使之变得更加轻便就成为系统提出的问题，下面将用物质-场模型分开方法来解决这个问题。

1. 定义系统的总功能

此系统的总功能是整体自行车系统。

2. 进行功能分解，并确定主要功能

按照其功能的不同，整体自行车系统可以分为驱动系统、传动系统、执行系统和控制系统，其中执行系统是其主要功能，并且自行车的轻便与否也绝大部分取决于它。

3. 建立系统的功能模型

由于执行系统起主要作用，功能复杂，限于篇幅，这里只讨论执行系统的改善。

（1）识别元件。

车轮为S1，转轴为S2，车链传动来的机械能为F。

（2）构造模型。

根据本模型所给出的三元件构造的物质-场模型，对系统的完整性、有效性进行评价，系统元件不缺少，但是每个元件的运行效率没有达到最佳。

（3）考虑解决方案，从标准解中选择一个合适的解。

在76种标准中，发现第五类标准中有引入物质的解。因此，在传动装置和车轮与转轴之间都添加润滑油，减少其摩擦损耗，从而达到提高自行车轻便度的目标。

其中车轮为S1，转轴为S2，车链传动来的机械能为F，润滑剂为S3，系统原为效应不足的系统，经过润滑剂的添加，使场的作用更好地进行传导，从而使效应增强，得到有效完整的系统。

标准解中的第三类标准解介绍的传递到双系统和多系统的解也可以运用其中，如显示出现的挡速可调自行车，通过将运动系统的单系统变为含有运动系统和传递高档功能系统

的双系统，从而达到改善其行使状况的目的。

（4）进一步发展这个概念，以支持所有解决方案。

在现实使用中，大家可以选择不同的润滑剂以实现系统性能的目的，可以综合考虑润滑剂的效果、价格、耐久性以及添加难易程度，从而综合选择最佳方案。

5.3.2　ARIZ 算法简介

1．ARIZ 算法的背景介绍

ARIZ 算法的全称为 Algorithm for Inventive-Problem Solving，是 TRIZ 中最强有力的解决发明问题工具，其目标是解决物理矛盾，专门用于解决复杂、困难的发明问题。

在经历了不断完善和发展的过程后，ARIZ 算法以其易操作性、系统性、实用性以及易流程化等特性，成为 TRIZ 理论的重要支撑。对于那些问题情境复杂，矛盾不明显的非标准发明问题，它显得更加有效和可行，因此在全球创新科学研究与应用领域占据着首屈一指的地位。

ARIZ 算法本身过于复杂，不宜掌握，对使用者的要求较高，其应用远不及 TRIZ 其他方法工具那样广泛。

2．ARIZ 算法的主导思想和观点

（1）矛盾理论。

（2）克服对问题的思维定势。

① 将初始问题转化为“缩小问题”（Mini-Problem）和“扩大问题”（Maxi-Problem）两种形式。

② 系统变化方法。

③ 强调应用系统内外和超系统的所有可用资源。

（3）集成应用 TRIZ 法中大多数工具。

（4）充分利用 TRIZ 法效应库和实例库，并不断扩充实例库。

3．ARIZ 算法的流程

如图 5.91 所示，ARIZ 算法的流程可分为 9 个步骤。

步骤 1：分析与表述问题。

步骤 2：抽象提取技术矛盾。

步骤 3：抽象提取物理矛盾。

步骤 4：建立物质-场模型。

步骤 5：ARIZ 需求功能分析。

步骤 6：扩大思维领域。

步骤 7：原理解的具体化。

步骤 8：评价判断原理是否为最优解。

步骤 9：分析解的典型程度。

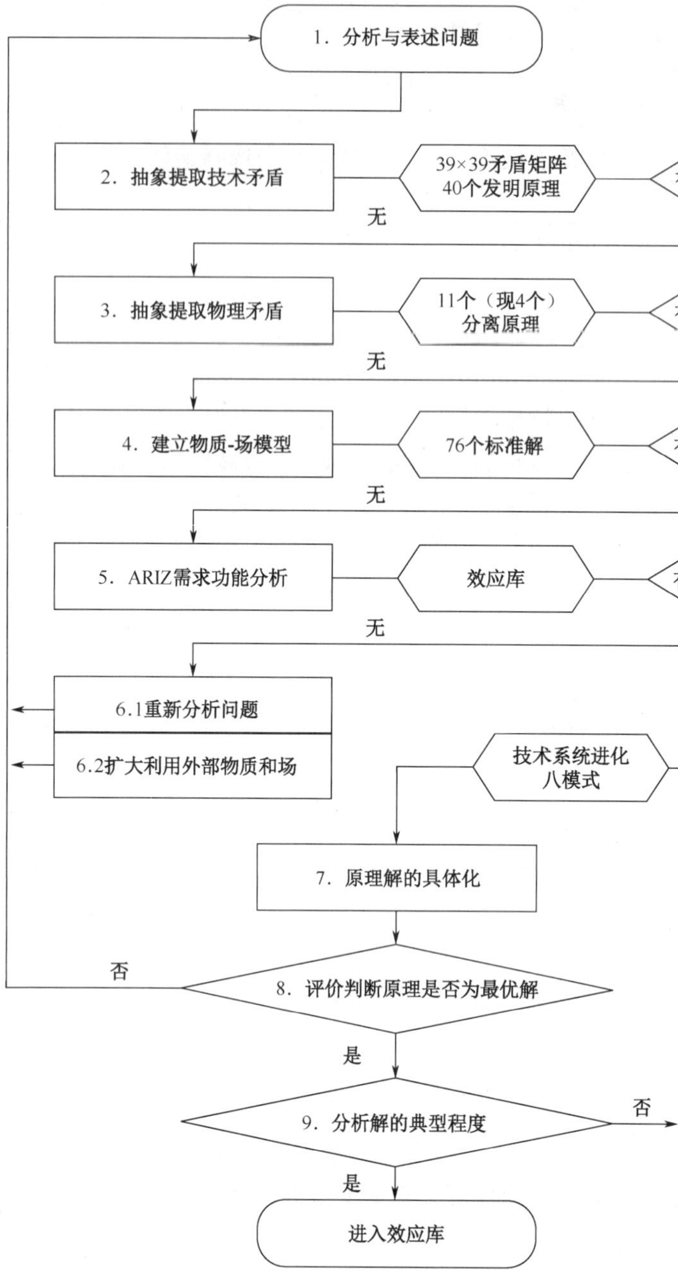

图 5.91　ARIZ 算法的流程

4. ARIZ 的基本术语

ARIZ 的基本术语有最小问题（Mini 问题）、最大问题（Maxi 问题）、非专业术语描述方法、X 元素。

（1）最小问题与最大问题。

ARIZ 强调首先利用系统内最廉价的资源实现理想解，另外，解决问题又不能禁锢思维，为此提出了定义“最小问题”和“最大问题”。

最小问题：用最小问题来表达初始问题，系统不引入新的资源，或很少的资源，以最小的改动能够实现有用功能，消除有害功能；或通过系统改动消除有害功能而不影响主要有用功能。不增加系统的复杂性。

最大问题：用最大问题来表达后续问题，对可选择的变量不加约束，不用考虑成本等其他因素，目的是激发解决问题的新思路。

最小问题获得产品短期改进措施，适用于产品进化的成长期，如图 5.92 所示；

最大问题获得产品长期发展战略，适用于产品进化阶段的成熟期，以期改变产品的原有模式。

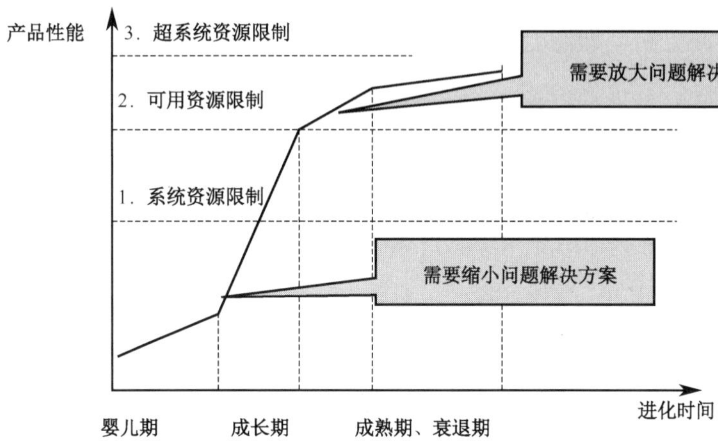

图 5.92　最小、最大问题的适用时期

（2）为什么要用非专业术语表述问题？

专业术语往往禁锢人的思维，在问题情景描述中，可能会隐藏元件的某些特性，隐藏了真实需求，限制了物质可能存在的多种状态。例如，使用术语"油漆"，将导致人们只想到液体或固体油漆，然而油漆也可能是气态的。

（3）X 元素是指什么？

用来简化 IFR 的定义，其公式化描述为：该 X 元素，自身没有任何有害副作用，可以消除系统的<某一有害作用>，同时保持系统的<有用作用>。

5. ARIZ 算法的特色

（1）ARIZ 致力于克服思维约束。

（2）ARIZ 包含对理想解的思考。

（3）ARIZ 善于利用资源。

ARIZ 算法强调矛盾的消除要最大限度地利用系统内外资源并借助物理学、化学、几何学等工程学原理，需要用到 ARIZ 算法思想中的系统变化的思想。需要充分考虑系统内部的子系统以及系统所处的超系统。还要利用 7 种类型的资源：物质、能量/场效果、可用空间、可用时间、物体结构、系统功能和系统参数。

6. ARIZ 算法的不足

（1）ARIZ 算法的分析比较困难，需要使用者具有一定的知识和经验积累。其"最小问题""系统矛盾""问题模型""理想解"和"可用资源"等都不容易建立。并且不同的人有不同的观点，无法快速分辨不同观点的优劣。

（2）复杂问题往往包含多个矛盾，各个矛盾之间甚至也会互相影响，此消彼长，很难一下子掌握、得出主要矛盾。用 ARIZ 算法解决复杂矛盾具有一定的局限性。

（3）ARIZ 算法比较适用于解决详细具体的技术问题，对概念性设计和技术发展趋势的预见性不足。

7. ARIZ 算法的运用（8 个步骤）

（1）定义最小问题。不对系统做大的改变。

（2）发掘系统矛盾。ARIZ 算法成功与否的关键就在于正确地分析表达矛盾。

（3）建立问题模型。可以类似对比运用物质-场模型的知识。

（4）领域和资源分析。即综合考虑各方面的资源，分析矛盾的解决中对资源的有效应用。

（5）参照技术系统进化的 8 个模式确定理想解。

（6）分析存在的物理矛盾。

（7）物理矛盾的解决对策。

（8）总结评价问题解决情况和系统改善状况。

通过实例来熟悉 ARIZ 的运用。

案例 6：人力动力飞机设计。

步骤 1：确定最小问题。

人力动力飞机系统中的主要有用功能是使人（与飞机）获得离开地面，设计机翼就是为了实现上述有用功能。但是在目前，机翼提供的有用功能<上升力>不足，因而最小问题是<提供上升力>。

步骤 2：确定问题的操作区域和时间范围。

（1）确定问题的操作区域。

飞机一半的部分可以被确定为问题的操作区域。包括紧靠飞机周围的被螺旋桨推动的大气，也包括解决机翼下方的地面。因为飞机是在低空飞行的，如图 5.93 虚线内的部分所示（通常飞机是对称的，所以用系统一半区域的最小尺寸是合理的）。

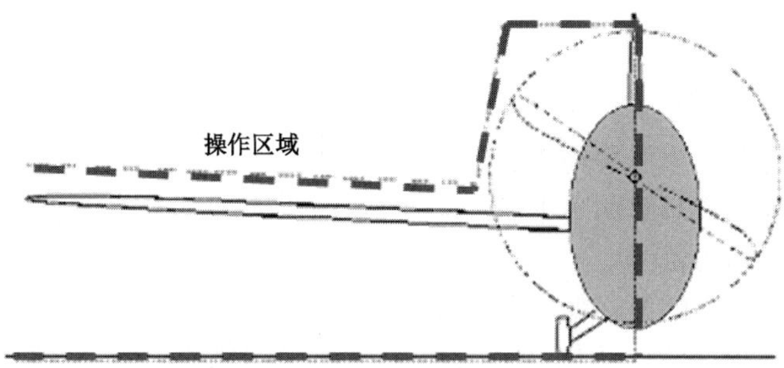

图 5.93　人力动力飞机机翼的操作区域

（2）确定问题的时间范围。

就是确定发生矛盾与即将发生矛盾的时间点，这里，我们有两个选择。

第一，确定问题的时间范围第一，当飞行员疲惫时，飞机开始的上升力是不足的，逗留在空中飞机的机翼必须产生足够的上升力。

第二，当飞机正处在起飞的瞬间，飞机即将离开地面前，起落架尚在地面上时，有足够的上升力，然而在飞机离开地面后的瞬间，机翼提供的上升力与飞机的重量相平衡时，又转为不足够的上升力。

任选后者作为分析用时间范围合适的聚焦点。后者意味着飞机在空中的，所有的时间上升力不足，并不仅是飞行员疲惫时。我们挑选了后者的一种——第一种情况的问题是也必然解决了。

步骤 3：确定技术矛盾。

为了识别技术矛盾，我们需要围绕机翼问题进行功能属性分析，上升力是由机翼唯一传递的功能，检视机翼的功能和属性，如图 5.94 所示。

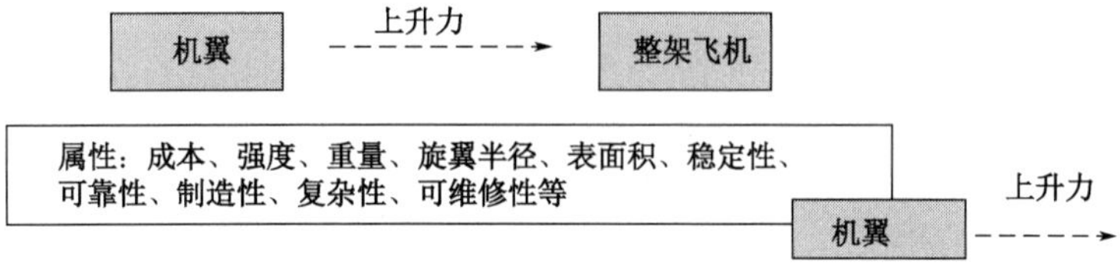

图 5.94　机翼的功能与属性

从属性中寻找（至少一项）相对于＜增加升力＞的技术矛盾：力 VS 重量，我们想改善＜升力＞，但是＜重量＞阻碍我们。

步骤 4：确定物理矛盾。

围绕机翼中心，该物理矛盾就是：我要机翼（唯独机翼可以提供上升力）和我不要机翼（因为它重）。

步骤 5：确定最终理想结果。

我获得了要求条件的机翼和要求条件的没有机翼，而系统没有复杂化。

步骤 6：确定 X-部件。

确定的 X-部件可以消除＜上升力不足＞的负面功能，和/或解决＜有和没有机翼＞的物理矛盾。

步骤 7：资源分析。

（1）基于 9 窗格的资源探索一览表。

（2）对照 X-组件探索资源，首先从操作区域和时间范围内开始，然后以边界范围为界，逐渐地向外扩展，如图 5.95 所示。

3 个不同研究区域的资源分析如表 5.4 所示。表上划分有两列专栏，第 1 列列出识别研究问题中的资源；第 2 列是来自进化趋势，以分析进化潜能为基础而出现的资源。

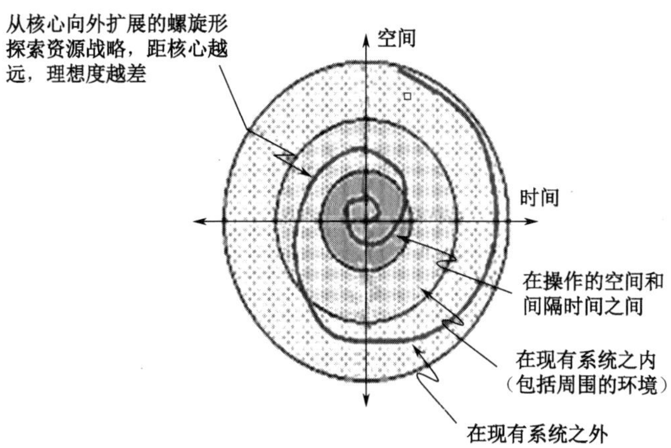

图 5.95　资源分析图

表 5.4 区域/时间资源分析表

区域/时间	物质和场资源 （来自探索的问题）	进化潜能资源 （来自进化趋势）
作业区域和时间范围内	地面效应；机翼气穴内侧空气；螺旋桨形成的涡流；空中翼面操纵机构；机翼的长度现场起落架支撑；翼梢上方的渗漏	机翼上方光滑的表面；机翼梁的整体断面（包括泡沫金属结构）；机翼表面没有利用的色彩；匹配的不平衡度；反向接合/向内弯曲系统；大量的 2D 结构（加垂直的尺寸，如小翼）；摇摆的机翼；在翼梢表面的机身特性（好比在机身中）；还有弯曲处
整个飞机系统内	飞行员身体的热量；飞行员呼吸；从踏板向螺旋桨传递的能量（有些是非直接的）；来自机身的上升力；飞机尾翼和翅片	机身的光滑表面；反向接合/向内弯曲的机身；机翼梁的整体断面；机械控制操纵机构（趁着光飞行）；来自螺旋桨不平衡的气流；变速的螺旋桨
系统外	太阳；来自热的地面的热量；砂粒质结构组合的弹性钢索帮助支撑机翼；比大气轻的气体	

步骤 8：改善资源。

通过对资源进行再分析，获取资源的最大化运用，为眼前问题如何结合资源获得利益叠加结果。例如：利用太阳能加热机翼空穴内的空气——为了吸收最大的热量，机翼一半做成透明的，另一半做成不透明的。

将由转轮踏板向螺旋桨传递的一小部分能量用来转换为驱动一台小的风机，小风机吹出非常小量的风掠过机翼的表面（或一部分），用以提高 4 倍上升力效率，从而使得考虑缩短机翼半径成为可能。基于上升力特性，因为缩短机翼半径，力矩比较小，意味着在机翼的根部，只需要很少的构架，因为机翼根部力矩对支撑会减少许多。由此，机翼的重量也获得了降低。

步骤 9：应用原理消除物理矛盾。

利用空间、时间和状态分离的方法，可以获得消除＜要机翼和不要机翼问题＞的物理矛盾。

空间分离：我要机翼靠近机身（小力矩）和我要远离机身很长一段距离的机翼（大力矩）。

时间分离：在高速形成足够的上升力时我要机翼；在飞机加速沿着跑道滑行期间或当飞机起飞的期间，我不要机翼。

条件分离：我要上升时，我要机翼；不需要上升时，我就不要机翼。

应用第 4 种消除物理矛盾的方法＜向另一个系统跃迁＞的方法，将同样会产生几个解决方案。

8. 利用发明原理消除技术矛盾

在步骤 3 中确定了上升力（在矩阵中是＜力＞）和重量之间的技术矛盾。当我们已经明确上升力不足时，力就是我们试图改善的参数，重量妨碍了我们从而使情况进一步恶化。因为在这个系统中，确定的是相对的运动（空气在机翼上面，机翼在地面上），我们应该选择＜运动物体的重量＞为恶化的参数。通过查矩阵，获得原理 8 重量补偿、原理 1 分割、原理 37 热膨胀和原理 18 机械振动，作为最有希望消除矛盾的策略。

9．利用知识/效应

我们研究的焦点是增强上升力，搜寻效应知识库，了解来自传递上升力的“机翼”以外的其他增强上升力功能的场的各种方法。

10．问题是否已解决

此例实际已经解决，假如没找到适当的解决方式，则应回到前述 1～9 步骤，反复多次，检视其他问题的定义与机会，直到对你的实际问题是什么获得了清晰的见解，并产生了希望的一些优秀的解法。

思 考 题

1. 用物质-场模型解决钢水混合物的改进方案。
2. 利用 ARIZ 算法解决安瓿药瓶封口的问题。

延伸训练

2008 年年初的一场大雪和严寒令国人印象深刻，电线上堆积的冰凌和大雪压断了电线，甚至压倒了电线杆和电线铁塔。能否通过设计技术方案，解决这个问题，避免类似悲剧的重现？

首先分析技术矛盾，此问题没有明显的技术矛盾。

再次提取物理矛盾：在气温零摄氏度以下的下雪天，电线上必然会堆雪，雪会生成冰凌。但人们又希望电线上没有雪。电线上存在雪和不应该存在雪构成了物理矛盾。

解决矛盾的原理：物理矛盾可采用 4 个分离原理解决。但苦思冥想后没有得出实际有效的解法。

结论：通过技术矛盾和物理矛盾解决办法难以奏效。

（1）提取物质-场模型。

S2：雪和冰凌。

F：在导线中有电流，交变电流会在导线周围产生电磁场。

结论：缺少元件，无法建立物质-场模型。

（2）解决方案。

首先应该补充物 S1，使得 S1、S2 和 F 构成基本的物质-场模型，如图 5.96 所示。如果场 F 作用于物 S1，物 S1 使得 S2 融化而离开电线即可解决矛盾。

参考附录 C 提供的效应指南 6.6 电磁效应（2）涡流效应：“冰箱中冰霜的解冻”，得知交变电磁场可在磁性物体中产生磁涡流而因磁阻转化为热量，机械行业中的高频淬火就是此原理。又查到磁性材料有居里点一说，即材料温度在居里温度以下有磁性，高于居里温度为顺磁。

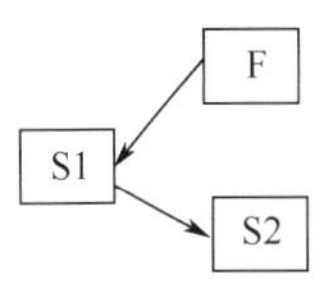

图 5.96 物质-场模型 1

（3）得到解决问题的方案。

高压线中都存在高压交变电流，在电线上加一个磁性材料做成的套，一般情况下温度高，磁性材料为顺磁性，导线有电时套中无电磁涡流。但当温度低于居里点时，磁性材料表现为磁性，导线通电时套中产生磁涡流进而产生热，堆积在套表面的雪融化、脱离，矛盾得以解决。

进一步查当前磁性材料，发现纯钛酸钡的居里点在60℃～80℃，太高。希望能有居里点在0℃～5℃的磁性材料。

（4）结论。

有待寻找低居里点的磁性材料。

本解决方案采用了类似机械行业高频淬火的办法，解决了导线上雪的解冻问题，跨行业，属于三级发明问题。同时考虑能否应用到其他行业。

引申应用

（1）问题：在谷粒中常会掺杂一些害虫和虫卵，如果加热谷物到一定温度，如65℃左右，虫和卵都会死亡，而谷物不至于加热变熟。但加热方法会消耗大量的电能，局部的高温还会使部分谷物变熟。

（2）解决方法：在谷物中掺入居里点为65℃的含钛酸钡的导电砂，在交变磁场中，导电砂在温度小于65℃时产生电磁涡流，加热周围的谷物。而当温度达到65℃时，导电砂变为顺磁性，不再产生电磁涡流，可以使谷物温度不超过65℃。随后在65℃以下时，用恒定磁场吸走导电砂，谷物就得以清洁。其物质-场模型如图5.97所示。

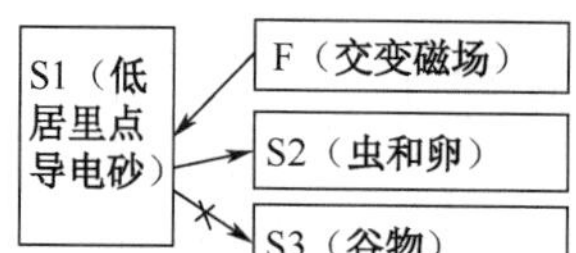

图5.97　物质-场模型2

5.4　TRIZ应用实例

5.4.1　升降定位式燃气灶

升降定位式燃气灶的结构如图5.98所示。

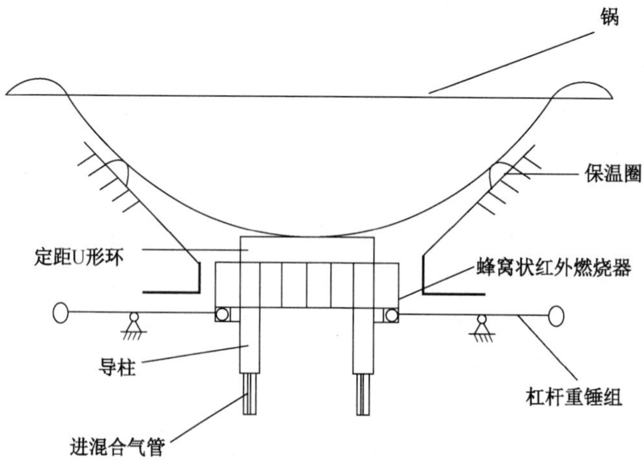

图5.98　升降定位式燃气灶的结构

燃气灶具和锅是一个小型技术系统，在功能域层面，具有燃气燃烧产生热量、热量传导到锅和抵御外界干扰 3 项功能。在物理域层面，由被加热的锅、支锅的支架、燃烧火焰和燃烧器四部分组成。物理域的 4 个部分保证功能域的最优实现。

在现有燃气灶中，燃气的燃烧一般比较充分，不必做大的调整，而应该在以下 3 个方面提出创新措施。

（1）由于锅底的形状和大小不同，锅底接触火焰的程度不同，影响加热效率。

（2）并且家用燃气灶是一个开放的系统，外界环境气流会影响火焰的稳定性。

（3）外界环境气流会带走一部分燃烧热。

1. 第一对矛盾

现有结构锅底与燃烧器的距离随锅底的尺寸和形状不同而改变，火焰不能以最优的方式把热量传给锅。查 TRIZ，得到通用工程参数 32（可制造性）和通用工程参数 22（能量损失）之间构成矛盾对（见表 5.5（一））。

表 5.5 矛盾矩阵表（一）

通用工程参数		运动物体的质量	静止物体的质量	运动物体的长度	能量损失
		1	2	3	22
1	运动物体的质量	+		15，8，29，34	…
2	静止物体的质量		+		…
3	运动物体的长度	8，15，29，34		+	…
32	可制造性	…	…	…	19，35

查矛盾矩阵，得到解决矛盾的发明创新原理是 19（周期性动作原理）和创新原理 35（物理/化学状态变化）。两个发明创新原理结合在一起思考，可以得到锅底与燃烧器之间应该解决尺寸周期性变化时保持稳定距离的问题。

采用发明创新原理 19 和创新原理 35 的组合，随锅底尺寸和形状的变动，锅底与火焰的距离基本不变，采用支架可移动或者火焰可移动的方法。本例采用了燃烧器可随锅底升降的方法。

2. 第二对矛盾

燃气灶的火焰长，外界气流影响火焰的稳定，造成系统对环境有害因素的高度敏感和火焰静尺寸变化的矛盾。这是通用工程参数 30（物体外部有害因素作用的敏感性）和通用工程参数 4（静止物体的长度）之间的矛盾（见表 5.6（二））。

表 5.6 矛盾矩阵表（二）

通用工程参数		运动物体的质量	静止物体的质量	运动物体的长度	静止物体的长度
		1	2	3	4
1	运动物体的质量	+		15，8，29，34	…
2	静止物体的质量		+		…
3	运动物体的长度	8，15，29，34		+	…
30	物体外部有害因素作用的敏感性	…	…	…	1，18

查矛盾矩阵，对应解决矛盾的发明创新原理为 1（分割）和 18（机械振动）。分割原理

在这里理解为把火焰分为细小区域，利用机械振动在此不适合。

应把火焰分割成细小区域，增加稳定性。用陶瓷红外燃料器代替普通燃烧器喷头，设置几十个小孔为燃烧孔，燃烧充分稳定。

3．第三对矛盾

燃气灶是开放的技术系统，环境里空气会与系统内热气进行交换带走热量，从而构成 35（适应性及多样性）和 22（能量损失）的矛盾（见表 5.7（三））。

查矛盾矩阵，创新原理编号 18、15、1，分别是利用机械振动、动态化和分割。利用机械振动在此不适合，分割可以把燃气灶系统和外界环境分离开来，且是动态可变的。在支架上设置金属保温圈罩，随锅底变化可取用不同大小的保温圈罩。

表 5.7　矛盾矩阵表（三）

通用工程参数		运动物体的质量	静止物体的质量	运动物体的长度	能量损失
		1	2	3	22
1	运动物体的质量	+		15，8，29，34	…
2	静止物体的质量		+		…
3	运动物体的长度	8，15，29，34		+	…
35	适应性及多样性	…	…	…	1，15，18

5.4.2　防弹衣

纤维织成的防弹衣用于保护执法人员和军事人员免于遭受手枪子弹的袭击。纤维织成的防弹衣由于有多层纤维结构层，具有层叠式结构。纤维在结构层内相互以适当的角度定向排列。为了使纤维织成的防弹衣具有足够的防护能力，这种防弹衣必须具有足够的厚度，增加防弹衣的厚度会使其重量增加，灵活性降低。此外，使用这种厚重的防弹衣的人员也不能充分通风。换句话说，较厚的防弹衣穿着时不太方便。由此定义技术矛盾：增加运动物体的长度（防弹衣的厚度）会降低操作流程的方便性（防弹衣的舒适性）。

通过查询 39×39 矛盾矩阵，得知可能的解集是 M3，33=[15，29，35，4]4 个发明创新原理。

应用第 4 号增加不对称性原理，将物体的对称形式变为不对称形式，使防弹衣的纤维呈不对称定向排列。每层纤维以相对于前一层作 20°～70°范围的不同角度旋转，将纤维织各层间制造成定向转动的排列形式。

沿子弹飞行方向排列的大部分纤维可以确保防弹衣在受子弹冲击的方向具有更高的强度。防弹衣的厚度和重量减小了。通过减小防弹衣的厚度提高了其舒适性，同时不会降低防弹衣的保护效果。

5.4.3　飞机机翼的变革

应用背景：早期的飞机机翼都是平直的。最初是矩形机翼，很容易制作。但由于其翼端宽，会给飞机带来阻力，严重地影响了飞机的飞行速度。之后开发出梯形翼，大大提高了飞机速度。然后，西方发达国家的喷气式飞机先后上天。飞机开始进入喷气式时代，其飞行速度迅速提高，很快接近音速。机翼上出现激波，使机翼表面的空气压力发生变化。但是同时飞机阻力骤然剧增，比低速飞行时大十几倍甚至几十倍，这就是所谓的音障。为了突破音障，许多国家都在研制新型机翼。德国人发现，把机翼做成向后掠的形式，像燕子的翅膀一样，可以延迟激波的产生，缓和飞机接近音速时的不稳定现象。但是，向后掠的机翼比不向后掠的平直机翼，在同样的条件下产生的升力小，这给飞机的起飞、着陆和巡航都带来了不利的影响，浪费了很多燃料。能否设计一种适应各种飞行速度，具有快慢兼顾特点的机翼呢？这成为当时航空界面临的最大课题。

如何使用技术矛盾来分析该问题：速度提高和运动物体能耗增加之间的矛盾 M9，19=[8，15，35，38]。综合考虑后，选择以下两条发明创新原理。

创新原理 15：动态化。

创新原理 35：物理/化学状态变化。

改变飞机的飞行形态，即在不同的飞行状态下得到不同的气动外形，可以在很大程度上节约不必要的能耗。根据创新原理 35 和创新原理给出的启示，将飞机的机翼做成活动部件。起飞和降落过程中使用平直翼，在低速飞行中可得到较大的升力，从而缩短跑道的长度，借此节约了能量；而高速飞行过程使用三角翼可以轻易地突破音障，减轻机翼的受力，提高飞机高速飞行的强度，也降低了能量的消耗。

实际应用中，设计者设计成功了在当时是新型的 F-111 变后掠翼战斗轰炸机（见图 5.99），这是世界是第一架应用变后掠翼设计思想的飞机。F-111 战斗机处在起飞阶段，机翼呈平直状，获得了较大的升力，良好的低速特性，从而有效地解决了飞机在低速度状态下速度与能量之间的矛盾。F-111 在云层之上高速飞行，两翼后掠减小阻力，从而减小了能耗，缓和了飞机接近音速时的不稳定现象，使飞机能够达到更高的速度。该飞机可在不同的速度之下采用不同的后掠角，以适应当前的飞行速度。

图 5.99　F-111 战斗机

5.4.4　消防服的改进

应用背景：过去，消防员用他们的大胡子过滤浓烟，用他们裸露的双手和耳朵感觉温度。今天，消防员有了特殊的，可以保护他们在火灾区工作更长时间的专用消防装置；但是另一方面，这又阻碍了消防员及时察觉火焰所产生的强烈而危险的热。专用消防装备，如消防夹克，虽然可以防火隔热，但是如果火区温度过高，超过消防夹克所能承受的极限，消防员的身体就会被高温灼伤。此外，消防员的身体还有可能被高温的水蒸气灼伤，有可能被浓烟熏倒甚至丧失生命。

为了保护消防员，发明了温度探测器，该系统可以探测温度，并且在温度过高时发出警报。然而，现在市场上的温度探测器质量大，体积大，不够灵敏或探测的温度不够准确，而且，一个探测器只能探测某一部位的温度，不能全面而准确地报告内衣上的温度。

同样，湿度探测器可以探测湿度，当空气中的水蒸气过多，造成伤害时，探测器将报警。但在应用中，也存在同温度探测器一样的问题。

1. 技术矛盾解决思路

应用 TRIZ 法原理，根据 TRIZ 法的 39 个通用工程参数分析，得到两组技术矛盾：①提高测定精度，但增加了系统的质量；②提高测定精度，但增大了系统的体积。

分别对这两组技术矛盾运用技术矛盾解决矩阵，得到发明创新原理提示以开拓思路。

（1）提高测定精度，但增加了系统的质量。

矛盾矩阵：M28，2=[28，35，25，26]，即以下发明创新原理。

创新原理 28：机械系统的替代原理。

创新原理 35：物理/化学状态变化原理。

创新原理 25：自服务原理。

创新原理 26：复制原理。

（2）提高测定精度，但增大了系统的体积。

矛盾矩阵：M28，7=[32，13，6]，即以下发明创新原理。

创新原理 32：改变颜色。

创新原理 13：逆向思维。

创新原理 6：多用性。

2. 物理矛盾的解决思路

应用 TRIZ 理论的分离原则。分离原则包含两个方面。

（1）时间分离。

不是任何时刻都需要探测系统，在不很重要或不很关键的时候，无须使用探测系统，探测系统的使用取决于外部条件。

（2）空间分离。

针对实际问题来进行不同分析：探测系统应该能够被分成几个部分，不同的部分有不同的设计使用方法，故解决方案也不相同。

3. 最终的解决方案

（1）针对探测器的技术矛盾，应用了发明创新原理 28 和创新原理 6。

应用发明创新原理 28：在消防夹克上安装能发送信息给中央处理器的无线传感器。这样，只需一个电池和报警器即能满足要求。

应用发明创新原理 6：温度探测、湿度探测和当危险发生时（如被浓烟熏倒）报警的功能分别由不同的探测器完成，把不同功能的探测器合并成一台综合探测器。通过金属线把各探测器内部的传感器相互连接起来，这些传感器通过金属线连接到中央处理单元。

（2）解决探测器的物理矛盾，应用了分离原则。

把探测器中较沉重的部分（电池/报警器）设计为可移动、可卸载而且较轻的传感器缝在夹克里。信息由无线传感器发送。

结论：应用以上两个发明创新原理和分离原则，最终得到解决方案并已形成产品，这就是聪明夹克。它功能齐全，并且重量轻、易于携带、探测准确，有效地保护了消防员的人身安全，且不妨碍消防员的活动。

思 考 题

1. 请简述 TRIZ 的核心思想和解题模式。
2. 列举生活或学习中的例子，说明存在的问题，并应用 TRIZ 理论给出解决办法。
3. 每逢下大雪，机场需要用强力鼓风机来清除跑道上的积雪。如果积雪很厚，强力鼓风机往往也不能有效地清除积雪，这里的技术矛盾是什么？

延伸训练

TRIZ 故事 1——通红的玻璃板

在玻璃批量生产线上，对玻璃先进行加热再进行加工，加工完成后的玻璃仍处于通红状态，需要将其输送到指定位置直至冷却下来。

现在的问题是，因为玻璃还处于高温，呈现柔软的状态，在滚轴传输线的输送过程中会因为重力下垂而变形，导致玻璃表面凹凸不平，后续需要大量的打磨工作来进行修正。

年轻的工程师提出将传输线上的滚轴直径做到尽量小，以减少玻璃悬空的面积，提高玻璃的平度。

“我们可以将滚轴直径像火柴棍一样细，”年轻的工程师说，“组成一个传输线”。

“那么，每米长度内将有大约 500 个滚轴，安装时需要像做珠宝首饰一样细致。”老工程师说，“想一想这个传输线的造价。”

“我认为我们不能再考虑滚轴传输线，”一位工程师说，“最好用新的方法来替代它。”

“有什么好办法呢？”年轻的工程师说道。

……

突然，TRIZ 先生出现了。

“让我们来研究一下这个问题，”他说，“从方法上来选择。”

随后，一个基于分割原理的解决方案展示了出来：突破常规思维的限制，将滚轴直径无限缩小，小到头发丝、1/100 毫米、1/1000 毫米、1/10000 毫米……一直分割下去，会是什么呢？物质呈现分子、原子状态。

解决方案：用熔化的锡来代替滚轴。传输线是一个长长的、盛满熔化锡的槽子。由于锡的熔点低而沸点高，正适合通红的玻璃板的冷却温度区间，熔化锡在重力作用下，会呈现出一个绝对平面，可以很好地满足此工序的要求。

而基于这个解决方案，又出现了很多专利，如给锡通电可以与磁铁一起作用，来完成对玻璃的成型加工。

TRIZ 故事 2——巨大的过滤器

一家工厂获得了一个大订单，产品是一个圆柱形过滤器，圆柱的直径为 1 米，长 2 米，轴向均匀分布直径为 0.5 毫米的密密麻麻的过滤通孔。

工程师们看到图纸后都惊呆了，每个过滤器要加工出成千上万个轴向小孔。

“我们该如何来加工这么多的小孔呢？”总工程师问大家，“用钻床来钻吗？”

“显然，钻这么多小孔是不可能实现的，也许可以用高温铁针来扎出这些孔，”一位年轻的工程师毫无把握地说道。

所有的工程师都陷入了沉默。

这似乎是一个无法解决的难题。

……

突然，TRIZ 先生出现了。

“我们既不需要钻床，也不需要铁针，这件事应该这样来考虑……”

随后，一个基于局部质量原理的解决方案展示了出来：将过滤器的功能进行分解，其主要构成元素是过滤孔和基体，有用功能的元素是过滤孔，即过滤孔是有用的局部质量。每个过滤孔不就是一条管子吗！

哦，答案找到了。拿一些细管，并捆扎起来，就形成了过滤器。这种过滤器的组装制造和拆离都可以非常方便地完成。

用细圆棒做原料，然后捆扎起来，而圆棒之间的空隙就形成了过滤孔，也可以实现过滤器的功能。

TRIZ 故事 3——玻璃磨角

一个工厂接到一个大订单，需要生产大量椭圆形的玻璃板。

首先，工人们将玻璃板切成长方形，然后将 4 角磨成弧形从而形成椭圆形。然而，在磨削工序中，出现了大量的破碎现象，因为薄玻璃受力时很容易断裂。

“我们应该将玻璃板做得厚一点。”一位工人对主管说。

“不行，”主管说，“客户的订单上要求的就是这种厚度的产品。”

这似乎是一个难以解决的难题。

……

突然，TRIZ 先生出现了。

“我们的玻璃应该既厚又薄，”他说，“玻璃在磨削的工序中应该是厚的，而加工完成后应该是薄的。”

随后，一个基于合并原理的解决方案展示了出来：将多层玻璃叠放在一起从而形成一叠玻璃，而且事先在每层玻璃面上洒一层水，以保证堆叠后的玻璃可以形成相当强的粘贴力。一叠玻璃的强度会远大于单层玻璃的强度，在磨削加工中就可以承受较大的磨削力，从而改善了玻璃的可加工性。当磨削加工完成后，再分开每层玻璃，水分会自行挥发掉，从而获得了所需要的产品。

第 6 章　国内外创新教育实践

创新就是在生活中发现了古人没有发现的东西。

——李可染

6.1　国外高校的创新教育实践

1979 年，美国总统顾问阿尔文·托夫勒在演讲中提醒我们："我们正跨入一个新的时代——亟须一种新的创造精神的时代。"这个创造性的时代，需要"骨髓中都充满未来思想和未来意识的人"。事实上，早在古希腊亚里士多德就提出了最高尚的教育应以发展理性为目标，使人的心理通过教育得到解放和发展，提倡自由教育。对西方教育产生了深远的影响。 美国哈佛大学早在 1945 年发表的哈佛"红皮书"——《自由社会中的一般教育》中提出了知识和能力协调发展的原则，注重学生创新能力的训练。英国的剑桥和牛津大学一直把"探测、挖掘和开发学生的潜在能力，鼓励个人的创造精神"作为其办学思想。在这种理念的指导下，各国高校纷纷开展创新创业教育实践活动，取得了丰硕的成果。

6.1.1　美国高校的创新教育实践

美国是世界上高等教育最发达且最早实施创新教育的国家之一，世界 70%的专利出自美国，诺贝尔奖得主数量居世界第一，创新成就有目共睹。这些成就的取得，与美国高校创新教育体系的完善是分不开的。这其中尤为突出地表现在培养标准与教学模式两个方面。

1. 普林斯顿大学的人才培养目标

美国高校创新人才的培养标准非常具体明确，操作性强，这对于创新教育来说意义重大。例如，普林斯顿大学（Princeton University）在本科生培养目标的 12 项标准中就包含了详细的创新型人才必须具备的知识、能力和素质结构。

（1）具有清楚的思维、谈吐、写作的能力（The ability to think，speak，and write clearly）。

（2）具有以批评的方式系统地推理的能力（The ability to reason critically and systematically）。

（3）具有形成概念和解决问题的能力（The ability to conceptualize and solve problems）。

（4）具有独立思考的能力（The ability to think independently）。

（5）具有敢于创新及独立工作的能力（The ability to take initiative and work independently）。

（6）具有与他人合作的能力（The ability to work in cooperation with others and learn collaboratively）。

（7）具有判断什么意味着彻底理解某种东西的能力（The ability to judge what is means to understand something thoroughly）。

（8）具有辨识重要的东西与琐碎的东西、持久的东西与短暂的东西的能力（The ability to distinguish the important from the trivial，the enduring from the ephemeral）。

（9）熟悉不同的思维方式（定量、历史、科学、道德、美学）（Familiarity with different modes fo thought）。

（10）具有某一领域知识的深度（Depth of knowledge in a particular field）。

（11）具有观察不同学科、文化、理念相关之处的能力（The ability to see connection among disciplines，ideas and cultures）。

（12）具有一生求学不止的能力（The ability to pursue lifelong learning）。

曾任普林斯顿大学本科生院院长格尔格斯说："学校本科教育的基本目的就是期望学生在 4 年的学习之后，具有融会贯通的分析能力，具有准确简练的表达能力，能够从字里行间领会作者的本意和暗示，能够欣赏科学辨识和清晰辩论的优美，有勇气支持正确的见解，理解人类认识的局限性，懂得没有行动则将一事无成。"

普林斯顿大学本科关注的不仅仅是学生获得知识的多少，更多的是学生在学习过程中其思维方式的发展和对取得成功具有关键性作用的综合素质的培养，如好奇心、敏锐的感觉、勤奋、领导能力与责任感等。而这些能力，都是创新教育最为注重的内容，也是创业者必须具备的素质。

普林斯顿大学校长蒂尔曼访问新加坡时曾经提及，"年轻人在 18～22 岁时能够接触到多元思想，了解到不同的认知方式，如数量的、道德的、历史的认知方式，对于培育领袖才能将是很好的准备"①。从 1919 年威尔逊获得诺贝尔和平奖后，普林斯顿大学先后为世界贡献了 30 多位诺贝尔奖获得者，这是对普林斯顿大学创新教育标准最好的注脚。

案例 1：玩蚯蚓便便的男孩。

汤姆·萨基出生于匈牙利，8 岁时移民到加拿大。2001 年被普林斯顿大学录取，在此之前，他有过几次创业经历。汤姆从多伦多来到常青藤联盟之一的普林斯顿大学，开始了他在美国的留学生涯。就读名校，却不安分，汤姆直言，"我真在学校宿舍种过大麻。"（注：这在美国绝对是非法的）但他在美国的创业蓝图也是从在世界名校的两人校舍间里非法种大麻开始的。

汤姆听说，蚯蚓的粪便可以当作肥料，促进大麻生长。于是他想这玩意儿既然可以催生大麻，那肯定也适用于土豆、西红柿等其他瓜果植物。于是，他在学校宿舍种大麻的同时，还开始养起蚯蚓，收集粪便，将其转化成肥料，而喂养蚯蚓的食物就是学校食堂的剩

① 蒂尔曼.培育领袖才能 让青年接触多元思想［EB/OL］.http://tech.sinchew－i. Com/ny/print/58763.

菜剩饭。

Terra Cycle 的经营模式就是利用与非营利性组织和大公司（尤其是在包装上大成本投入的食品公司）直接合作，回收其可再生和可重生资源，对这些回收原材进行不对环境造成伤害的加工（如再设计、物质分解融合等），使之“起死回生”，再被利用，从而获利。

2006 年，Terra Cycle 被《Inc》杂志评选为“全美最酷小型创业公司”（The Coolest Little Start-Up in America），汤姆也被评为“30 岁以下，全美第一 CEO”。自 2002 年起，Terra Cycle 发展迅猛，生产的产品达 100 多种，在 1.5 万家大型超市销售，有 100 多万美国人加入其新型的垃圾回收活动。汤姆被公认为他那一代人中最具有远见卓识的企业思想家和具有超凡魅力的演讲家。他定期给数百名企业管理人员、MBA 和大学生做演讲。他强调，大胆思考、立刻行动和勇往直前是非常重要的。本着这些原则和对环境的责任感，汤姆取得了与生产消费品的世界最大企业独一无二的合作权。这些企业包括卡夫集团、菲多利公司、纳贝斯克公司、星巴克、强生集团、可口可乐公司、好时公司和玛氏公司。

他所获得的一切都与他在普林斯顿大学所受到的创新教育不可分割。事实上，在他创业最初，没有找到投资商，资金困难时正是普林斯顿企业家俱乐部的企业规划大赛的头奖的奖金帮助他渡过难关的。

2．哈佛大学的教学模式

教学模式在很大程度上决定了受教育者的情感结构、知识结构、能力结构和素质结构，关系到培养目标能否顺利实现。因此，教学改革实质上不单纯是教学问题的改革，而是教学模式的改革。在教学模式的设计方面，以美国的哈佛大学为例，该校把教学的重点放在培养学生的独立思考能力、分析能力、批判能力和解决问题的能力上。

（1）讨论参与式教学法。

哈佛大学在教学中注意培养和发挥学生智力活动的主动性。智力活动的主动性是学生在解决各种教学的和研究的任务时独立性的表现，是探索原本必择其一的解决途径和深入研究或按另外的方式解决问题的动力①。哈佛大学教师把发展学生的这些能力贯穿于教学活动的始终，他们提前布置课堂讨论的题目，每个题目涉及的问题都必须由学生进行分析、解释、讨论，甚至争辩。教学过程中不重视是否得出正确答案，重视的是得出结论的思考过程，这种参与讨论式的教学模式最典型的是商学院的 MBA 课程，哈佛大学 MBA 的学制为两年：第一学年安排统一的必修课程，第二学年学习专业课程。

一般而言，哈佛大学 MBA 的案例课，只有 5 次课是进行讲授的，5 次授课中，3 次由教师讲理论，另外的两次请公司管理层做与案例有关的报告，中国联想集团的企业文化与发展模式已被收入哈佛大学的教学案例，联想总裁柳传志也应邀到哈佛大学讲学。案例教学使学生面对一个又一个的现实问题进行分析和判断，使知识和能力紧密结合，常常会迸发出智慧的火花，对于培养学生的创新意识无疑起到了积极的作用。其余的 25 次课都是进行师生讨论式的案例教学，每节课开始，任课教师首先指定一个学生来说明案例、分析案例并提出解决问题的途径，所给时间一般是 10～20 分钟。然后，其他学生则分别从自己的角度来分析同一个案例，阐述自己的看法，以及在哪些方面比第一个发言者所讲的更具有可行性。

① 李春生.美国和俄罗斯关于创新教育的研究[J]. 比较教育研究，2002，(11).

（2）小组合作学习模式。

小组合作学习主要有3种形式：小组集体学习、分散分块学习和团队研究学习。

① 小组集体学习。

每个小组根据情况由3～4名学生组成，在理解导师所讲内容的基础上，设计学习方案，然后运用多媒体等手段，将学习成果向全班展示。通过小组学习，集思广益，加深对新概念的理解，以便求得解决问题的方法和途径。学生在师生互动中交流信息、探讨问题、分享成果，充分发挥了每个人的聪明才智，激发了学生的创新思维能力，同时，培养了他们的团队精神。

② 分散分块学习。

导师将教材中一个章节按内容分成若干段，各个小组负责其中的一段。3～4名学生一起合作学习，每人负责一项内容。每个小组完成对其他组的学习工作之后，开始对所有学生进行测评，试卷是由教学内容及导师设计的试题组合而成的，阅评试卷工作由每个小组负责自评，并向全班公布阅卷信息，分散分块学习以杜威的“做中学”理念为基础，在分散分块学习中，导师也是学生，在角色转换的过程中，每人都在彼此的互教互学中增长知识，提高了自主学习能力，学习了他人的优点，也培养了他们的合作精神。

③ 团队研究学习。

这是美国大学课堂比较常用的一种模式，是一种情景式教学模式，由导师根据教学计划设计一个研究课题和一系列子课题，将班级分成若干个小组，每组选择一个子课题，在2～3周的时间里，分工协作，找问题、定目标、制方案，进行社会调查并对相关信息进行统计分析、寻找解决问题的对策、完成设计方案、向全班演示报告。在团队研究学习中，学生选择感兴趣的课题，在师生之间互动、交流的基础上，增强了责任意识、合作意识，学会了收集与处理信息，体验到了科学研究的乐趣，提高了思维与表达能力，自身的潜能得到了发挥，从中培养了研究和创新能力[①]。

案例2：哈佛创新实验室。

哈佛创新实验室（I-lab）这一新生机构旨在推进哈佛大学的教授和学生以及波士顿地区的企业家和社区成员开展团队合作型的创新创业活动。I-lab总部位于美国马萨诸塞州奥斯敦市西部大道125号一楼，近3000平方米的场地划分为三大区域：① 大厅区域有一个咖啡厅和休息区，对公众开放；② 多功能讲演厅，供I-lab组织的教学演示活动；③ 灵活开放的工作区域，供在I-lab登记注册的创业团队使用。

I-lab组织多项由哈佛大学在校生参加的创新创业大赛。这些创业大赛与传统的商业计划比赛相似：参赛团队递交计划书并进行演示，然后由评委选出优胜项目；获奖团队将赢得现金奖励或实物奖励。I-lab往昔和现今举办的创业大赛包括：① 校长创业大赛，通过要求学生面对和处理当今世界的重要事务来帮助学生开发针对复杂系统问题的解决方案并予以执行；② 院长文化创业大赛，号召具有创新眼光的学生开发解决方案以拓展文化艺术在社会中的作用并以可持续方式支持文化艺术和艺术家；③ 院长生命科学创业大赛，鼓励哈佛大学各学科的学生寻找能提供高质量低负担的医疗保健的创新方案。

① 赵敏娜.美国高校三种典型课常教学模式探讨——以教育类课程为例[J].比较教育研究，2004，（04）.

6.1.2　德国高校的创新教育实践

德国教育在欧美教育史上具有重要影响，近代西方的公民教育、义务教育、实科教育、师范教育大多起源于德国。第二次世界大战后，德国的经济迅速崛起，与其大学教育强调学术自由、教育与科学研究相结合的教育思想和制度有直接的关系。20 世纪 80 年代后德国议会通过的《高等学校总纲法》，进一步明确高等学校的任务是“通过研究、教学和学习，以培植和发展科学及艺术，并为大学生从事需要运用科学知识和方法或艺术创造能力的职业做准备”。强调要促进学生的个性发展，特别是养成理性和批判能力以及责任感。同时，积极改革大学内部组织结构，加强跨学科研究与教学，以培养学生的创新能力为中心，注重完善人格个性。

在这一背景下，德国的高校同样步入快速发展的轨道，诞生了慕尼黑大学、慕尼黑工业大学等一大批“创新创业型”大学，引领和支持整个国家的经济社会发展。慕尼黑工业大学（Technical University of Munich，TUM）是德国高水平理工大学的典范，是联邦政府 2006 年评选的首批 3 所精英大学之一，也是德国目前明确提出创建创业型大学的高水平理工综合性大学。

创新型大学理念下的 TUM 人才培养模式，注重人才培养的针对性、适用性，强调实践导向，把内部改革与对外融合紧密结合起来，吸纳社会多元因素参与，展现了创新型大学在人才培养方面的丰硕图景。[①]

1．入学倾向性测验

严谨的学术和职业训练固然是德国大学人才培养的重要经验，但如今人们更期望培养过程能促进学生的个性发展，培养学生的理性和批判能力及责任感。TUM 回应这种期望的做法是从学生培养过程的入学选拔开始的。TUM 不仅仅希望能够吸引最优秀的学生，也期望学生的才能和爱好能够在学校和学科的选择上实现最佳匹配。1998 年，TUM 针对大部分课程计划引入一种入学倾向性测验（Aptitude Tests for Admission），对学生精挑细选，目的是基于候选人的兴趣和天赋考虑而确定哪些候选人最适合特定学习课程（Specific Courses of Study）计划的学习。其程序分为两步：通过书面申请材料做简单了解和评价，然后在可能的情况下，通过招生委员会对个人进行面试。除此之外，TUM 近年来还为大学一年级的学生开设专业概论性课程，主要由具有多年社会经验或产业界经验的导师讲授，对职业发展和专业领域前沿进行疏导。这些措施的施行对于学生选择适合自己的专业、制定合理的课程学习计划、提早进行职业生涯规划都是非常有帮助的。校长赫尔曼认为，大学必须形成自己的教学研究特色，但最重要的是他们必须认真选择学生。这种做法带来的直接效应是大大减少了毕业前放弃学习计划的学生数量，而之前，依不同学科领域，有 20%～50%的学生会提前放弃自己的课程学习计划。[②]入学倾向性测验实现了个性化、多样化的选拔方法，促进了 TUM 对优质生源的竞争。

---

① 吴伟.德国创业型大学人才培养模式探析[J].高教探索，2011，（01）.

② Herrmann. The Future of the European University：Issues,Entrepreneurship, and Alliances [A].The Future of he Research University.Meeting the Global Challenges of the 21st Century [C].Ewing Marion Kauffman Foundation,2008:68-74.

2. “教研训”一体化

TUM 认为，学生群体与雇员和科学家一样，蕴含着巨大的科研创新潜力，但这些智力资源没有得到充分利用，大学要通过挖掘年轻人的科研能力来培养他们，使他们学习和了解科学进步的动力和过程。校长赫尔曼就认为，大学成功的 4 个关键是：良好的教育、研究和创新的超越、教育和研究的不可分割以及提供更大的灵活性。无论是对于重视研究生教育的研究型大学还是对于那些关注卓越本科生教育的大学，在进行科学研究的同时，并以此种方式培养优秀青年。[①]TUM 的“卓越大学计划”非常强调教学与科研的统一性，科研人员将最新科研成果直接融入教学，学校注重引导优秀学生包括本科生在开始学位课程之后，尽早地参与到研究工作中，这是对“洪堡理念”的继承和发扬。

作为一所德国著名的“和企业紧密联系的精英大学”，慕尼黑工业大学与众多欧洲知名企业有着紧密的科研、生产、教育和经济联系，为科研成果尽快应用于教学实践提供了外部保障。教研能够结合还得益于校外研究机构（DFG、马普协会、弗朗霍夫协会、亥姆霍兹联合会等）与 TUM 之间的深度合作。TUM 还注重通过实践实习提升学生的组合素质，全方位提高学生的社会竞争力，努力将科技智慧、专业独立自主、文化敏锐性、社会能力整合到教育教学中，竭尽全力营造一个最有利于教师与学生思索、实践和创新的学术氛围，它的教学安排包括课程、实验室、实习医院、工业技术学校、工厂和车间。它的学习课程计划，大多设置有在相近专业的企业或者合作科研机构的实习内容。[②]

3. 跨学科培养人才

在 TUM 每个学院的主页上，院方都对本院毕业生将来的职业面向做了客观而又具有前瞻性的分析，其中大多强调了本院专业的职业面向所需要的跨学科知识基础、跨领域的工作能力、团队合作素养以及资源整合的能力，而这也是大多数学院在课程设置、联合培养、实习安排中非常注重的方面。在制订教学计划时，校方要求各学科专业必须在相应的基础课程配置中，兼涉跨学科的相关课程，促进不同学科间的交叉和融合，使学生在基础课打根基时就有一定的跨学科能力。例如，电信学院鼓励研究生在研究之初便学习以跨学科的方式思考问题，在所有的高级课程中，他们将和信息科学家、数学家、物理学家、化学家和机械工程师共同合作完成。与科学和研究实践相协调的人才培养模式，克服了学科之间的界限，在生命科学中心，先前的学院已经由矩阵结构的研究部门和教学学院所取代，这个新型的矩阵结构推动了跨学科的合作，使得教学方法更具灵活性。

4. 产学有效融合

TUM 充分利用身处慕尼黑这座工业城市的资源优势，与产业界广泛联系，一方面不断调整自身的教育模式以适应产业的最新发展，另一方面鼓励相关用人单位吸纳 TUM 培养的高素质初级工作人员或毕业生。近年来，TUM 逐渐加大了在课程计划调整上与产业界的沟通合作，使得人才培养更有针对性。例如，毕业生就业去向的广泛调研，反映出 TUM 毕业生大多从事技术管理岗位，因此 TUM 便在所有专业都开设管理学课程，培养学生的

---

① 李世超，苏竣.大学变革的趋势——从研究型大学到创业型大学田.科学学研究，2006，(4):552-558.

② 浙江大学.慕尼黑工业大学调研报告[A].国务院学位委员会办公室.透视与借鉴——国外著名高等学校调研报告 2008（下）[C].北京:高等教育出版社，2008：449-457.

管理能力。

当然，那些与企业相关的重要的其他非技术知识也已经列入许多学院学生的学习范围，如社会竞争力、工商管理知识和外语能力等。例如，信息学院就认为，培养学生社会和经济的能力是非常重要的，因此要让所有学生都接受经济、管理、法律、沟通和团队合作的基础教育，密切关注企业的需要，开设实用方向的课程，把学生培养成未来商业社会中可以合作的对象。TUM 的科研与企业联系紧密，使得低年级、高年级的学生以及在博士阶段的研究生，都可以从事应用性的研究和学习，以便轻松地进入企业环境工作。

培养大学生的创新能力，是高等教育长期追求的目标。创新教育从根本上讲是提高教育对象的创新素质，它是通过现代科学知识的传授与创造性思维和创造技法的训练，培养和开发人的创造潜能、创新精神和创新能力，促进人的整体素质发展为目的的新型教育。[①]总结国外创新教育的经验，可以为我国高校创新教育提供启示。

6.2　国内高校的创新教育实践

改革开放到现在的 30 余年中，我国的教育事业取得了跨越式的发展，国民的素质也得到了显著的提高，教育体制改革和全面实施素质教育取得了实质性的进展。2006 年 1 月，国务院召开了全国科学技术大会，做出了走自主创新道路、建设创新型国家的决定，提出用 15 年时间使我国进入创新型国家行列的重大战略任务。这表明，培养高素质的创新人才成为我国当今教育界面临的重要而迫切的任务，进行教育创新，实施创新教育是培养创新人才的有效措施。

2010 年 4 月 8 日，教育部联合科技部印发了《高校学生科技创业实习基地认定办法（试行）》。2010 年 5 月 4 日，教育部发出的《关于大力推进高等学校创新创业教育和大学生自主创业工作的意见》指出："在高等学校开展创新创业教育，积极鼓励高校学生自主创业"，并从创新创业课程体系建设、创新创业师资队伍建设、创新创业基地建设等内容对省级教育行政机构、部属高校和国家级大学科技园区提出纲领性的创新创业教育建设意见。创新创业教育在注重大学生修好本专业的基础上，以通过创新创业教育培养学生的创业意识、创业心理品质、创业能力、创业知识为主要目标，为社会、经济和个人的发展能起到巨大的推动作用。国家教育部在政策性文件中，将创业教育拓展为"创新创业教育"理念和模式。

在这一背景下，高校创新人才培养在世纪之交跃上了新的台阶，人才培养和创新服务能力明显增强。然而，由于我国仍处于发展中国家，从社会到经济与发达国家相比都还有较大差距。另外，创新教育起步晚。此外，我国的知识产权质量和教育水平尚不高，感性和经验相比实验应用得更多，故此我国的创新教育依然存在诸如：学校尚未建立创新教育的校级组织管理体系，仅用以前的实践和成果与创新创业理念对接；没有注意到形成创新创业的校园文化，对创新教育的鼓励及外联不积极；教学方法、教学组织和评价方法有待结合创新教育的需求改进等问题，但部分高校在创新教育中已经做了许多有益的尝试。

6.2.1　重点大学创新人才培养实验班

自 2014 年中国科技大学创建"少年班"以来，国内大学从未停止对拔尖创新人才培养

---

① 唐国庆，周振铎.创新教育与教学实践[M]长沙：湖南大学出版社，1999.

的探索。不少大学，尤其是重点大学纷纷创办各种类型的人才培养实验班，选拔最好的学生、配备最好的教师、提供最好的教学科研条件，以培养拔尖创新人才。[①]据统计，在教育部直属的75所大学中，创办人才培养新型学院或各种实验班的有34所[②]，北京大学元培学院、浙江大学竺可桢学院、中国人民大学国学院、武汉大学弘毅学堂等是国内重点大学创新人才培养实验班的典型代表。

1. 北京大学元培学院

北京大学元培学院成立于2007年，其前身是创建于2001年的元培实验班。元培学院的基本职能和任务一方面是作为本科教育教学改革的尖兵，为全校的人才培养改革积累经验；另一方面是朝跨学科组织专业和跨学科建立课程体系发展，成为本科学院。元培学院以"加强基础、淡化专业、因材施教、分流培养"为方针，以培养"基础知识宽厚、创新意识强烈、具有良好自学和动手能力的适应性强的高素质人才"为目标。学院按文理两大类招生，低年级实施通识教育，学习通识教育选修课和学科大类平台课；第三学期末，学生结合自身兴趣和对学校的了解在导师指导下自由选择专业，学生还可通过申请实行文理科互转。学院实行弹性学制，3～6年内修满规定学分即可毕业。元培学院从北京大学各院系聘请优秀教师作为导师，指导学生的生活、学习和科研。元培学院原则上执行各院系的教学计划，但在文、理科课程体系中分别设立平台课作为必修课，元培实验班的课程结构由四部分构成：必修课84学分（60%）、选修课50学分（35.7%）、毕业设计/论文6学分（4.3%）、课堂之外的学习，总学分为140，一般不得超过150学分。

元培学院的学生从入学到毕业全程统一由元培计划管理委员会管理，不同专业的学生混合住宿，为学生的相互交流和学习提供便利。元培学院作为北京大学本科人才培养模式改革的试验田，于2009年被教育部批准为"国家创新人才培养改革计划优秀实验区"，2010年又被列入"珠峰计划"重点建设。元培学院不仅开启了北京大学人才培养模式改革的征程，也成为国内其他高校回归本科教学地位，创新人才培养模式的典范。

2. 浙江大学竺可桢学院

2000年，为进一步推进人才培养改革，以"为杰出人才的成长奠定坚实的基础"为宗旨，在创办混合班、工高班和强化班等人才培养实验班的经验基础上，浙江大学成立了本科生荣誉学院——竺可桢学院。竺可桢学院在人才培养上有两条主线。第一条是从新生中选拔学生，实行厚基础、宽口径的前期教育和自主型个性化的后期专业培养相结合的培养模式。学生进入竺可桢学院，先按文、理、工三大类培养，先学习基础和平台课程，一年半后在导师的指导下根据自己的意愿选择主修专业。第二条主线是竺可桢学院与其他学院共同建立交叉复合型本科人才培养平台，这是一种面向全校优秀学生的专业外辅修的培养模式，建立了创新与创业管理、高级工程教育等特色课程体系和项目，为交叉复合型本科人才的培养提供了更广阔的途径。竺可桢学院为学生提供多次选择机会，学生可在第一学年末选择专业大类，第二学年末在全校理工类中任选专业，在第四学年免试保研时选择研究方向等。

竺可桢学院的课程：包括通识课程、大类课程、专业课程、核心课程、整合课程五部

---

① 殷朝晖.我国高校拔尖创新人才培养试验区建设研究[J].江苏高教，2011，04.

② 陈金江.中国大学本科精英学院运行模式研究——基于多案例的分析[D].武汉:华中科技大学，2010.

分。人文类总学分为 175.5 分，其中通识课为 52.5 分（30%），大类模块课为 11.5 分（7%），专业课为 86.5 分（49%）；理工类总学分为 185.5 分，其中通识课为 52.5 分（28%），大类模块课为 36.5 分（19%），专业课为 74.5 分（40%），核心课和整合课分别为 17 和 8 学分。这一课程结构体现出通识教育和大类培养的特点。

20 年多来，竺可桢学院近 1800 余名毕业生遍布世界，在国内外各著名高校、知名企业中脱颖而出，成为教授、学者、企业家和技术带头人。竺可桢学院为浙江大学构建以人为本的教育教学新体系积累了宝贵的经验，已经成为对全校产生普遍影响的教改试验田。

6.2.2　地方院校的创新教育实践

清华大学创业中心的调查报告显示，在创新教育问题上，中国的平均水平低于全球创业观察（GEM）统计出的全球平均水平。我国大学生创业比例不到毕业生总数的 1%，而发达国家一般占 20%～30%[①]。

我国高校的创新创业教育范围多集中在一些重点大学或者是试点高校。多以高校办创业园为主要模式，指导高年级学生自主参与开办科技公司的全过程，包括设计、创办、经营等各个环节。而在大多数的地方院校开展的 4 年的专业基础教育中并未涉及创新创业教育的内容，在地方高校所开展的规模和方式等均十分有限，并未形成规模，对于普通高等教育的作用十分有限。

2004 年 2 月 10 日，经国务院批转，教育部颁发了《2003—2007 年教育振兴行动计划》，强调要构建和完善中国特色社会主义现代化教育体系，增强国民的就业能力、创新能力、创业能力。《教育部　财政部关于实施高等学校本科教学质量与教学改革工程的意见》（教高〔2007〕1 号）指出，实施“高等学校本科教学质量与教学改革工程”，必须加强实践教学与人才培养模式改革创新。实施大学生创新性实验计划，支持 15000 个由优秀学生进行的创新性试验，促进学生自主创新兴趣和能力的培养。《教育部关于进一步深化本科教学改革全面提高教学质量的若干意见》（教高〔2007〕2 号）指出，要推进人才培养模式和机制改革，着力培养学生的创新精神和创新能力。因此，迫切需要采取切实有效的措施，进一步深化高校创新教育，提高人才培养的能力和水平，更好地满足经济社会发展对高素质创新性人才的需要。

在这一精神的指引下，地方院校通过结合自身的特点和实际情况，扬长避短，改革和完善管理制度，建立起一套服务地方经济的体系，与社会需要紧密结合，在创新教育的体系构建上取得了较大的发展和进步，也直接为高等教育的大众化起了推动作用。这其中较为典型的有以下几个。

1．湖南农业大学创新教育实验班

湖南农业大学自 2004 年起，每年都在生物技术等 10 个专业建立创新教育实验班。学校成立了“创新实验班培养工作领导小组”，制定了《湖南农业大学创新教育实验班实施方案》。创新教育实验班在现代教育理念指导下，以素质教育为基础，以创新教育为核心，坚持以学生为主体、教师为主导的教育思想；加强基础，强化能力，注重创新教育思维能力

① 朱晓东，戴悦.高校创新教育及创新人才培养模式研究[J].中国电力教育，2009，(9) :7-8.

培养和个性化教育的人才培养理念。

创新教育实验班的课程体系由公共基础课、学科专业基础课、专业主干课、专业选修课、公共选修课、实践环节构成；每个班都增设了创新能力培养模块课程、创新实验项目、专题讨论课程或与本专业相关方向考研的课程，其中“创新思维学”课程作为所有创新班专业选修课中的必选课程，为 30 学时，1.5 学分；实践教学周数文科类专业为 27 周左右，其他类专业为 33 周左右；全程至少完成 6 个课外创新学分，课外创新项目包括学生自主创新项目，参与导师的科研项目；毕业额定学分应与普通班基本一致，不能低于普通班，不能高于普通班 8 学分。

在培养制度上，实施领衔人制。每专业确定一名实验班领衔人，负责创新班各项教学工作的组织与实施。其具体工作职责如下。

（1）深入学生班，了解学生各方面的情况，帮助学生解决学习、生活和思想上的问题。

（2）了解每个学期教材和课程的落实情况，与任课教师经常联系，从中了解学生学习等情况，有针对性地开展工作。

（3）搞好创新实验班的学分、班风建设，按教学年度计划组织学生参加各种社会实践活动。

（4）定期召开学生座谈会，了解学生对教学工作的意见、建议和要求，并负责及时反馈给有关部门。

实施导师制。为加强对学生的学业指导，减少学生学习的盲目性，对实验班的学生实行导师制，每名导师指导的学生数不超过 5 名，导师根据学生的特点、特长和志向指导学生制订个人学习计划，对学生从入班到毕业进行全方位的指导。导师对学生参与或主持的科技创新、竞赛性栏目（如数学建模、电子设计竞赛等）实行辅导。

学习方式主要包括以下几种。

（1）集中听课。公共基础课、学科专业基础课结合专业主干课采取单、合班授课，集中听课的方式进行。

（2）集中训练。实验课、实践教学环节采取集中训练的方式进行。

（3）单独训练。对于自主创新项目、参与导师的科研项目等，由导师进行指导，学生自行单独训练。

（4）自主学习。根据学生本人的兴趣、学习目标和学习能力，在导师的引导下，学生自主学习课外知识和技能。

2. 宁波诺丁汉大学的“菜单式”教学

宁波诺丁汉大学在创新人才培养模式中进行了重要的探索和尝试，以其独特的教学组织形式和众多学术项目的训练，通过促进学生在学术生活中的创新，进而提高学生的创新能力。

宁波诺丁汉大学提倡的“菜单式”教学，在第一学年的教育以学术英语达标教育和学术规范教育为主。英语作为基本工具必须达到一定水平，为将来完成各种学术活动做准备。教学上将语言能力、学术规范和创新思维三者的教育同步进行，重点是转换学生原有的学习策略和学习技能，迅速提升英语能力，同时规范学术行为，包括写作能力的规范化、学术交流，引导学生形成创新思维。每项内容都采用“菜单式”教学，即学生每学年的学生手册，上面有规范的学术要求，同时每个菜单又有明确的学习技能要求。学生只要按菜单进行，就可以获得相应的基本能力。学生进入核心课程学习阶段，英语能力不再重点强调，学术规范则更加严格，其重点是培养学生的批评性思维和创新能力。此外，学校还为学生提供大量的训练，以配合学习计划的顺利完成和创造能力的不断强化①。

学术训练则是诺丁汉大学对学生创新能力进行培养的重要环节，学术训练主要采取以下 3 种方式进行。

一是研讨课，教师将理论知识与当前最新的案例相结合作为研讨课的主题。通过师生互动，以学生为中心，一起参与、体验研究性学习，充分锻炼学生的理论运用能力和批判性思维能力，有效地引导学生改变思维方式。

二是项目任务教学，每周学生都要完成很多学术项目，这些项目任务有个人独立完成和小组合作完成两种形式。项目任务教学注重学生实践能力的培养，通过不断实践来强化创造性思维能力，从而实现理论和实践的结合。

三是阶段论文，学生在每个阶段都有阶段论文的学习任务，通过论文写作，不仅使学生充分掌握该课程的主要理论，而且通过大量的阅读与研究逐渐培养学生批判性思维的能力，通过这个过程充分培养和锻炼学生的自主研究能力和创新能力。学校采取研讨—项目任务—论文的学术教育方式，使学生获得创新思维能力要素：发现问题—找到可行性解决问题的方案—收集、整理相关信息—找出问题中潜在的假设及价值—分析、评价证据—发现各种论点间内在联系——建立自己新的判断和价值，对其创新能力的培养具有重要意义。

3．大连理工大学 CDIO 的创新型工程科技人才培养模式

大连理工大学是全国高校中较早倡导和开展创新教育的高校之一，在传统的人才培养模式改革的基础上，从构建立体化、综合性、全开放的大学生创新实验中心作为改革突破口。1995 年成立了创新实验中心，经过 20 年的发展已成为学校开展创新实践教学的主要载体。创新实验中心重视文理综合、理工融合，强调不同学科之间的交叉，面向不同专业、不同年级的学生，开设综合性很强的实验研究项目，大力开展以突出创新实验为特色的创新教育，树立 CDIO 教育新理念，倡导学生做中学。

创新实验中心以 CDIO 理念为指导、依托学科发展的教学队伍建设、遵循客观规律的先进科学的实验教学体系、开放的运行机制，将创新实验教学和理论课教学置于同等重要的地位，真正将实验教学作为促进学生知识、能力、素质协调发展的重要手段，在实验教学指导思想和具体实施中充分体现学生全面发展和创新型人才培养的目标要求。坚持以学生为本，知识传授、能力培养、素质提高、协调发展的教育理念，紧跟世界新技术发展前沿，不断改革实验教学内容、方法和手段，拥有先进实验设备、实验理念和技术水平，具有学术水平造诣深、实践经验丰富的教师队伍，具有面向全校各类专业开展实验教学的大平台，具有现代化信息平台，资源共享，高效管理，形成了较完善的创新培养体系。

开设创新实践班，设立以强化创新实验能力的系列课程，纳入培养计划。实践班面向全校主修专业学有余力、在某方面有特长和爱好的优良学生。创新实践班所开课程强调和现有课程的互补性，强调实践环节，强调课程内容的动态性。创新实验中心校级基地开设 3 个创新实践班，每个实践班开设 7 门课程，共 17 个学分，3 学年完成。其中，一、二年级以创新实践课程为主，形式主要为课堂讲授以及开展各种形式的讲座，三年级以专题研

① 陈素燕.从宁波诺丁汉大学的学术训练看创新人才培养模式的构建[J].中国高教研究，2007，(03).

究课程为主，上课的形式主要为学术讨论。通过学习与实践，使学生在相应方向上的知识与技能得以增强，通过具体的教学实践活动，培养学生检索文献、学习新知识、提出问题及解决问题的意识和能力，提高学生从事科研活动和实践动手的能力。

创新实验中心确立其指导原则是“夯实基础，注重能力，勇于实验、联系工程，激励创新”。实验教学重在启迪学生的创新思维、开发创新潜能、培养创新能力、强化工程训练、提高学生运用现代科学技术解决工程实际问题的能力，在实验动手能力上下功夫，构建融教与学为一体、理论教学与实验教学为一体，融课内与课外教学为一体的实验教学基地。为了适应新时期高等人才培养的现实需求，创新实验中心教师在认真抓好教学的同时，努力承担科学研究和技术开发工作，通过教、研双挑达到教、研相长的目的。并通过高水平的科学研究推动教学改革，不断提高教学水平和教学质量，使学生具备扎实的创新实验动手能力、较强的工程应用能力和深厚的自主学习能力[①]。

6.3　江西科技学院的创新教育实践

江西科技学院紧紧围绕应用型人才培养的总体目标，按照“三个摇篮”（培养工程师、小微企业主、生产知识产权的摇篮）的具体要求，着手建立完善创新教育教学和实践体系，积极探索应用型人才培养新途径，重视对创新教育的探索，在教育教学实践中不断丰富和发展创新教育的内涵，以“自信自强，创业创新”为行动指南，以创业创新制度为抓手，以教师、学生为创业创新主体等一系列措施，为学校创业创新教育提供保障，并取得了丰硕的成果。现将学校的具体做法介绍如下。

6.3.1　创新教育理念

学校注重创新精神的教育和引导，将创新理念融入校园文化之中，通过提高学生的创新能力，提高教师创新意识的“两提高”手段，来贯彻创新教育理念。学校颁布了《江西科技学院关于提高在校学生创新能力的意见》，文件指出要“以激发学生创新兴趣，培养创新思维，引导创新实践为理念，以兴趣引导、项目驱动、过程监控、目标管理为核心，以组织协调、教师指导、培训研讨、创新实践、监控管理、评价奖励六大平台为依托”来培养学生的创新能力。

同时，学校也制定了《江西科技学院关于提高教师创新意识的意见》，从普及创新理论知识，提高教师创新工作意识；创造创新保障条件，激发教师创新工作热情；固化创新工作成果，营造教师创新文化氛围 3 个方面来提高教师的创新意识。

在具体的创新教育教学过程中，学校从 3 个方面贯彻创新教育理念。首先，编写创新教材，组成了由校长牵头的创新教育校本教材编写小组，编写出版了符合学校实际情况的创新教育教材；其次，学校开设“创新方法”等必修课程，突出学生职业核心能力和创新能力的培养，提高学生适应经济社会发展、技术进步、岗位变化以及创业发展等必备的伴随终身的可持续发展能力；最后，学校还将创新学分纳入了人才培养方案，学校在人才培养方案中增加了创新实践活动学分，《江西科技学院大学生创新实践活动学分认定管理办

① 郑薇薇.基于 CDIO 的创新型工程科技人才培养模式研究与实践[D].大连：大连理工大学，2010.

法》要求大学生在校期间必须获得创新实践活动 6 学分后方可毕业，超出部分可替代通识选修课学分，最多可替代 4 学分。

6.3.2 创新教育责任制

为加强大学生创新工作的统一领导，学校成立由校长任组长，分管学生、教学、科研的校领导任副组长，团委、教务、科研、学工、财务、就业、工程训练中心、大学科技园等部门负责人为成员的大学生创新工作领导小组，定期研究部署创新工作，审定工作制度，统筹教育资源，决定重大事项。在各二级学院，成立了大学生科技创新工作小组，由院长任组长，分管学生工作的学工院长任副组长，团总支书记、教学秘书、学工秘书、教研室主任、班导参与，负责所在学院的学生科技创新工作。实现了校院两级管理，一把手负责的创新教育管理机制。

6.3.3 成立创新学院

学校成立了独立于各教学单位的创新创业学院。创新学院既负责创新创业教育指导，又承担创新创业实践训练，在传统课堂教学基础上，注重探究式、分享式、启发式、模拟式和体验式的教学活动，激发学生的主动性，启迪学生的创造性思维。主要负责统筹大学生创新创业工作的开展，管理创新创业基金的使用，组织实施大学生创新创业能力训练计划，组织开展各类大学生创新创业活动（包括创新创业大赛、创新创业实践活动），建设大学生创新创业类社团，建设维护创新创业工作信息服务平台。首批设立 100 万元大学生创新工作基金，用于创新学院的成立和全校创新工作的启动。

6.3.4 成立创新班组

在各教学单位内部，学校成立了形式多样的创新班、创新小组。当前学校共有各类创新班 76 个，创新小组 100 余个，参与学生 3348 人，学校给每个创新班配套每年 1 万元的创新基金，鼓励学生参与创新活动。近 3 年来，全校师生参与科技创新活动的热情高涨，学生创新创业类竞赛成绩取得明显成效，一是获奖总数明显增多；二是学生教师参与度增加；三是奖项质量得到提高。2014～2016 年，学生获省级以上奖项分别为 402 项、707 项和 813 项，其中，创新班、创新小组有 82.3%的成员参与其中。基于此，学校将逐步扩大创新班、创新小组的规模，争取在未来 3 年内，将创新班的个数达到 100 个。通过建立创新创业学院，成立创新班、创新小组，学校逐步将创新教育理念在全校推广，目前取得了一定的创新成果，且基本形成了“学院+班组”创新教育管理模式。

6.3.5 创新导师工程

学校先后出台了《江西科技学院教师指导学生参加大学生科技创新与职业技能竞赛活动工作量计算方法》和《江西科技学院关于鼓励师生参加课外科技创新及技能型竞赛活动的奖励办法》，要求各教学单位将指导创新和创新实践与教师和学生的切身利益挂钩，将指导学生创新活动作为考核指导教师工作量的一项重要内容。2014 年开始学校从校内教师、双师型教师中遴选出一批具有创新意识和创新能力的教师，建立了创新导师库。学校现有创新导师 208 名，根据建设规划，未来 3 年内，创新导师人数达到 500 人。这些创新导师全方位指导学生的创新活动，包括科技竞赛、专利申报、科学研究等方面。同时，鼓励学生参加创新导师的研究项目，积极参与科学研究。

6.3.6 知识产权工程

集全校之力实施知识产权工程，把专利申报作为体现创新效果的重要抓手，在全校掀起了知识产权工作的高潮。2013 年 10 月，开始实施“知识产权工程”。同年，江西科技学院与江西省知识产权局签订了战略合作框架协议。为了增强学生的创新意识，鼓励在校学生积极参与专利申报，申报费用不仅享受教师同等资助政策，还在评先、评优、评奖助学金等方面优先考虑。至 2016 年 3 月，我校外观设计专利授权 447 项，实用新型专利授权 751 项，发明专利授权 42 项，知识产权申报总数及授权量均为全省高校前列。国家知识产权局专门派人到学校调研和总结经验。

6.3.7 大学科技园工程

学校建立了省内民办高校第一个省级大学科技园。大学科技园的创新创业区为在校大学生和校友提供服务，科技园现入驻企业 60 余家，其中师生自主创业占入园企业比例的 44%；校友创办的企业占入园企业比例的 31%。在校学生的创新创业热情高涨，如外语外贸学院米拉迪力、信息工程学院陶豪等数十位同学已在工商部门注册公司，并入驻园区。

大学科技园制定了 20 多项管理实施办法和制度，为本校大学生创新创业提供各类优惠政策，其中包括自入驻之日起，第一年免 20 平方米房租，第二年房租减半；免费使用照明用电、生产、生活用水；免费提供基础办公条件；免费代办工商执照、税务登记、银行开户、商标注册、专利申请等；优先推荐使用创业资金和风险资金等政策。

6.3.8 创新实践基地

江西科技学院地处南昌市高新开发区与昌东工业园区中间，比邻江西省科学院，具有丰富的企业资源。江西科技学院与南昌国家高新区、省级昌东工业园区和江西省科技厅签署了合作协议，将各专业对接相关企业和科研院所，建立相关的创新实践基地。基地成立的目的是让学生广泛参与创新实践，从事力所能及的技术开发工作，让学生在参与企业技术开发等实践活动的过程中提高创新意识、创新能力，培养创新精神。

6.3.9 创新创业教育平台建设

在校内平台建设方面，一是设立大学生创新创业教育基地、知识产权教育基地、创新方法培训基地和创新工作室，开设创新创业性实验项目，校内所有基础实验室、实训基地，对学生全面开放，鼓励学生利用第二课堂尝试创新创业实践，鼓励学生深度参与教师的科研课题研究；二是利用大学科技园平台，建设大学生创业孵化基地，建立创新创业孵化制度；三是以学生社团“蓝色技术工作室”为模式，组建、改建一大批创新创业类学生社团，为创新创业教育实践活动搭建载体。2014 年首届江西省高校专利成果交易会上，大四学生熊博带领蓝色技术工作室团队研发的“无人运输车”吸引了包括新华社等多家观展媒体及企业和高校的眼球。

6.3.10　建立激励制度

建立大学生创新导师的绩效评估体系。每年对创业实践阶段的导师绩效进行评估，并给予一定奖励。创业导师每结对一名大学生或一个大学生创业团队进行创新创业指导服务的，给予课时辅导补助，认定教学工作量，计入年终量化考核，并且在评优评先、职称评定等方面给予倾斜。

建立大学生创新创业奖励机制，设立大学生创新创业活动基金和专项奖学金，定期对学生的创新创业成绩与成果，组织专家评选认定，定期评选大学生“科技创新之星”“自主创业之星”“创新创业之星”等，对优秀学生、优秀指导教师、优秀项目（活动）、优秀组织单位予以表彰奖励。

第 7 章　创新文化的内涵与建设

苟日新，日日新，又日新。

——《礼记》

7.1　创新文化的内涵

7.1.1　创新文化内涵体系

创新是人创造新知识、新思路、新技术、新专利、新产品的思维与行为的总和。而关于创新文化的内涵有多种观点。有的认为“创新文化是指与创新相关的文化形态，它包括观念创新文化、制度创新文化、环境创新文化”；有的认为“区域创新文化是符合区域创新体系的价值观念、思维模式、行为规则、制度体系、精神氛围的总和”；有的指出其包括两重含义，一是外在于创新实践的文化环境（即有利于创新的制度环境、组织文化和社会氛围），二是内在于创新实践的文化要素（即创新所需要的观念、价值取向、精神、思维方式和行为方式等）；还有的提出要建立“以人为本”的创新文化，要形成“尊重人才、鼓励创新、宽容失败”的创新文化等。

创新文化是特指与创新实践相关的、有利于自主创新的文化形态，它以创新价值观为核心，包括主体创新文化、制度创新文化、环境创新文化 3 个层次的内涵。主体创新文化属于内在的创新文化；制度创新文化与环境创新文化则属于外在的创新文化，3 个层次的文化子系统又各包括若干个门类、要素，构成一个内涵体系。

主体创新文化是指创新主体——人自身必备的文化特质（如精神、思想、知识、价值理念、思维方式、心理素质、伦理道德、行为方式等）及其创新活动所具备的文化因素的总和。它主要包括：精神创新，主体应具有强烈的创新精神；思想观念创新，解放思想、更新观念是自主创新的前提；知识创新与理论创新；方法创新，要确立创新思维方式，形成创新思维品格；学风创新与学术道德养成，应摒弃浮躁，淡泊名利，诚实守信，尊重科学，以创造为荣，以造假为耻；行为文化创新，从“枪打出头鸟”转向“敢为天下先”，从“孤芳自赏”走向社会大舞台，从“小山头”走向多元共生等。除此之外，它还包括人才文化创新、领导方式创新、企业文化创新，等。

制度创新文化是指有助于自主创新活动的体制、机制、政策中的文化因素的总和。它主要包括政府运作机制创新、科技管理体制创新、产学研合作制度创新、科研成果评价与转化机制创新、风险管理制度创新、知识产权制度创新、教育制度与体制创新、技术市场体制创新、企业制度创新、投融资体制创新、人才评价与激励机制创新等。

环境创新文化是指有助于自主创新活动的各种社会环境、氛围、服务平台中所包含的文化因素的总和。它主要包括：创新的氛围，以及文化环境创新、法律环境创新、政策环境创新、市场环境创新、资本（金融、税收）环境创新、服务环境（公共基础平台）创新等。

7.1.2　创新文化在自主创新中的重要作用

创新文化是建设创新型国家的一项重要任务，在区域自主创新中也具有重要意义。创新文化是自主创新活动之“魂”，是其理念先导与文化支撑，也体现为一种文化“软实力”。文化具有导引、调节、约束、控制社会组织及其成员行为的作用。创新文化的核心是激励创新、鼓励探索、包容个性、宽容失败，因而它对创新区域建设具有导向功能、激励功能、凝聚功能、服务功能、“造势”功能、约束功能。其中，存在着一条“创新文化与自主创新协调互动”的客观规律，即创新文化推动、培育、引导自主创新，自主创新反过来促进、丰富、升华创新文化。总之，创新文化构成了区域创新的文化驱动力。具体而言，创新文化是在精神、理念和价值观层面上提升主体自主创新贡献力的前提；是从制度角度提高区域自主创新力的基础；是从环境角度建构区域创新体系的系统“软件”。

（1）文化是在精神、理念和价值观层面上提升主体自主创新能力的前提，观念性文化构成创新的内在动力。

精神、理念和价值观对主体的自主创新活动起先导作用，构成创新的“灵魂”。体制与环境的创新也在一定程度上取决于观念的创新，观念创新贯穿、影响创新的全过程。从国外来看，没有文艺复兴运动导致的思想、观念大解放，就没有近代欧洲一系列的科学发现、发明；没有多元价值观“共振”导致的观念创新，也就没有美国的硅谷。从中国来看，没有先秦诸子百家争鸣导致的思想解放，就不会有后来两汉农业文明的进步及其他科技发明。在其他条件相同的情况下，不同的科研群体或个体创新成就大不同，重要原因就在于他们的创新的精神、毅力不同。由狮子带领的一群绵羊之所以能战胜由绵羊带领的一群狮子，盖因领头人的精神、战斗品格会影响整个团队，在创新实践中也是如此。中国文化中有不少鼓励创新的优秀思想，倡导革故鼎新、推陈出新、刚健有为，如“天行健，君子当自强不息”，“苟日新，日日新，又日新”（《礼记·大学》），以及“领新标异二月花”（郑板桥）等。但传统文化中也有一些不利于创新的观念需加以摒弃或改造，如强调“大一统”的、追求“秩序”的、“枪打出头鸟”的保守性观念造就了大量缺乏个性、不敢越“雷池”半步的人群，“天不变道亦不变”与“以不变应万变”的价值观易导致墨守成规，儒家“以和为贵”的中庸思想不利于批判、怀疑精神的培养，道家“出世”的思想不利于“经世致用”，

“文人相轻”的观念不利于团队协作，“官本位”的等级观念不利于知识价值的弘扬等。杨振宁曾指出，儒家文化的保守性是中国 3 个世纪以来抗拒西方科学发明的最大原因，缺乏创新文化底蕴是中华民族在科学技术发展上很难有大作为的缘由。今天，只有树立、弘扬那种为科学献身的精神，追求真理、崇尚创造的创新精神，敢于怀疑、善于批判的精神，勇于攀登、百折不挠的精神，不迷信权威、敢于突破“框框”的精神，“以人为本”的科学理念，开放、博纳的观念，团队协作、整体和谐的观念等；形成创新思维品格、良好的学风与学术道德；确立热爱科学、追求真理、尊重人才、鼓励探索的价值观等，才有助于提升主体的自主创新能力。

（2）创新文化是从制度、体制角度提高区域自主创新力的，基础文化在经济发展乃至社会发展中居于重要地位。

自主创新有赖于动力机制与制度安排，呼唤开放、合作、互补、共生的创新机制。从某种意义上说，制度创新比技术创新更重要。要创造一个有利于创新、有利于培育创新文化的制度和政策环境。在新制度经济学那里，制度是在资源禀赋与技术之外来解释经济发展的一个重要因素。文化既可视为一种非正式制度（包括精神文化、价值观念、社会风尚等内容），也可内生、激发制度变迁，产生出有助于自主创新的一系列制度、机制。浙江民营企业的蓬勃发展就证明了这一点。一国一地的制度文化能否顺应创新的要求，决定了它能否成为创新活动的策源地。创新的关键在人才，人才的成长靠教育，教育的提升靠科研，这三者都离不开制度、体制。好的制度、体制对于创新活动具有很强的正导向性与激励性。日本学者汤浅光朝指出，世界科技活动中心总是朝着政治体制和社会文化先进的地方转移。从 1610 年前后到 1950 年，世界科技中心先后从意大利转移到英国，又到法国、德国，再到美国。美国之所以涌现出许多诺贝尔奖获得者，具有很强的创新能力，原因之一是其科教一体化的体制及其他激励创新的一系列完备制度。而在这一方面，我们却存在不少制度、体制性缺陷。例如，科教分割的体制性问题在国内仍未很好地解决；我们的教育制度、教育方法中还存在不少压抑创新精神、不利于创新思维发展的因素；科技创新的投入机制、合作机制、风险管理机制、评价机制和激励机制仍不完善等。今天我们要下决心突破阻碍创新的体制障碍，对一切不利于创新的旧体制进行制度性改革，确立起一系列有助于自主创新的新制度、体制。

（3）创新文化是从环境角度建构区域创新体系的系统“软件”。

任何创新活动都离不开一定的创新性环境，特别是离不开创新的社会氛围，古今中外莫不如此。欧洲中世纪宗教神学的环境扼杀了文化的自由创新，中国盛唐时期的创造力勃发离不开开放、博纳的文化环境。英国历史学家汤因比研究过人类历史上曾出现过但后来消亡的 21 种文明，发现其原因无一例外地是因为无法适应环境变迁与外部挑战，不再具有创造活力。当然他讲的环境是广义的，包括自然环境，而本文的环境指除了精神、观念环境（受前述观念文化影响生成）与制度环境（受上述制度文化影响生成）外的其他社会性环境。环境中也有文化因素，凡创新成果多的地方（如美国的硅谷、中国的香港），往往拥有良好的创新性环境，特别是有着尊重个性、崇尚创造、团队协作、宽容失败的创新氛围。良好的创新环境、氛围可使人思维活跃、精神振奋，形成创新激情，迸发创造“火花”。有人列出这样的公式：创造性成果＝创造性人才＋创新性环境。环境创新文化可以像系统“软件”那样，将区域内的各种创新要素有机地聚合在一起。2001 年联合国开发计划署公布了全球 46 个技术创新中心城市名单，我国香港、台北、新竹入选，此外，亚洲还有仁川、班加罗尔等城市入选，这些城市都具有优良的创新、创业环境。中国大陆无一个城市入选，说明我们在这方面差距还很大。

7.1.3　创新文化建设的宏观思路

既然创新文化对自主创新具有如此重要的意义，我们就不能视之为“软任务”，而应加以高度重视；应当在精神理念、体制机制、环境氛围等方面大力推进创新文化建设。创新文化建设要“往深里想、宽里拓、高里提”；要培育创新精神，拓宽创新思路，形成创新氛围，孕育创新体系，大力建构具有高文化势能、高辐射力、高影响力的创新文化。做到以下几点。

（1）大力培育创新精神。

要在全社会培育、树立敢于探索、勇于创造、乐于登攀的创新精神，为自主创新提供强大的精神动力。

（2）创新建设思路。

应将创新文化建设纳入社会主义先进文化建设乃至精神文明建设工程之中，作为其重要建设内容。同时，针对目前不少人忽视创新文化建设甚至“不知创新文化为何物”的现状，媒体也要加大宣传力度，以提升全社会对它的关注度、重视度。

（3）创新建设路径。

树立跨学科创新思维方式，在创新文化建设中遵循文化与经济双向互动的创新路径，弘扬、壮大区域固有的文化力，为自主创新提供文化动力。

（4）创新建设维度。

应从原创度（要以原始创新为主，一味模仿创新有可能侵犯别人的知识产权）、自由度（倡导自由、宽松的知识生产、学术探讨的环境）、协作度（注重团队协作）、支持度（多方位的环境支撑包括政府、法制、政策、金融等方面的支持）、激励度（为自主创新提供激励、鼓励机制）、开放度（以开放博纳的心胸接纳八方人才与“他山之石”）6 个维度上推进区域创新文化建设。

（5）营造创新环境与创新机制。

构建科学思想自由表达、“百花齐放”的创新环境，形成崇尚创造、宽容失败的容错机制。从中外历史上看，凡文化繁荣时期与科技创新中心，莫不具有思想的启蒙、解放及学术自由探讨的文化大背景，古代中国的春秋时期如此，近代德国的科学繁荣与现代以来美国的科技、经济发达也是如此。主管部门应在体制、制度上给科技人员创造宽松的活动“空间”，应“多栽花、少锄草、少栽刺”；要在全社会树立“创新风险”观念与“失败是成功之母”意识，形成不怕失败、宽容挫折的氛围与机制，不以成败论英雄。国外许多大公司如南非自然资源公司、欧洲的制药公司、日本的啤酒公司和美国的金融服务公司等都制定了允许失败的方针，可供我们借鉴。

（6）重视部门、行业创新文化体系建设。

区别不同的性质、特点、要求，建设不同部门、行业（如企业、科技园区、高校、科研院所、县市）的创新文化体系。重视创新组织文化与领导创新力的建设。要在各级政府与不同部门、行业中建构有利于自主创新的组织文化，尤应在组织中建构有助于创新的领导风格。管理学家将领导风格分为强制型、权威型、亲和型、民主型、领跑型和辅导型 6

类，认为其中最有利于创新的是后 4 种风格。这 4 种领导风格构成了领导创新力。各级各类领导、管理者都应力求成为这样的创新型领导人物。

（7）重视创新文化研究与创新文化普及教育。

发动自然科学工作者与社会科学工作者从交叉学科的视角对创新文化进行多层面、多角度的理论研究与实证研究，深入研究、拓展创新文化的内涵，形成理论研究成果与普及性成果。进而在各地开展创新文化以及《创新学》《创造学》的普及性、启蒙性教育，以提高广大群众的创新意识与创新素质。重视创新人才文化建设。“创新要从人开始，从脑开始，创新人才是自主创新的主力军，创新人才文化建设则是区域创新文化建设的重头戏。要进一步弘扬尊重知识、尊重人才的社会风尚；加大、加快创新人才队伍建设力度，用创新的精神、观点、知识、方法武装他们；要以兼容并蓄、海纳百川的文化心胸，大力吸引海内外创新人才，以其先进理念、知识、技术为自主创新做贡献；要重视有利于创新的科学道德与学风的建设；要构建团队协作的创新精神；“要从娃娃抓起”，培养、倡导、鼓励儿童与青少年的创造性思维等。

7.2 校园创新文化建设

7.2.1 高校创新文化的结构要素

高校创新文化作为文化的子文化，有其特有的系统结构，创新文化环境、创新文化价值观、创新文化行为规范、创新文化制度、创新文化组织这 5 个要素构成了这一系统。

1. 创新文化环境

创新文化环境包括外部环境和内部环境，决定着创新文化的内涵和外延。外部环境是指社会、政治、经济、文化、科学技术等状况，影响高校创新主体的创新行为。内部环境是指高校的大学精神、历史积淀、文化传统等，在更直接的层面上决定着高校创新文化的内容和形式。创新文化环境是影响创新主体能否获得成功的重要因素。

2. 创新文化价值观

创新文化价值观就是高校在创新活动中所倡导的创新观念、所形成的共同创新意识，它为创新行为提供指导方针，是创新文化的核心。当然，作为高校，对创新理念、创新行为、创新精神等的独特看法和价值取向，创新文化价值观的形成不是一朝一夕就能完成的，它需要在一定的创新文化环境下，通过构造创新制度、规范创新行为、健全创新组织等活动才能形成。

3. 创新文化行为规范

创新文化行为规范就是高校在创新活动中逐渐形成的一系列有效推动创新的行为规范，它只是从一般原则的角度来规范创新主体的创新行为，如创新动机、创新行为、创新目标等。合理地规范，不仅不会约束人们的创新思想，反而能够使创新行为步调一致，保证创新活动的效率。

4．创新文化制度

高校创新文化的形成和运作，必须以一定的制度体系为基础，而这一定的制度体系就是通过不断探索和总结而形成的有利于高校开展创新活动的规章和条件等，它是将创新文化价值贯穿于创新活动中的载体。

5．创新文化组织

高校创新活动多数是通过部门间的协调、正确决策与实施来完成的，需要具体组织部门牵头运作。健全的组织主要从宏观上负责创新管理制度的制定、创新组织体系的设置、创新资源的合理配置，以保证创新活动的良性运行。

这 5 个要素将高校创新文化作为一种独立而有特色的文化融合在高校中。

7.2.2　创新文化建设对策

1．营造创新文化环境

当前，在高校建设中，加强资金、设备等硬件是必需的，它是高校发展的物质基础，但仅仅关注硬件建设远远不够。从长远来看，创新文化环境建设才是学校发展的真正精神动力，是推动大学可持续发展的本质性力量。高校创新文化环境建设应该包含以下 3 个主要方面。

（1）学术环境。

良好的学术环境是社会繁荣的必要条件之一，也是促进社会变革发展的必要条件之一。高校是一种学术机构，学术环境非常重要，拥有良好的学术环境，人才如鱼得水；反之，在学术禁锢之下，人才就要饱经磨难。良好的学术环境，一般应当具备这样两个基本条件：一是保障学术自由，二是鼓励学术竞争和开放。学术自由，就是学术研究无禁区，学术从政治桎梏中解脱出来，同时，能够自由地传授与学习人类文明的各种知识，自由地进行理性思考和学术争论。学术竞争和开放，就是学术必须通过交流在竞争中发展，倡导学术上的“五湖四海”。通过营造开放和竞争的氛围，使高校成为新观念、新思维、新方法的集散地，让不同的文化在这里发生碰撞与融合，使不同的创新思想在这里得以升华，为创新文化建设创造一个良好的学术环境。

（2）宽容失败。

“失败乃成功之母”，这是中国几千年流传下来的古训。失败是正常的，也是必然的。另外，创新是对旧事物的“否定”，要冒风险，甚至有生命之忧，历史上因为创新而献身的大有人在，布鲁诺为宣传哥白尼的学说被活活烧死。创新是强者的行为，是令人尊敬的行为。因此，在高校内，对创新活动不仅要看结果，更要注重过程，对失败者要加以鼓励，使其重新开始，努力从制度上做到鼓励创新。

（3）优良校风。

优良校风是高校的优秀文化传统及整体精神风貌的一种体现，创建创新文化环境离不开良好的校风。应该说，我国高校历史十分重视校风建设，在长期的历史进程中，形成了良好的、各具风格和内容的校风，对高校的创新文化建设起到了十分重要的导向作用。例如，北京大学的校风“严谨、勤奋、求实、创新”，浙江大学的校风“求是创新”等，都成为推动高校创新文化建设的一种无形的力量。当前，社会的发展对高校提出了许多崭新的要求，创新文化建设必须坚持与时俱进，不断对校风赋予新的内涵。同时，也要注重高校特色，强调教风、学风的科学性，以创新文化建设推动高校各项工作的全面发展。

2．确立创新文化价值观

高校创新文化价值观是全体师生员工在创新活动中的共同观念、共同利益基础上形成的群体价值观，它为全体人员提供一种共同的创新意识，在高校创新文化体系中居于核心地位，对于增强高校的凝聚力、竞争力至关重要。重视创新文化价值观的教育，形成健康的创新文化价值观以及对创新行为的价值判断标准，具体表现在以下几个方面。

（1）追求真理。

创新的真谛在追求真理。牛顿、居里夫人、爱因斯坦等一系列伟人所取得的辉煌成绩，无一不是他们无私奉献、执着追求的结果。德国教育思想家雅斯贝斯认为：“大学是个公开追求真理的场所，所有的研究机会都要为真理服务，在大学里追求真理是人们精神的基础要求。”高校作为社会的一种最高教育形式，其职能也随社会的发展而变得宽泛，不仅承担着传授文化、保存文化、整理文化的职能，而且承担起创造文化的职能。高校要履行其职能，特别是要履行其创造文化的职能，必须不断地对以往的教育思想和理论进行完善和超越，而要完成这样的使命，就必须要有一种顽强追求真理的精神。

（2）崇尚科学。

创新需要广泛的科学支持，任何一种创新活动都必须建立在相应的科学知识体系、基本原理及方法的基础上。例如，理论创新需要认知科学的支持，技术创新离不开技术科学的原理和方法，制度创新必须以经济科学等广义的人文社会科学为基础等。离开了科学原理、方法及知识体系的支持，创新就失去了科学的基础，就会变成一种盲目的活动，甚至会成为一种破坏性的活动。

大学与科学是紧密相联的。高校从根本上讲，是学问的象征，它对科学至真、至善、至美的执着追求，才揭示了宇宙的奥秘，让人们认识和掌握客观事物及其规律，推动了今天社会的不断进步。重提崇尚科学的价值观，就是希望高校的科技人员坚持对科学真、善、美的追求。

（3）鼓励竞争。

中国经历过几千年封建文化的影响，中庸思想根深蒂固。在这种传统的、保守的、惰性的价值观中，枪打出头鸟，谁冒尖就把谁打下来，创新人才得不到人们应有的理解和尊重。因此，要提倡和鼓励竞争的价值观，必须抛开传统的中庸价值观，首先要大力提倡敢为人先、敢冒风险的精神，其次要从体制和机制上鼓励竞争，在高校内形成“百舸争流”的竞争局面，促进创新人才的不断涌现。

3．凸显校园文化精神

校园文化精神被认为是高校发展过程中沉积的灵魂和生成的精髓，是一所大学生存、延续、发展的重要精神支柱，主要包括人文精神、创新精神、批判精神。

（1）人文精神。

人文精神是一个意义宽泛的概念，它包含科学精神以外的所有其他精神。大学人文精神则是指大学所倡导的在处理人与社会、人与他人、人与自己关系时的价值观以及建立在这种价值观基础上的行为规范。因此，在创新文化建设中，也要注意“人文”建设。首先，要珍惜人才，全力创造一个培养人才、有利于人才成长的环境；其次，要确立一种更为适合人的生存与发展的价值取向，以彻底解放人、全面自由发展人为目的，使高校中的每一个人都具有健康独立的人格、自由意志和主人翁地位，能够充分发挥个人潜能；再次，旗帜鲜明地唱响爱国主义、集体主义和社会主义主旋律，引导个人正确处理好个人与群体、个人与社会的关系。

当然，在大力弘扬人文精神的同时，也要处理好科学与人文的关系，使其相互促进，协调发展。

（2）创新精神。

大学从产生之日起，就是探索、发现和传播知识的场所。开拓创新逐渐成为大学精神气质中的重要特征，创新精神也有了更为广泛的含义。大学是以培养人才为己任的，而创新恰恰是人才的特质。曾任哈佛大学校长达 40 年之久的艾略特认为，大学文化中价值最大的成果是使学生具有开放的头脑，经过训练的谨慎的思考态度和谦恭的行为。培养创新精神要着重从其组成要素上把握。① 创新意识：涉及对创新重要性的认识，使创新者对创新有一种时代紧迫感。② 创新意志：“有志者，事竟成。”意志是创新者必备的心理因素，创新者必须具有意志的自觉性、果断性和坚持性。③ 创新思维方法：创新应遵循一定规律，即遵循唯物的、辩证的思维方法，减少盲目性。④ 创新协作精神：没有协作，创新寸步难行，要强调团队精神，把个人融于集体之中。

（3）批判精神。

批判精神体现为态度、观点和看法。大学中的批判精神源于它对探索未知、寻找真理的强烈兴趣和不懈追求，源于它对社会、国家乃至人类的高度使命感和责任感。它具有两个层面：一是知识层面的批判，即对文化中落后、陈旧、腐朽部分的批判；二是社会制度及社会现实层面的批判，即对社会制度的落后、保守、腐朽的批判和对社会存在的许多丑恶现象的批判。要做到上述层面，首先，大学必须站在知识前沿，把握和领导最先进知识的发展，这是基础和前提；其次，大学要富有社会责任感，走在社会发展的前面，指导社会的未来。在这样的传递、选择和批判过程中，高校才能体现出无限的生命活力。

第 8 章　创新能力评价与应用

> 一个没有创新能力的民族，难以屹立于世界先进民族之林。
>
> ——江泽民

高等学校承担着培养创新人才的重要使命。科学合理地构建创新及人才培养体系，对于开展创新人才的培养具有非常重要的理论意义和现实指导作用。

8.1　创新能力评价

评价与监控机制是高等教育体系的重要环节之一，它能够对创新创业教育的教与学双向环节的实际效果进行有效地考核、评定、检测，规范和引导师资队伍的教学行为，激励和引导学生的学习和实践。根据创新创业教育的培养目标，建立以培养创新创业能力、素质为中心的科学可行的指标体系及评价控制体系，能够全面监督创新创业教育的过程和绩效，有效推进其实施和运作。

8.1.1　创新能力评价的意义

1．有利于完善高校教学管理体制

评价最大的特点就是具有导向性，现行高校考试评价制度直接关系到教育教学活动对学生创新素质的培养。从实践教学出发，利用评价的手段，建立健全科学合理的大学生创新能力评价体系，使考核由当前的知识记忆向创新素质转变，能够有效引导高校树立以创新创业为核心的全面素质教育质量观，促进教学管理体制与创新人才培养目标的

要求相适应。

评价的另一特点是具有激励与调控作用。有助于先进的教育思想与理念的落实，有利于创新创业的人才培养目标的实现，并为其提供理论依据与评价标准。同时，科学的评价体系往往属于形成性评价与过程性评价相结合的有机整体，建立、检验和落实评价的过程就是依照以创新能力为核心的全面素质质量观，落实创新人才培养的过程[①]。

因此，建立科学的评价体系，就是要通过培养和评价的双向互动研究与实践，构建大学生创新能力评价体系，使创新人才的培养具有明确的方向、科学的标准，并从大学生专业素质的教育和培养中充分体现出来，为高等教育的改革和发展提供方向和科学依据，促进以创新能力培养为核心的素质教育的有效落实与深入开展。

2．有利于推进创新教育的实施

大学生创新能力评价指标体系是指通过一系列的相关指标，来较为全面地衡量大学生的创新意识与创新能力的评价方法。

创新创业人才质量评价指标体系应是包含“知识、能力、素质”的综合评价体系，指标的设置要结合创新创业型人才的素质结构，围绕创新创业教育的课程体系，既可以考查学生专业教育和文化素质的水平，又能有效考评学生的创新能力、创业能力、实践能力、创造能力。创新创业型人才培养质量指标之一的知识，不仅包括个人获取的自然科学知识、社会科学知识、思维科学知识，还应包括创新创业知识和个人知识结构的合理程度。能力是完成任务达到目标的必要条件，能力总是与活动联系在一起，只有通过活动才能了解一个人的能力，对于创新创业型人才而言，要重点考查学生的创新能力、创业能力和实践能力，可选用的指标有发表的论文、参与的课题、发明的专利、参加的社会实践、创业实践、实习等。素质是人在从事活动时所具有的较为稳定的、内在的、基本的品质，素质的形成和发展是一个长期内化的过程[②]。鉴于此，设计出一套新的适合社会发展要求的大学生创新能力评价指标体系，来有效推进大学生创新能力的培养，成为当前教育界迫切需要解决的问题。

3．有利于开发大学生的创新能力

传统教育以分数为核心的评价体系，侧重知识传授，人们往往以学习掌握知识的程度为衡量标准，而创造新知识的能力则得不到应有的重视。把大学生创新能力作为一项重要指标纳入学生评价体系中，必然推动教师与学生行为的改变。因此，强调过程性评价，使学生的学习不再以最终的一次性考试为目的，注重形成性评价在评价中的地位，将终结性评价与形成性评价相结合，定性评价和定量评价相结合，注重对学习过程和能力的考查，让学生发现和体会学习过程的兴趣和快乐，从而达到发展自己个性和创造性以及其他素质的目的。这些有益的尝试可以帮助大学生加深对课堂知识的理解与把握，培养学生的创新精神、创新人格、创新能力。

并且，通过创新能力评价，可以有针对性地对大学生进行创新能力训练，并评价训练效果。大学生创新能力评价的结果，往往表现出一定的特征，这些反馈，可以使学校的创

① 郭绍生.大学生创新能力训练[M].上海：同济大学出版社，2010.

② 王璐.创新创业型人才培养质量评价体系的构建[J].技术与创新管理，2013，(05).

新教育的目的性变得更强，从而更好地推动创新教育改革，并最终达到促进学生创新能力的开发与培养的结果。

8.1.2 创新能力评价的基本原则

研究创新能力评价指标体系的目的，并非制定指标本身，而是通过设定这个体系，最大限度地激发大学生的创新欲望，把大学生潜在的能力调动起来，为创新服务，进一步提高大学生的创新素质。总体来看，创新人才的培养是一个系统工程，包括人才培养方案与课程的设置、教学方法与手段的改革、教学管理制度的保障等多项内容。在培养方案实施的过程中，任何环节出了问题，都会直接影响到人才培养的质量。部分高校在创新人才培养的过程中，取得了较好的效果，但由于受到各种因素的制约，也因为有些高校的教学管理制度过于刚性，教学管理制度缺乏为培育创新人才改进的空间，导致在对学生进行课程及学业评价时无法充分考虑创新人才培养的特点与要求，而改变成绩评定的内容和方法，因此在教学理念与模式改革的同时，却仍然采用的是传统的评价模式，即主要通过最终一次性考试的方式检查学生对知识的掌握程度，以此来评价学生的能力，评价理念与方法相对落后于教学理念与模式，缺乏对学生创新思维和创新能力的评价，以促进创新人才培养为核心的学业评价理念远未形成。

立足于学生的未来发展，树立正确的学业评价理念，实施可持续发展的课程与学业评价，将学业评价作为提高学生创新意识、创新能力的一种手段，并使之成为促进学生未来发展的切入点和着力点，对于创新人才的培养具有重要的意义。综合考虑创新人才培养的目标和研究性学习的特点，适应创新人才培养的研究性学习模式中学生课程与学业评价体系的构建应遵循以下几个基本原则。

1. 科学性原则

评价体系的科学性，是保证创新创业型人才培养活动科学化的基本条件，其科学性主要体现在评价指标和评价方式的科学性，所采用的评价指标体系是否清晰、明确，评价方式是否合理、准确，力求全面、客观地反映和描述这个评价体系。适应创新人才培养的评价体系显然要比传统的评价复杂，因为传统的评价多以作业和最终考试成绩来评价学生对知识的掌握情况，这些都比较容易实施，而新的评价体系对创新人才的评价是多方面的、综合性的，很多方面素质的评价不容易测量和评定。因此，在评价中应综合采用多种的，反映全过程的、全方面的科学的评价方法和工具，并将定量分析与定性分析相结合。目的是防止评价结果以偏概全，以局部代替整体，以非本质的东西掩盖本质的东西，以暂时性的现象取代稳固性的特征。

为了使评价指标体系反映出大学生创新活动的内容和规律，全面客观地揭示大学生创新素质的内涵，科学地指导高校的教育教学和人才培养工作，在设计大学生创新能力评价体系时，必须依据马克思主义关于人的全面发展学说和教育学理论所揭示的教育规律与管理规律，结合大学生的身心发展特点和未来社会对人才的素质的要求等，着重围绕创新人才的培养目标，研究和建立具有可操作性的价值目标系统，逐步筛选涉及学校教育教学工作和学生素质的所有因素，排除那些违反高等教育规律、违背国家教育方针的因素的干扰，精选出符合创新人才培养目标的要素，并据此制定相应的标准，提出明确的质量要求。

2. 合理性原则

合理性原则主要指评价体系是否适合评价对象的实际情况。正是评价对象的差异性决定了评价体系要符合合理性的原则，我们应根据不同的评价对象选用不同的评价标准，以保证评价体系的科学性与合理性。大学生正处于自我意识快速发展和形成的关键时期，他们的自我意识、自我情感比较强烈。有鉴于此，对大学生创新能力的测评，不仅需要鼓励富有创新精神的学生，对他们的创新行为给予应有的承认，帮助他们脱颖而出，还要启发那些在应试教育模式下，只关心学习成绩而不具备创新精神和能力的学生。帮助他们正确评价自己，发现自己的弱点，促使他们积极参与各种创新活动，进行创造性、研究性学习。

3. 可行性原则

可行性主要体现在评价方式的实施以及对评价结果的量化处理两方面，评价体系进行的评价能够为评价实施主体掌握，无须耗费大量的人力、财力、物力。同时，评价结果能够判断出人才培养质量的水平，即评价结果具有实际意义。可以说，评价指标的可操作性和可度量性是建立评价指标体系的一个基本原则，评价体系只有具备可行性才有实践的价值。因此，指标体系的设置应该尽量避免形成庞大的指标群，指标的数据易于采集，计算公式科学合理，评价过程简单，且易于掌握和操作。在制定大学生创新能力测评条件时要结合本校实际，突出学校特色，使评价条件具有可操作性，并能够量化评价。

4. 多样性原则

创新人才培养的特征之一是充分尊重学生的个性化，个性化的本质特征就是差异，是多样化。因此创新人才的培养必须考虑并尊重学生个体发展的差异性与客观规律，借助于尊重个性化的评价体系和多样化的评价方法可以突出学生的特长，增强学生的创新意愿与期望，并使其转化为创新的动力。因此，创新人才培养过程中学生课程与学业评价体系的设计要充分了解个体之间的差异与特长。

同时，创新能力评价还要坚持评价主体的多元化和评价方式的多样化，要采取多种办法，让教师、学生、家长和社会各方面的力量均参与评价活动。必须改变传统的单一的由教师评价的测评方式，把大学生看成能力测评的主体，重视大学生的自我评价。

8.1.3　创新能力综合评价的注意事项

1. 转变思想观念，树立创新教育理念

长期以来，我国高等教育一直都过分强调知识教育，以一次性的考试来评价学生，忽视了学生创新能力的培养。这种教育方式培养出的学生，往往是“死读书”缺乏结合实践的能力，而能把知识和能力相结合且具有独立思考与创造力的创新型人才较少。然而，在 21 世纪知识经济的时代，这样的教育方式已经满足不了当代社会发展的需要。要革除“传统教育”的弊端，必须从转变教育思想观念开始，这是进行创新教育的先导。

（1）树立正确的人才观。

随着人才评价体系改革的不断深入，促使我们对“什么样的学生才是好学生”“学校培养怎样的人才才能满足社会的需求”等问题进行深刻的反思和认真的界定[①]。面对知识经济

① 郭安周.高等教育研究新论[M].海口：南海出版公司，1998.

对创新人才所提出的新要求，我们必须摒弃单凭考试分数定高低、论“英雄”的传统人才观，树立以创新为衡量标准，重过程、重综合、重全面的新型人才观，从而建立一套既重知识又重能力特别是以创新能力为核心的评价体系。

（2）树立正确的教学观。

明确教学的根本目的在于促进学生获得对知识的深刻认识，在于培养学生的创新能力。教师的教学不能只满足于“传道、授业、解惑”的传统功能和作用，而要以自身的创新意识、思维及能力等因素去感染、带动受教育者的创新能力的形成与发展。要强调发现只是过程，而不是简单地获得结果，使学生不拘泥于现成的结论，培养其创造性地解决问题的方法和能力及探索创新的精神。

（3）树立正确的知识观。

明确知识在本质上并非一成不变的真理，而是不断更新和扩展的过程。怎样获取知识，怎样选择并处理知识，比拥有具体的知识更为重要。知识的学习不再是目的，而是一种手段，是认识科学本质，训练思维能力的一个工具。要让学生学习和掌握那些具有应用潜力和再生作用，能使学生适应未来变化、创造未来生活和服务未来社会的知识信息。

（4）树立正确的考试观。

考试作为测试人的素质差异的一种手段，在人才培养选拔和使用中发挥着重要的作用，它作为素质教育不可忽视的教学环节，与教学大纲、教学计划、教学方法等因素密切相关，并对教育的培养目标承担着具体责任。教学的功能和目标，从根本上说是要提高学生迎接挑战的生存能力和自我发展的能力。

2. 评价体系应坚持道德的指向性

创新精神的培养往往带来竞争观念的树立，在创新教育中，必须坚持竞争的道德指向，德才兼备应成为评价体系中一个重要的导向作用，这对于处在成长时期的大学生尤为重要。因为学校培养的优秀人才既要有创新精神和竞争能力，同时又要有理想的支撑和高尚的品德。同时，评价体系还要能较好地克服现有教育模式中重理论、轻实践，重知识、轻能力，重趋同一致、轻标新立异等不利于创新意识和创新精神培养的弊端，实现二者的优势互补。

3. 创新能力评价应渗透课堂教学主渠道

创新能力评价模式，要让学生成为评价主体，成为他们认识自己和教育自己的一种教育方式，成为教师改进教学、实现创新教育目标的反馈方式。在课堂教学中渗透创新能力评价，要重点指向 3 个方面：其一是学生创新意识的培育；其二是对知识再认、再现的探索能力；其三是将知识重新组合的综合能力和应用能力。这也是构建创新能力评价指标体系的关键要素。要充分认识评价也是教育，是培养学生正确认识自我、发展自我的一种教育方式。要坚持评价主体的多元化和评价方式的多样化，重视过程评价，把评价变成教育、指导和改进的过程。要重视对教师教育教学行为、态度和工作质量的评价，通过评价，规范教师行为，优化教学过程，发挥教师的创造性。要建立对学生多方面发展的评价体系，注重对学生学习的能力、态度、情感、表现和实践能力以及学习方法的综合评价，通过评价激发学生的积极性和创造性。

4. 应建立和完善大学生创新激励制度

现代管理学和心理学研究表明，就总体而言，对大学生正面激励的效果要远远优于负面批评，正面激励有事半功倍之效。广大教育工作者应善于采用正面激励的方法，要善于发现学生的闪光点，对他们的点滴进步都要给予足够的肯定和褒奖；要允许探索中的错误，不求全责备。课外科技活动是一种能够充分调动学生的学习主动性、拓宽知识面、有效地培养学生创新能力的良好途径。高校有关部门在出台规章制度时都要注意从关注、引导学生的个性发展及爱护和培养学生的创造欲和探索精神的角度出发，为他们创新精神的培养和实践能力的形成营造良好的氛围。要不断探索，深入研究，出台相关激励政策，并投入专项资金，对培养和提高大学生创新能力的教师和在创新方面取得突出成绩的大学生予以奖励。；例如，大学生凡参加科技发明和科研活动、公开发表作品、参加各类竞赛、参加社会实践活动的，应给予相应的学分或颁发证书作为评优评先的参评条件。只有这样，学生参与的热忱才会高涨，学生的创新成果也会越来越显著。因为有序的竞争和激励，能让大学生有成就感和被认同感，充分体现出自我价值，从而达到提高大学生的创造能力与综合素质的教育目标。

大学生创造能力的培养，需要教师的悉心指导，需要整个团队的密切合作，需要在班级中形成创新氛围，需要院系和学校有关部门的支持。因此，激励大学生创新的机制不应该仅仅是对大学生创新个人主体的激励，还应该包括对其他相关主体的激励，如对指导教师的激励，对整个团队的激励，对班级的激励，对院系和学校有关部门的激励等，而且这些激励必须一体化，成为一个有机系统。

8.2　创新能力评价指标体系

8.2.1　创新能力评价指标体系的结构框架

从系统论的角度分析，创新能力评价指标体系应是一个定性与定量相结合、具有层级对应关系的量标系统，这个量标系统由若干相互排列、相互关联、相互作用的评价要素按照一定的方式有机构成。由于素质教育和创新教育的培养目标是不仅要在德智体美等方面全面发展学生的整体素质，而且要在此基础上突出重点，着力培养学生的创新精神和实践能力，因此可以说，蕴含于德智体美整体素质之内，由所有素质共同作用的创新素质包括创新精神和实践能力两大部分。创新精神主要指学生的精神状态、心理活动和人格特征，可以分解为创新意识、创新精神两项指标。实践能力的概念内涵极其丰富，它应包括继承性模仿实践能力和发展性创新实践能力两方面的内容，其中发展性创新实践能力即是创新素质的核心，是评价创新能力的重要指标。也就是说，对大学生的创新能力进行评价的指标要素应该包括创新意识、创新精神、创新实践能力 3 个层次的一级指标，三者共同构成一个有机的统一整体。其中，创新意识既是创新活动的出发点和内在动力，又是影响创新能力生成和发展的重要内在因素和主观条件，是评价创新能力的基础和前提条件指标，该项指标可以用创新欲望、创新理想两个二级指标来反映；创新精神主要是创新素质的人格特征和精神状态，为创新能力的生成和发展提供了保障系统，它是创新能力评价的保障条件指标，该项指标可以用创新情感、创新意志、创新性格 3 个二级指标来反映；创新实践能力是创新能力的核心，是创新能力评价的关键性指标，该项指标可以用创新思维、创新学习、创新特长、创新技能 4 个二级指标来反映。

在实践过程中，创新意识、创新精神和创新实践能力 3 项要素呈现出一种互动态势，相互关联、相互制约、相互作用，有机地构成了评价创新能力的标准系统，完整地揭示了创新能力的要素内涵。创新实践能力是创新素质的核心要素，是创新意识和创新精神等内在的创新素质在创新实践中的外在表现形式。只有在创新意识和创新精神双重因素的作用下，学生的创新能力才能得到充分发挥，并取得相应的创新成果。学生强烈的创新意识和良好的创新精神是生成和发展创新能力的厚实底蕴。

8.2.2 创新能力评价指标体系的要素分析

1. 创新意识

创新意识是意识的一种特殊的表现形式，它是学生在学习实践中，由于受到某种创新教学因素的激发或诱导而产生的创新动机，表现出的创新意向和愿望。创新意识的基本内涵和指标要求如表 8.1 所示。

表 8.1 创新意识的基本内涵和指标要求

评价要素		要素评估标准
创新意识	创新欲望	对新知识、新信息、新事物有强烈的好奇心，充满求知欲，广泛阅读，博览群书；在自主学习中发现问题，主动查阅资料，搜集信息，思考和探究解决问题；在教师的指导和协助下，积极参与讨论和交流，大胆发表意见，敢于质疑；关心科技发展，关注社会变革，对创新学习实践富有极大的激情
	创新理想	经常主动用语言表达自己的创新体验，感到充实和幸福；创新志向和信念坚定，创新体验经常得到升华；主动向教师或群体成员倾诉创新理想，制定创新目标以及实现目标的措施

创新欲望是学生在创新性学习实践中因受到某种外界因素的诱发而产生的一种强烈的创新需要和创新动机，是学生求新求变、主动探索、迫切求知的心理取向。创新理想是学生热爱创新、追求创新、为实现创新目标而奋斗的坚定志向和信念，是创新欲望健康发展的必然结果和创新意识的最高境界。在创新学习实践中，当学生的创新欲望一次次得到满足的时候，其创新兴趣将日趋广泛和浓厚，创新体验将不断得到深化，并将逐步把这种创新的兴趣和体验发展成为创新的志向和信念。也就是说，只有在教学全过程中注意保护学生的创新激情，才能使学生的创新欲望得到健康发展，并最终形成创新理想。同时，学生的创新欲望只有在产生创新理想之后，才能形成稳定的心理结构，使之融合于创新意识之中，成为学生创新学习活动的永不枯竭的动力之源。

2. 创新精神

创新精神主要反映创新能力的人格特征和精神状态，为创新能力的生成和发展提供保障系统。它是个体所具有的那些对创造力发展和创新任务完成起促进或保证作用的心理动力特征，通常由情感、意志、性格等基本心理要素组成。这些心理动力特征能确定人的特性或特有的行为和思想，往往由外因激发或促成。创新精神主要表现为与个体的创新活动有关的反应的敏捷性、观察的敏锐性、意志努力的程度高、情绪情感的控制强、对自己能力的自信、行动上的独立性、成就机动水平高、善于自我激励、有高度的挫折容忍力、不盲从、喜欢用自己的观点来判断问题、对事物有持久的探究欲、有幽默感等方面的特征。

具有创新精神的人总是自觉地、有意识地支配自己进行创造性的心理和实践活动，表现出高度的创新自觉性，并对创新表现出强烈的情感需要。当能够顺利完成创新，满足内心的需要时，就呈现出满意、快乐等积极的情感反应；反之则呈现出痛苦等消极的情感反应。个体为了满足自己的创新情感的需要，获得快乐的情感享受，必定会积极地发挥自己的各种才能，努力创新。另外，创新往往是一种艰难的、开创性的活动，难免会遇到困难和挫折。为保证其顺利进行和完成，坚强的意志也就成了创新人才所不可缺少的一种精神素质。在创新过程中，创新人才的行为往往都具有很强的目的性、果断性和坚韧性，他们在困难面前决不退缩，持之以恒。创新精神的基本内涵和指标要求如表 8.2 所示。

表 8.2　创新精神的基本内涵和指标要求

评价要素	要素评价标准	
创新精神	创新情感	时时保持愉快向上的心理期待，对于创新活动密切相关的学习集体、指导教师等始终如一的热爱；情感丰富、信念坚定，对创新学习活动充满激情；具有积极健康的创新生活体验，崇尚科学、追求真理，在创新学习活动中胜不骄、败不馁，始终保持饱满的精神状态
	创新意志	在创新学习实践中能吃苦耐劳，持之以恒；勇于面对挫折，主动接受挫折磨炼，百折不挠，并以此为动力，寻求战胜挫折的途径；遇到困难不低头、不妥协，即使身处逆境也能顽强地生存和发展
	创新性格	具有崇高的创新理想和探索客观规律、追求真理的坚定信念，以及为追求人生价值而终生奋斗的奉献精神；具有独立精神和合作精神，喜欢独立思考、独立判断、独立果敢地行动，主动与同志密切合作，取得同志的理解和支持；灵活、机智，思维敏捷，善于思考，很少思维定势，经常“顿悟”、“灵感”迸发，善于发现和解决新颖的问题；生活乐观，待人诚恳，社会适应性和竞争意识强，对人温和但不感情用事，与人竞争但不嫉妒

3．创新实践能力

学生创新实践能力的提高是丰富创新意识最有力的理性支持和对创新精神特征的实践检验，它是一种特殊的能力结构形式，主要指学生为完成创新学习实践活动所必须具备的本领。创新实践能力的基本内涵和指标要求如表 8.3 所示。

在实践活动中，学生的创新能力往往主要表现为内在和外在的两种方式，具体体现在创造性认知（主要是创新思维形式）和创造性实践活动（主要是创新操作形式）中。创新思维是人脑思维的高级形式，它是指发明或发现一种新的关于客观现实的反映方式，用以揭露不能直接感知到的事物的本质和规律的一种思维过程。它要求重新组织观念，以便产生某中心的思维成果，以发现问题为中心，以解决问题为目标。也就是说，创新思维是使人善于在无疑处生疑、在无路处走路的一种心理素质。创新思维具有 5 个明显的特征，即积极地求异性、敏锐的观察力、创造性的想象、独特的知识结构以及活跃的灵感。创新技能是学生完成一定的实践活动所采取的具体方式和创新行为，主要包括熟练的实验技巧和能力、新技术和新工艺的操作能力、熟练掌握和运用创新技法的能力、创新成果的表现能力及物化能力等。

表 8.3 创新实践能力的基本内涵和指标要求

评价要素		要素评价标准
创新实践能力	创新思维	具有独立的思想和人格，不迷信权威、不盲从书本，不怕别人讥讽与嘲笑，凡事有主见，具有超常思维，敢于超越，敢于标新立异，立志走自己的创新之路；善于从多角度、多种方位、多种途径思考探究问题，思维角度、思维方法、思维路线与众不同，不复制传统、不重复过去，敢想别人所未想、敢探前所未知、敢创前所未有；思考问题精力集中、专心致志，不受外界因素干扰，甚至达到视而不见、听而不闻、如痴如醉的境地；具有敏锐的观察力，善于透过现象看本质，能够对各种数据、材料进行由此及彼、由表及里、去粗取精、去伪存真的分析综合、加工处理，发现并揭示其科学规律；想象力丰富，善于借助图形、表格及音像符号等抽象的知识形象化，在此基础上，通过归纳、演绎、抽象、概括使感性知识上升到理性认识，同时力求采取多种方法和途径，设计解决问题的多种方案并择优而行，从而实现形象思维与逻辑思维、发散思维与聚合思维的统一
	创新学习	知识面宽广，掌握丰富的各学科知识，形成独特的合理的知识结构，达到创新教学规定的学习目标；创新学习意识强烈，主动参与、主动思考、主动探索、主动创造，在知识的再认和再现的探究式学习活动中，提高创新性学习能力，养成科学的人文精神；参与创新学习实践，逐步学会学习，形成新知识、新信息的获取、处理、应用能力，分析解决问题的能力，知识创新与知识重组的能力
	创新特长	在科技与发明、演讲与辩论、文学与艺术、体育运动等项目的某一方面或几方面比较突出，例如，能够运用所学知识进行发明、创造，设计或改进有时代特色的科技产品；可以侃侃而谈地进行主题演讲，能用一定的理论或事实论证自己的立场和观点；会自我谱曲、自编自演节目且表现力强；可以独立完成“写生画”“创意画”或创造自己独到的书法风格；在田径、球类、游泳、体操、武术等某方面达到较高级别的运动水平
	创新技能	实验动手操作能力较强，能够按照知识产生与发展过程自行设计实验方案、选配实验器材、调试实验设备、进行实验操作、取得实验结果；通过知识重组产生新结构、新功能、新特征的知识，并按新知识的科学内涵进行技术创新，产生关于新知识的物化成果——新的工艺产品；在课外科技活动中，充分发挥创新思维能力，对现实生活中的各种模型、磨具进行结构、功能、式样及构思等方面的新探索和改进设计；养成良好的创新操作习惯，经常根据自己的新思路、新创意，设计、制造出具有一定的理论价值和现实价值的创新产品

皮亚杰说：“思维是从动手开始的，切断了动作与思维之间的联系，思维就不能向前发展。”一般而言，创新思维与创新实践能力二者密切相关、相辅相成。创新实践行为不是单纯的创新思维活动一步一个脚印的累积行为，无论是有步骤地组织信息还是执着地寻求信息，都不总是沿固定的路线、算法式逐步推进的。在创新实践活动中，创新思维特别是直觉思维、灵感思维等非逻辑性思维方式和发散性思维方式具有重要的作用，当然逻辑思维的作用也不容忽视。无论是发现还是发明，往往都是在经验的基础上以直觉思维为开端的，即以整个知识和经验为背景，不经过详尽的逻辑推理和分析的演绎过程，以整体跳跃的方式进行思维活动，提出猜测性的结论或方案；然后以严密的逻辑思维去推理论证，并寻求实验和实例的支持，或以试探性的方法去寻求验证。正如爱因斯坦所言：“从特殊到一般的道路是直觉性的，而从一般到特殊的道路则是逻辑性的。”在绝大多数情况下，创新实践活动都不可能一次成功，常常是灵感和顿悟使问题的解决得到突破性的进展。如果没有聚敛性思维的诱发势态，灵感就不会产生，就不可能抓住偶然机遇，也不可能产生真正的创新成果。没有坚实的逻辑思维，也不可能造成良好的诱发势态，在这种情况下，即使有灵感产生往往也只是局部性的突破。因此，创新思维的过程应是各种思维形式错综复杂地交融、

互补而形成的综合思维过程，在某些阶段非逻辑思维或发散性思维起着突破性的作用，而在另一些阶段逻辑思维或聚敛性思维又为问题的解决铺设阶梯。

对大学生的各种创新能力要素进行分解和确定，为开展大学生创新能力评价提供了具体的评价内容，客观上为客体的性状提供了一把标尺，这些指标要素需要进一步细化为具体的评价指标体系，才能对各种类型、各种层次的大学生的创新素质做出客观、公正、科学的评价。

8.2.3　大学生创新能力综合评价模型

用传统的方法来评判大学生的创新能力，其结果是单一的，即评判结果是用一个数值来表示的，有时不够全面和准确。本书采用模糊综合评价分析方法，将人们定性分析判断的结果定量化，并考虑各个评测要素的综合效应，可以取得较好的效果。模糊综合评价方法是综合运用层次分析法和模糊评价法来解决多因素、多指标评价问题的一种方法，其特点是评价结果不是绝对的肯定或否定，而是以一个模糊集合来表示。模糊综合评价方法主要是根据模糊问题的各个评级因素、评价标准、自然状态以及各因素的相对重要程度建立模糊综合评价模型，然后对各被评价对象进行综合评价。

对大学生综合素质的评价最好是采取加权平均型。实施步骤为：首先，收集主评意见，得出各单项指标在不同等级上的隶属度，进而求得模糊评价矩阵 $\boldsymbol{R}$；其次，对权重矩阵 $\boldsymbol{W}$ 和 $\boldsymbol{R}$ 进行运算，得出评价结果矩阵 $\boldsymbol{B}$；再次，利用归一化的矩阵 $\boldsymbol{B}$ 与等级分数矩阵 $\boldsymbol{C}$ 求出评价结果；最后，对结果进行解释并做定性分析。具体步骤如下所示。

设 $\boldsymbol{U}$ 为创新能力评价的因素集，有

$$U=\{U_1,U_2,\cdots,U_n\}$$

设 $\boldsymbol{V}$ 为评价语集，有

$$V=\{V_1,V_2,\cdots,V_n\}\text{。}$$

单因素 U_i 的评判结果是 $\boldsymbol{V}$ 上的 Furry 集。

对于确定的 U_i，可用 $(r_{i1},r_{i2},\ldots,r_{\mathrm{in}})$ 表示。r_{ij} 表示对第 i 个因素 U_{i} 获得第 j 个评语的隶属度。每个因素评定后，可获得矩阵 $\boldsymbol{R}=\left(r_{ij}\right)_{m\times n}$，$\boldsymbol{R}$ 则为单因素评价矩阵。

$$\boldsymbol{R}=\begin{pmatrix}R_1\\R_2\\R_3\end{pmatrix}=\begin{pmatrix}r_{i1}&r_{i2}&\cdots&r_{in}\\r_{21}&r_{22}&\cdots&r_{2n}\\\cdots&\cdots&\cdots&\\r_{ml}&r_{m2}&\cdots&r_{mn}\end{pmatrix}$$

设 $W=\left(w_1,w_2,\cdots,w_i\right)$ 为权重，其中 $w_i\geqslant 0$，w_i 之和为 1。

设＜U，V，R＞为评判空间，f 是加权平均型函数。

令 $B_i=f(r_{1j},r_{2j},\cdots,r_{ij})$，则 $\left(B_1,B_2,\cdots,B_i\right)$ 为综合评判，其中 Bi 就是整体而言，获得第 j 个评语的隶属度。

$$\boldsymbol{B}=\begin{pmatrix}B_1\\B_2\\B_3\end{pmatrix}=\boldsymbol{W}\bigcirc\boldsymbol{R}=\left(w_1,w_2,w_i\right)=\begin{pmatrix}r_{i1}&r_{i2}&\cdots&\mathrm{r}_{in}\\r_{21}&r_{22}&\cdots&r_{2n}\\\cdots&\cdots&\cdots&\\r_{ml}&r_{m2}&\cdots&r_{mn}\end{pmatrix}$$

如果需要做进一步的排序，可以在结果矩阵 **B** 的基础上再右乘一个分数等级矩阵 **C**[设分数等级矩阵 **C** 为（60，70，80，90，100）的转置]。这样，通过计算，可以得到一个具体分值。

在实际操作中，可以以院系为单位，由辅导员、教师代表、学生代表等组成一个评价小组，具体负责对大学生创新能力的评价。

案例：创新能力自我测评。

目前，创新能力测评的方法和手段还处于不成熟的阶段。这里我们介绍几种简单的自我测评量表，供学生参考。

创新意识水平自我测试

下面是测定你现在创新意识水平的题目，请你仔细阅读每一个题目，然后根据自己的实际情况认真填写。请你尽快回答，不要在每道题上过多思索。每个题目后面都有 5 个等级供你选择，分别用“无”“偶尔”“时有”“经常”“总是”表示。每个题目都要回答。每个题目后只能选一个等级，在相应的数字上打“√”。

1．我不随大流。

① 无　② 偶尔　③ 时有　④ 经常　⑤ 总是

2．我不断追求事业进步。

① 无　② 偶尔　③ 时有　④ 经常　⑤ 总是

3．我发言直爽而无顾忌。

① 无　② 偶尔　③ 时有　④ 经常　⑤ 总是

4．我觉得我思想比较活跃。

① 无　② 偶尔　③ 时有　④ 经常　⑤ 总是

5．我对新知识有兴趣。

① 无　② 偶尔　③ 时有　④ 经常　⑤ 总是

6．我的时间宝贵。

① 无　② 偶尔　③ 时有　④ 经常　⑤ 总是

7．我敢于向困难挑战。

① 无　② 偶尔　③ 时有　④ 经常　⑤ 总是

8．我提建议多。

① 无　② 偶尔　③ 时有　④ 经常　⑤ 总是

9．我的求知欲望强。

① 无　② 偶尔　③ 时有　④ 经常　⑤ 总是

10．我不迷信权威。

① 无　② 偶尔　③ 时有　④ 经常　⑤ 总是

11．凡事我有主意。

① 无　② 偶尔　③ 时有　④ 经常　⑤ 总是

12．新鲜事很容易吸引我的注意力。

① 无　② 偶尔　③ 时有　④ 经常　⑤ 总是

13．我看问题站得高、望得远。

① 无　② 偶尔　③ 时有　④ 经常　⑤ 总是

14．我兴趣广泛。

① 无　② 偶尔　③ 时有　④ 经常　⑤ 总是

15．我不墨守成规。

① 无　② 偶尔　③ 时有　④ 经常　⑤ 总是

16．我不害怕从来没做过的事。

① 无　② 偶尔　③ 时有　④ 经常　⑤ 总是

17．我喜欢做新颖的工作。

① 无　② 偶尔　③ 时有　④ 经常　⑤ 总是

18．我主意多。

① 无　② 偶尔　③ 时有　④ 经常　⑤ 总是

19．我对事情喜欢究根问底。

① 无　② 偶尔　③ 时有　④ 经常　⑤ 总是

20．我相信自己不比人差。

① 无　② 偶尔　③ 时有　④ 经常　⑤ 总是

【计分方法】选“无”计 1 分，选“偶尔”记 2 分，选“时有”记 3 分，选“经常”记 4 分，选“总是”记 5 分。把 20 个题目的得分加在一起，便成为总分。

总分在 80 分以上，表现为创新意识程度高。

总分在 70 ~ 79 分，表现为创新意识程度中等偏高。

总分在 60 ~ 79 分，表现为创新意识程度中等。

总分在 60 ~ 69 分，表现为创新意识程度中等偏低。

总分在 60 分以下，表现为创新意识程度低。

创造型人格自我测试

自我测试——托拉斯测试法

这是根据美国著名心理学家托拉斯的研究成果编成的，简称托拉斯测试法。它要求对下面 20 种情况做出判断，如果符合自己的情况就在（　　）里打上“√”，如果不符合就打“×”。

1．在做事、观察事物和听人说话时，我能专心一致。（　　）

2．我说话、写作文时经常用类比的方法。（　　）

3．我能全神贯注地读书、书写和绘画。（　　）

4．完成老师布置的作业后，我总有一种兴奋感。（　　）

5．我不大迷信权威，常向他们提出挑战。（　　）

6．我很喜欢（或习惯）寻找事物的各种原因。（　　）

7．观察事物时，我向来很精细。（　　）

8．我常从别人的谈话中发现问题。（　　）

9．在进行带有创造性的工作时，我经常忘记时间。（　　）

10. 我总能主动地发现一些问题，并能发现和问题有关的各种关系。 ( )
11. 除了日常生活之外，我平时差不多都在研究学问。 ( )
12. 我总对周围的事物保持着好奇心。 ( )
13. 对某一些问题有新发现时，我精神上总能感到异常兴奋。 ( )
14. 通常，我对事物能预测其结果，并能正确地验证这一结果。 ( )
15. 即使遇到困难和挫折，我也不会气馁。 ( )
16. 我经常思考事物的新答案和新结果。 ( )
17. 我有很敏锐的观察能力和提出问题的能力。 ( )
18. 在学习中，我有自己选定的课题，并能采取自己独有的发现方法和研究。 ( )
19. 遇到问题，我经常能从多方面来探索它的解决办法而不是固定在一种思路上或局限在某一方面。 ( )
20. 我总有些新的设想在脑子里涌现，即使在游玩时也常能产生新的设想。 ( )

【测试说明】这里列出的20道题是一个高创造性学生所具有的个性心理特征，如果你的情况符合上述条数越多（打“√”的题目越多），则你的创造心理越好，也就标志着你的创造力可能很高。如你打“√”的数目占总数（20题）的90%以上，说明你的创造心理特征很好；如在80%左右（即打“√”的有14~17道题），则属于良好；在50%左右（即打“√”的有10~13道题），则属于一般；30%以下则比较差。

最后，值得注意的是，创造型人格是可以开发、提升的，不是一成不变的。每个人都有无穷的创造性潜质。

自我测试——威廉斯创造力倾向测量表

这是一份帮助你了解自己创造力的练习。在下列句子中，如果你发现某些句子所描述的情形很符合你，则请在答案卡上“完全符合”的选项内打“√”；若有些句子只是在部分时候符合你，则在“部分适合”的选项内打“√”；如果有些句子对你来说，根本是不可能的，则在“完全不合”的选项内打“√”。

注意

（1）每一题都要做，不要花太多时间去想。
（2）所有题目都没有“正确答案”，凭你读完每一句后的第一印象填答。
（3）虽然没有时间限制，但尽可能地争取以较快的速度完成，越快越好。
（4）切记：凭你自己的真实感想作答，在符合自己的选项内打“√”。
（5）每一题只能打一个“√”。

1. 在学校里，我喜欢试着对事情或问题做猜测，即使不一定都猜对也无所谓。 ( )
2. 我喜欢仔细观察我没有见过的东西，以了解详细的情形。 ( )
3. 我喜欢变化多端和富有想象力的故事。 ( )
4. 画图时我喜欢临摹别人的作品。 ( )
5. 我喜欢利用旧报纸、旧日历及旧罐头瓶等废物来做成各种好玩的东西。 ( )
6. 我喜欢幻想一些我知道的或我想做的事情。 ( )
7. 如果事情不能一次完成，我会继续尝试，直到成功为止。 ( )

8．做功课时我喜欢参考各种不同的资料，以便得到多方面的了解。（　　）
9．我喜欢用相同的方法做事情，不喜欢去找其他的方法。（　　）
10．我喜欢探究事情的真假。（　　）
11．我喜欢做许多新鲜的事。（　　）
12．我不喜欢交新朋友。（　　）
13．我喜欢想一些不会在我身上发生的事情。（　　）
14．我喜欢想象有一天能成为艺术家、音乐家或诗人。（　　）
15．我会因为一些令人兴奋的念头而忘记了其他的事。（　　）
16．我宁愿生活在太空站，也不喜欢住在地球上。（　　）
17．我认为所有的问题都有固定答案。（　　）
18．我喜欢与众不同的事情。（　　）
19．我常想要知道别人正在想什么。（　　）
20．我喜欢故事或电视节目所描写的事。（　　）
21．我喜欢和朋友在一起，和他们分享我的想法。（　　）
22．如果一本故事书的最后一页被撕掉了，我就自己编造一个故事，把结果补上去。（　　）
23．我长大后，想做一些别人从没想过的事情。（　　）
24．尝试新的游戏和活动，是一件有趣的事。（　　）
25．我不喜欢太多的规则限制。（　　）
26．我喜欢解决问题，即使没有正确答案也没关系。（　　）
27．有很多事情我都想亲自去尝试。（　　）
28．我喜欢唱没有人知道的新歌。（　　）
29．我不喜欢在班上同学面前发表意见。（　　）
30．当我读小说或看电视时，我喜欢把自己想成故事中的人物。（　　）
31．我喜欢幻想 200 年前人类生活的情形。（　　）
32．我常想自己写一首新歌。（　　）
33．我喜欢翻箱倒柜，看看有些什么东西在里面。（　　）
34．画图时，我很喜欢改变各种东西的颜色和形状。（　　）
35．我不敢确定我对事情的看法都是对的。（　　）
36．对于一件事情先猜猜看，再看是不是猜对了，这种方法很有趣。（　　）
37．玩猜谜之类的游戏很有趣，因为我想知道结果如何。（　　）
38．我对机器有兴趣，也想知道它里面是什么样子，以及它是怎样转动的。（　　）
39．我喜欢可以拆开的玩具。（　　）
40．我喜欢想一些新点子，即使用不着也无所谓。（　　）
41．一篇好文章应该包含许多不同的意见或观点。（　　）
42．为将来可能发生的问题找答案，是一件令人兴奋的事。（　　）
43．我喜欢尝试新的事情，目的只是想知道会有什么结果。（　　）
44．玩游戏时，我通常是有兴趣参加，而不在乎输赢。（　　）
45．我喜欢想一些别人常常谈过的事情。（　　）
46．当我看到一张陌生人的照片时，我喜欢猜测他是怎么样的一个人。（　　）

47. 我喜欢翻阅书籍及杂志，但只想知道它的内容是什么。（　　）
48. 我不喜欢探寻事情发生的各种原因。（　　）
49. 我喜欢问一些别人没有想到的问题。（　　）
50. 无论在家里或在学校，我总是喜欢做一些有趣的事情。（　　）

威廉斯创造力倾向测试表答案卡

题目	完全符合	部分符合	完全不符	题目	完全符合	部分符合	完全不符
1				26			
2				27			
3				28			
4				29			
5				30			
6				31			
7				32			
8				33			
9				34			
10				35			
11				36			
12				37			
13				38			
14				39			
15				40			
16				41			
17				42			
18				43			
19				44			
20				45			
21				46			
22				47			
23				48			
24				49			
25				50			

【评分方法】本量表共 50 题，包括冒险性、好奇性、想象力、挑战性 4 项；测验最后可得 4 种分数，加上总分，可得 5 项分数。

冒险性　包括 1、5、21、24、25、28、29、35、36、43、44 共 11 道题。其中第 29、35 题为反面题目，得分顺序分别为：正面题目，完全符合 3 分，部分符合 2 分，完全不符合 1 分；反面题目：完全符合 1 分，部分符合 2 分，完全不符合 3 分。

好奇性　包含 2、8、11、12、19、27、32、34、37、38、39、47、48、49 共 14 道题。其中第 12、48 题为反面题，其余均为正面题目。计分方法同冒险部分。

想象力　包含 6、13、14、16、20、22、23、30、31、32、40、45、46 共 13 道题。其中第 45 题为反面题，其余为正面题。计分方法同冒险部分。

挑战性　包含 3、4、7、9、10、15、17、18、26、41、42、50 共 12 道题，其中第 4、9、17 题为反面题，其余为正面题。计分方法同冒险部分。

计算你的累积分，得分越高说明创造能力越强；反之说明创造能力越差。

创新能力水平的自我测评

自我测试一

下面是测评创新能力的一些题目。请你仔细阅读每个题目，然后根据自己的实际情况认真填写，请你尽快回答，不要在每道题上过多思考。每个题目后面都有 5 个等级供你选择，分别用“无”“偶尔”“时有”“经常”“总是”来表示。每个题目都要回答，每个题目后面只能选一个等级，在相应的数字上打“ √ ”。

1．我不人云亦云。

① 无　　② 偶尔　　③ 有时　　④ 经常　　⑤ 总是

2．我对很多事情喜欢问为什么。

① 无　　② 偶尔　　③ 有时　　④ 经常　　⑤ 总是

3．我的思维常常无拘无束，没有框框。

① 无　　② 偶尔　　③ 有时　　④ 经常　　⑤ 总是

4．我能摆脱习惯思维的束缚。

① 无　　② 偶尔　　③ 有时　　④ 经常　　⑤ 总是

5．我常从别人的谈话中和书本中发现问题。

① 无　　② 偶尔　　③ 有时　　④ 经常　　⑤ 总是

6．我善于提出新想法、新建议。

① 无　　② 偶尔　　③ 有时　　④ 经常　　⑤ 总是

7．我观察事物敏感。

① 无　　② 偶尔　　③ 有时　　④ 经常　　⑤ 总是

8．我的创新欲望强。

① 无　　② 偶尔　　③ 有时　　④ 经常　　⑤ 总是

9．我头脑中记住的东西用时能及时提出来。

① 无　　② 偶尔　　③ 有时　　④ 经常　　⑤ 总是

10．我的求知欲强。

① 无　　② 偶尔　　③ 有时　　④ 经常　　⑤ 总是

11．我不迷信权威。

① 无　　② 偶尔　　③ 有时　　④ 经常　　⑤ 总是

12．我头脑灵活。

① 无　　② 偶尔　　③ 有时　　④ 经常　　⑤ 总是

13．我想象力丰富。

① 无　　② 偶尔　　③ 有时　　④ 经常　　⑤ 总是

14．我相信自己的创造潜力能充分发挥出来。

① 无　　② 偶尔　　③ 有时　　④ 经常　　⑤ 总是

15．我不迷信书本。

① 无　② 偶尔　③ 有时　④ 经常　⑤ 总是

16．我从创新性工作中获得乐趣。

① 无　② 偶尔　③ 有时　④ 经常　⑤ 总是

17．我看中事业的成功。

① 无　② 偶尔　③ 有时　④ 经常　⑤ 总是

18．我的联想能力强。

① 无　② 偶尔　③ 有时　④ 经常　⑤ 总是

19．我有远大的工作目标。

① 无　② 偶尔　③ 有时　④ 经常　⑤ 总是

20．我喜欢幻想。

① 无　② 偶尔　③ 有时　④ 经常　⑤ 总是

【计分方法】选“无”记 1 分，选“偶尔”记 2 分，选“有时”记 3 分，选“经常”记 4 分，选“总是”记 5 分。把 20 个题目的记分加在一起，便成为总分。

总分在 80 分以上，表明创新能力水平高。

总分在 70 ~ 79 分，表明创新能力水平中等偏高。

总分在 60 ~ 79 分，表明创新能力水平中等。

总分在 60 ~ 69 分，表明创新能力水平中等偏下。

总分在 60 分以下，表明创新能力水平低。

自我测试——尤金创造力测试

美国心理学家尤金•劳德赛设计了下面的测验题，并指出测试者只需要 10 分钟左右的时间，就可测试出自己的创造力水平。测试时，只需在每一句话后面，用 3 个字母表示同意、不清楚或不同意。同意填 A，不清楚填 B，不同意填 C。回答必须准确、忠实。

1．我不做盲目的事，也就是我总是有的放矢，用正确的步骤来解决每一个具体问题。（　）

2．我认为，只提出问题而不想获得答案，无疑是浪费时间。（　）

3．无论什么事情要我产生兴趣，总比别人困难。（　）

4．我认为合乎逻辑的、循环渐进的方法，是解决问题的最好方法。（　）

5．有时，我在小组里发表意见，似乎使一些人感到厌烦。（　）

6．我花大量时间来考虑别人是怎样看我的。（　）

7．我自认为是正确的事情，比力求博得别人的赞同要重要得多。（　）

8．我不尊重那些做事似乎没有把握的人。（　）

9．我需要的刺激比别人多。（　）

10．我知道如何在考验面前，保持自己的内心镇静。（　）

11．我能坚持很长一段时间来解决难题。（　）

12．有时我对事情过于热心。（　）

13．在特别无事可做时，我倒常常想出好主意。（　）

14．解决问题时，我常常凭直觉来判断“正确”或“错误”。（　）

15．解决问题时，我分析问题较快，而综合所收集的资料较慢。（　）

16．有时我打破常规去做我原来并未想到要做的事。（　）

17．我有搜集东西的嗜好。（　）
18．幻想促进了我许多重要计划的提出。（　）
19．我喜欢客观而有理性的人。（　）
20．如果我在本职工作之外的两种职业中选择一种，我宁愿当一个实际工作者，而不当探索者。（　）
21．我能与我的同事或同行们很好地相处。（　）
22．我有较高的审美感。（　）
23．在我一生中，我一直追求着名利和地位。（　）
24．我喜欢那些坚信自己结论的人。（　）
25．灵感与成功无关。
26．争论时使我感到最高兴的是，原来与我观点不一致的人变成了我的朋友，即使牺牲我原先的观点也在所不惜。（　）
27．我更大的兴趣在于提出新建议，而不在于设法说服别人接受建议。（　）
28．我乐意自己一个人整日“深思熟虑”。（　）
29．我往往避免做那种我感到“低下”的工作。（　）
30．在评价资料时，我觉得资料的来源比其内容更为重要。（　）
31．我不满意那些不确定和不可预计的事。（　）
32．我喜欢一味苦干的人。（　）
33．一个人的自尊比得到别人敬慕更为重要。（　）
34．我觉得力求完美的人是不明智的。（　）
35．我宁愿和大家一起工作，而不愿意单独工作。（　）
36．我喜欢那种对别人产生影响的工作。（　）
37．在生活中，我常碰到不能用“正确”或“错误”来加以判断的问题。（　）
38．对我来说，“各得其所”“各在其位”是很重要的。（　）
39．那些使用古怪和不常用的词语的作家，纯粹是为了炫耀自己。（　）
40．许多人之所以感到苦恼，是因为他们把事情看得太认真了。（　）
41．即使遭到不幸、挫折和反对，我仍能对我的工作保持原来的精神状态和热情。（　）
42．想入非非的人是不切实际的。（　）
43．我对“我不知道的事”比“我知道的事”更感兴趣。（　）
44．我对“这可能是什么”比“这是什么”更感兴趣。（　）
45．我经常为自己在无意中说话伤到别人而闷闷不乐。（　）
46．纵使没有报答，我也乐意为新颖的想法花费大量的时间。（　）
47．我认为“多出主意无甚了不起”这种说法是中肯的。（　）
48．我不喜欢提出那种显得无知的问题。（　）
49．一旦任务在肩，即使受到挫折，我也要坚决完成。（　）
50．从下面描述人物性格的形容词中，挑选出 10 个你认为最能说明你性格的词：

精神饱满的、有说服力的、实事求是的、虚心的、观察敏锐的、谨慎的、束手无策的、足智多谋的、自高自大的、有主见的、有献身精神的、有创造性的、性急的、高效的、乐于助人的、坚强的、老练的、有克服力的、热情的、时髦的、自信的、不屈不挠的、有远见的、机灵的、好奇的、有组织力的、铁石心肠的、思路清晰的、脾气温顺的、爱预言的、拘泥形式的、不拘礼节的、精干的、有朝气的、严于律己的、有理解力的、讲实惠的、感觉灵敏的、无畏的、严格的、一丝不苟的、谦逊的、复杂的、漫不经心的、柔顺的、创新的、泰然自若的、渴求知识的、实干的、好交际的、善良的、孤独的、不满足的、易动感情的。

尤金创造力测试题评价

	1	2	3	4	5	6	7	8	9	10
A	0	0	4	−2	2	−1	3	0	3	1
B	1	1	1	0	1	0	0	1	0	0
C	2	2	0	3	0	3	−1	2	−1	3
	11	12	13	14	15	16	17	18	19	20
A	4	3	2	4	−1	2	0	3	0	0
B	1	−1	0	0	0	1	1	0	1	1
C	0	−1	0	−2	2	0	2	−1	2	2
	21	22	23	24	25	26	27	28	29	30
A	0	3	0	−1	0	−1	2	2	0	−2
B	1	0	1	0	1	0	1	0	1	0
C	2	−1	2	2	3	2	0	−1	2	3
	31	32	33	34	35	36	37	38	39	40
A	0	0	3	−1	0	1	2	0	−1	2
B	1	1	0	0	1	2	1	1	0	1
C	0	0	−1	2	3	3	0	2	2	0
	41	42	43	44	45	46	47	48	49	
A	3	−1	2	2	1	3	0	0	3	
B	1	0	1	1	0	2	1	1	1	
C	0	2	0	0	2	0	2	3	0	

第 50 题：下列每个形容词得 2 分：精神饱满的、观察敏锐的、不屈不挠的、温顺的、足智多谋的、有主见的、有献身精神的、有独创性的、感觉灵敏的、无畏的、创新的、好奇的、有朝气的、热情的、严于律己的。

下列每个形容词得 1 分：自信的、有远见的、不拘礼节的、一丝不苟的、虚心的、机灵的；其余得 0 分。

尤金创造力测试题得分与创造力：

- ◆ 100～140 分：创造力非凡。
- ◆ 85～109 分：创造力很强。
- ◆ 58～84 分：创造力强。
- ◆ 30～55 分：创造力一般。
- ◆ 15～29 分：创造力弱。
- ◆ −21～14 分：无创造力。

第9章 知识产权战略

> 专利制度就是给天才之火浇上利益之油。
>
> ——阿伯拉罕·林肯

9.1 知识产权基础知识

9.1.1 定义

1. 词源

知识产权的英文为Intellectual Property，其原意为“知识（财产）所有权”或者 “智慧（财产）所有权”，也称智力成果权。在中国台湾和香港，则通常称之为智慧财产权或智力财产权。根据中国《民法通则》的规定，知识产权属于民事权利，是基于创造性智力成果和工商业标记依法产生的权利的统称。有学者考证，该词最早于17世纪中叶由法国学者卡普佐夫提出，后为比利时著名法学家皮卡第所发展，皮卡第将之定义为“一切来自知识活动的权利”。直到1967年《世界知识产权组织公约》签订以后，该词才逐渐为国际社会所普遍使用。

2. 概念

知识产权是指人们就其智力劳动成果所依法享有的专有权利，通常是国家赋予创造者对其智力成果在一定时期内享有的专有权或独占权（Exclusive Right）。

知识产权从本质上说是一种无形财产权，其客体是智力成果或者知识产品，是一种无形财产或者一种没有形体的精神财富，是创造性的智力劳动所创造的劳动成果。它与房屋、汽车等有形财产一样，都受到国家法律的保护，都具有价值和使用价值。有些重大专利、驰名商标或作品的价值也远远高于房屋、汽车等有形财产。

3. 类型

（1）著作权与工业产权。

知识产权是智力劳动产生的成果所有权，它是依照各国法律赋予符合条件的著作者以及发明者或成果拥有者在一定期限内享有的独占权利。

知识产权有两类：一类是著作权（也称版权、文学产权），另一类是工业产权（也称产业产权）。

① 著作权。

著作权又称版权，是指自然人、法人或者其他组织对文学、艺术和科学作品依法享有的财产权利和精神权利的总称。主要包括著作权及与著作权有关的邻接权；通常我们所说的知识产权主要是指计算机软件著作权和作品登记。

② 工业产权。

工业产权则是指工业、商业、农业、林业和其他产业中具有实用经济意义的一种无形财产权，由此看来“产业产权”的名称更为贴切。主要包括专利权与商标权。

（2）人身权与财产权。

① 人身权。

按照内容组成，知识产权由人身权利和财产权利两部分构成，也称之为精神权利和经济权利。

所谓人身权，是指权利同取得智力成果的人的人身不可分离，是人身关系在法律上的反映。例如，作者在其作品上署名的权利，或对其作品的发表权、修改权等，即为精神权利。

② 财产权

所谓财产权，是指智力成果被法律承认以后，权利人可利用这些智力成果取得报酬或者得到奖励的权利，这种权利也称经济权利。它是指智力创造性劳动取得的成果，并且是由智力劳动者对其成果依法享有的一种权利。

9.1.2 知识产权出资

根据《中华人民共和国公司法》第 27 条规定，知识产权可以用货币估价并可以依法转让的非货币财产作价出资；但是，法律、行政法规规定不得作为出资的财产除外。

知识产权出资需要经过评估，评估需要提供如下材料。

（1）提供专利证书、专利登记簿、商标注册证、与无形资产出资有关的转让合同、交接证明等。

（2）填写无形资产出资验证清单。要求填写的名称、有效状况、作价等内容符合合同、协议、章程，由企业签名或验收签章，获得各投资者认同，并在清单上签名。

（3）无形资产应办理过户手续（知识产权办理产权转让登记手续；非专利技术签订技术转让合同；土地使用权办理变更土地登记手续），但在验资时尚未办妥的，填写出资财产移交表，由拟设立企业及其出资者签署，并承诺在规定期限内办妥有关财产权转移手续；交付方式和交付地点合同、协议、章程中有规定的，应与合同、协议、章程相符；“接收方签章”栏，由全体股东签字盖章。

（4）资产评估机构出具的评估目的、评估范围与对象、评估基准日、评估假设等有关限定条件满足验资要求的评估报告和出资各方对评估资产价值的确认文件。

（5）一般无形资产出资最高可达企业注册资本的 70%。

（6）以专利权出资的，如专利权人为全民所有制单位，提供上级主管部门批文；以商标权出资，提供商标主管部门批文；以高新技术成果出资的，提供国家或省级科技管理部门审查认定文件。

9.1.3　工业产权

1．商标权

商标权是指商标主管机关依法授予商标所有人对其注册商标受国家法律保护的专有权。商标是用以区别商品和服务不同来源的商业性标志，由文字、图形、字母、数字、三维标志、颜色组合和声音等，以及上述要素的组合构成。中国商标权的获得必须履行商标注册程序，而且实行申请在先原则。商标是产业活动中的一种识别标志，所以商标权的作用主要在于维护产业活动中的秩序，与专利权的作用主要在于促进产业的发展不同。

2．专利保护

专利保护是指一项发明创造向国家专利局提出专利申请，经依法审查合格后，向专利申请人授予的在规定时间内对该项发明创造享有的专有权。根据中国专利法，发明创造有 3 种类型，发明、实用新型和外观设计。发明和实用新型专利被授予专利权后，专利权人对该项发明创造拥有独占权，任何单位和个人未经专利权人许可，都不得实施其专利，即不得为生产经营目的制造、使用、许诺销售、销售和进口其专利产品。外观设计专利专利权被授予后，任何单位和个人未经专利权人许可，都不得实施其专利，即不得为生产经营目的制造、销售和进口其专利产品。未经专利权人许可，实施其专利即侵犯其专利权，引起纠纷的，由当事人协商解决；不愿协商或者协商不成的，专利权人或利害关系人可以向人民法院起诉，也可以请求管理专利工作的部门处理。当然，也存在不侵权的例外，如先使用权和科研目的的使用等。专利保护采取司法和行政执法“两条途径、平行运作、司法保障”的保护模式。该地区行政保护采取巡回执法和联合执法的专利执法形式，集中力量，重点对群体侵权、反复侵权等严重扰乱专利法治环境的现象加大打击力度。

3．商号权

商号权即厂商名称权，是对自己已登记的商号（厂商名称、企业名称）不受他人妨害的一种使用权。企业的商号权不能等同于个人的姓名权（人格权的一种）。

此外，如原产地名称、专有技术、反不正当竞争等也规定在《保护工业产权巴黎公约》中，但原产地名称不是智力成果，专有技术和不正当竞争只能由反不正当竞争法保护，一般不列入知识产权的范围。

9.1.4　著作权介绍

自然科学、社会科学以及文学、音乐、戏剧、绘画、雕塑、摄影和电影摄影等方面的作品组成版权。版权是法律上规定的某一单位或个人对某项著作享有印刷出版和销售的权利，任何人要复制、翻译、改编或演出等均需要得到版权所有人的许可，否则就是对他人权利的侵权行为。知识产权的实质是把人类的智力成果作为财产来看待。著作权是文学、艺术、科学技术作品的原创作者，依法对其作品所享有的一种民事权利。

在中国，著作权用在广义时，包括（狭义的）著作权、著作邻接权、计算机软件著作权等，属于著作权法规定的范围。这是著作权人对著作物（作品）独占利用的排他的权利。狭义的著作权又分为发表权、署名权、修改权、保护作品完整权、使用权和获得报酬权（《中华人民共和国著作权法》第 10 条）。著作权分为著作人身权和著作财产权。著作权与专利权、商标权有时有交叉情形，这是知识产权的一个特点。

著作权自作品创作完成之日起产生。著作权又叫版权，分为著作人格权与著作财产权。其中著作人格权的内涵包括公开发表权、姓名表示权及禁止他人以扭曲、变更方式利用著作损害著作人名誉的权利。

著作权包括以下几条权利。

（1）发表权，即决定作品是否公之于众的权利。

（2）署名权，即表明作者身份，在作品上署名的权利。

（3）修改权，即修改或者授权他人修改作品的权利。

（4）保护作品完整权，即保护作品不受歪曲、篡改的权利。

（5）复制权，即以印刷、复印、拓印、录音、录像、翻录、翻拍等方式将作品制作一份或者多份的权利。

（6）发行权，即以出售或者赠与方式向公众提供作品的原件或者复制件的权利。

（7）出租权，即有偿许可他人临时使用电影作品和以类似摄制电影的方法创作的作品、计算机软件的权利，计算机软件不是出租的主要标的的除外。

（8）展览权，即公开陈列美术作品、摄影作品的原件或者复制件的权利。

（9）表演权，即公开表演作品，以及用各种手段公开播送作品的表演的权利。

（10）放映权，即通过放映机、幻灯机等技术设备公开再现美术、摄影、电影和以类似摄制电影的方法创作的作品等的权利。

（11）广播权，即以无线方式公开广播或者传播作品，以有线传播或者转播的方式向公众传播广播的作品，以及通过扩音器或者其他传送符号、声音、图像的类似工具向公众传播广播的作品的权利。

（12）信息网络传播权，即以有线或者无线方式向公众提供作品，使公众可以在其个人选定的时间和地点获得作品的权利。

（13）摄制权，即以摄制电影或者以类似摄制电影的方法将作品固定在载体上的权利。

（14）改编权，即改变作品，创作出具有独创性的新作品的权利。

（15）翻译权，即将作品从一种语言文字转换成另一种语言文字的权利。

（16）汇编权，即将作品或者作品的片段通过选择或者编排，汇集成新作品的权利。

（17）应当由著作权人享有的其他权利。

著作权要保障的是思想的表达形式，而不是保护思想本身，因为在保障著作财产权此类专属私人之财产权利益的同时，尚须兼顾人类文明之累积与知识及资讯之传播，从而算法、数学方法、技术或机器的设计均不属著作权所要保障的对象。

著作权实行自愿登记，论文不论是否登记，作者或其他著作权人依法取得的著作权不受影响并实行作品自愿登记制度的在于维护作者或其他著作权人和作品使用者的合法权益，有助于解决因著作权归属造成的著作权纠纷，并为解决著作权纠纷提供初步证据。

传统著作权也可以在国家或省市直辖市版权管理部分登记，或选择学会等第三方平台预选登记备案，新媒体时代，特别是各种包含并不限于传统意义的各种需要证实某一时刻，某人已经拥有什么潜在多媒体著作权资源，包括底稿、草稿、完整稿件等，选择包括并不限于数字指纹技术、数字水印技术、反盗版技术、多媒体展示技术、融合可信时间戳技术、公证邮箱等可信第三方群技术的大众版权保护平台进行自主存证，进行论文存证时间认证和多维度智能认证，其科学性可以自主验证对证。版权纠纷时，提供初步第三方证据，需要是司法鉴定机构，提高法律证据有效性，这在欧洲发达国家已经盛行很多年，与官方人工登记相互补充。

9.1.5　知识产权的特征

1. 主要特点

（1）知识产权是一种无形财产。

（2）知识产权具备专有性的特点。

专有性即独占性或垄断性，除权利人同意或法律规定外，权利人以外的任何人不得享有或使用该项权利。这表明权利人独占或垄断的专有权利受严格保护，不受他人侵犯。只有通过“强制许可”“征用”等法律程序，才能变更权利人的专有权。知识产权的客体是人的智力成果，既不是人身或人格，也不是外界的有体物或无体物，所以既不能属于人格权也不属于财产权。另外，知识产权是一个完整的权利，只是作为权利内容的利益兼具经济性与非经济性，因此也不能把知识产权说成两类权利的结合。例如，说著作权是著作人身权（或著作人格权、或精神权利）与著作财产权的结合，是不正确的。知识产权是一种内容较为复杂（多种权能），具有经济的和非经济的两方面性质的权利。因此，知识产权应该与人格权、财产权并立而自成一类。

（3）知识产权具备时间性的特点。

即只在规定期限保护。法律对各项权利的保护，都规定有一定的有效期，各国法律对保护期限的长短可能一致，也可能不完全相同，只有参加国际协定或进行国际申请时，才对某项权利有统一的保护期限。

（4）知识产权具备地域性的特点。

即只在所确认和保护的地域内有效，除签有国际公约或双边互惠协定外，经一国法律所保护的某项权利只在该国范围内发生法律效力。所以知识产权既具有地域性，在一定条件下又具有国际性。

（5）大部分知识产权的获得需要法定的程序，如商标权的获得需要经过登记注册。

2. 属于绝对权

知识产权的绝对权在某些方面类似于物权中的所有权，如是对客体为直接支配的权利，可以使用、收益、处分以及为他种支配（但不发生占有问题）；具有排他性；具有移转性（包括继承）等。

3．法律限制

知识产权虽然是私权，虽然法律也承认其具有排他的独占性，但因人的智力成果具有高度的公共性，与社会文化和产业的发展有密切关系，不宜为任何人长期独占，所以法律对知识产权规定了很多限制。

第一，从权利的发生说，法律为之规定了各种积极的和消极的条件以及公示的办法。例如，专利权的发生须经申请、审查和批准，对授予专利权的发明、实用新型和外观设计规定有各种条件（《中华人民共和国专利法》第 22 条、第 23 条），对某些事项不授予专利权（《中华人民共和国专利法》第 25 条）。著作权虽没有申请、审查、注册这些限制，但也有《中华人民共和国著作权法》第 3 条、第 5 条的限制。

第二，在权利的存续期上，法律都有特别规定。这一点是知识产权与所有权大不同的。

第三，权利人负有一定的使用或实施的义务。法律规定有强制许可或强制实施许可制度。对著作权，法律规定了合理使用制度。

4．法律特征

从法律上讲，知识产权具有 3 种最明显的法律特征。

一是知识产权的地域性，即除签有国际公约或双力、多边协定外，依一国法律取得的权利只能在该国境内有效，受该国法律保护。

二是知识产权的独占性，即只有权利人才能享有，他人不经权利人许可不得行使其权利。

三是知识产权的时间性，各国法律对知识产权分别规定了一定期限，期满后则权利自动终止。

专注于知识产权法律保护的兰台律师事务所知识产权部的负责人表示，“知识产权是指公民、法人或者其他组织在对创造性的劳动所完成的智力成果依法享有的专有权利，受法律保护，不容侵犯。”

9.1.6　知识产权的作用

（1）为智力成果完成人的权益提供了法律保障，调动了人们从事科学技术研究和文学艺术作品创作的积极性和创造性。

（2）为智力成果的推广应用和传播提供了法律机制，为智力成果转化为生产力，运用到生产建设上去，产生了巨大的经济效益和社会效益。

（3）为国际经济技术贸易和文化艺术的交流提供了法律准则，促进人类文明进步和经济发展。

（4）知识产权法律制度作为现代民商法的重要组成部分，对完善中国法律体系，建设法治国家具有重大意义。

9.1.7　历史

从前，特别在大陆法国家，把知识产权称为无体财产权，列入财产权之中（与物权、债权并列）。从“知识产权”一词在国际上流行，特别是“世界知识产权组织”成立之后，

"知识产权"就完全取代了"无体财产权"一词。至于把知识产权从财产权中划分出来，则是因为知识产权有它的特点，与财产权大大不同。

知识产权包括哪些权利，也就是说知识产权再如何分类，既是一个理论问题，又涉及各国法律和国际公约的规定。《建立世界知识产权组织公约》(1967 年）第 2 条第 8 项规定，知识产权包括下列有关的产权：文学、艺术和科学著作或作品；表演艺术家的演出、唱片或录音片或广播；人类经过努力在各个领域的发明；科学发现；工业品外观设计；商标、服务标志和商号名称及标识；以及所有其他在工业、科学、文学或艺术领域中的智能活动产生的产权。

9.1.8 知识产权战略

知识产权战略是一些国家的一项长期发展战略对提升国家竞争力有重大作用。1979年，美国政府提出"要采取独自的政策提高国家的竞争力，振奋企业精神"，并第一次将知识产权战略提升到国家战略的层面。从此，知识产权战略成为美国企业与政府的统一战略。美国在知识产权的法律上进行了一系列的修订和扩充。1980 年通过《拜杜法案》，1986 年通过《联邦技术转移法》，1998 年通过《技术转让商业化法》。1999 年美国国会又通过了《美国发明家保护法令》，2000 年 10 月众参两院又通过了《技术转移商业化法案》，进一步简化归属联邦政府的科技成果运用程序。此外，在国际贸易中，一方面通过其综合贸易法案的"特殊 301 条款"对竞争对手予以打压，另一方面又积极推动世界贸易组织的知识产权协议的达成，从而形成了一套有利于美国的新的国际贸易规则。与此同时，美国非常注重知识产权战略研究，如美国 CHI 研究公司的"专利记分牌"系统，运用文献计量分析方法，对科学论文和专利指标进行研究，已经被许多国家使用。

知识产权战略可分为多个层次。

首先是国家知识产权战略，从整个国家的宏观层面来考量，知识产权战略与我国的经济发展模式、人才培养、研发体系等密切相关，应当统筹规划。

其次，应该有区域知识产权战略，我国的不同地区在科技进步和经济发展以及知识产权资源方面存在很大差异，应当针对不同区域的实际情况，有不同的侧重点。这也提醒政府部门，在衡量各省或地区的知识产权发展状况时，不宜追求单一目标。

再次是行业知识产权战略，各行各业在这方面不宜面面俱到，也不要千业一面。国家要在优先发展的产业，如 IT、生物技术、中医药等重点推进行业知识产权战略。

最后是企业知识产权战略，尤其应当培育扶植企业的知识产权保护与利用的意识和手段，企业的知识产权战略应当遵循市场经济的规律，引导企业在市场竞争中自我增强其知识产权创造、利用、管理与经营能力。

9.1.9 世界知识产权日

1893 年，据《保护工业产权巴黎公约》成立的国际局与据《保护文学艺术作品伯尔尼公约》成立的国际局联合起来，组成了国际知识产权保护联合局。1967 年在斯德哥尔摩成立了世界知识产权组织，1974 年成为联合国专门机构之一。它的宗旨是通过国际合作与其他国际组织进行协作，以促进在全世界范围内保护知识产权，以及保证各知识产权同盟间的行政合作。中国已在 1980 年 3 月 3 日参加了世界知识产权组织，同年 6 月 3 日成为该组织的正式成员国。

根据中华人民共和国和阿尔及利亚在 1999 年的提案，世界知识产权组织在 2000 年召开的第 35 届成员大会上通过决议，决定从 2001 年起，将每年的 4 月 26 日定为“世界知识产权日”。4 月 26 日是《建立世界知识产权组织公约》(《世界知识产权组织公约》) 生效的日期。设立世界知识产权日旨在全世界范围内树立尊重知识、崇尚科学和保护知识产权的意识，营造鼓励知识创新和保护知识产权的法律环境。

9.1.10 相关立法

(1) 专利法。《中华人民共和国专利法》自 1985 年 4 月 1 日施行。依法建立的专利制度保护发明创造专利权。发明创造包括发明、实用新型和外观设计等。

(2) 商标法。《中华人民共和国商标法》自 1985 年 3 月施行。1993 年 2 月 22 日进行了修正，扩大了商标的保护范围，除商品商标外，还增加了服务商标注册和管理的规定；在形式审查中增加了补正程序，在实质审查中建立了审查意见书制度。

(3) 著作权法。《中华人民共和国著作权法》自 1991 年 6 月 1 日起施行。2001 年 10 月进行了修正。

(4) 计算机软件保护条例。《计算机软件保护条例》自 2002 年 1 月 1 日施行。

(5) 植物新品种保护制度。《中华人民共和国植物新品种保护条例》自 1997 年 10 月 1 日起施行。

9.2 专利的申请

9.2.1 专利的概念

专利权 (Patent Right) 简称专利，是发明创造人或其权利受让人对特定的发明创造在一定期限内依法享有的独占实施权，是知识产权的一种。我国于 1984 年公布专利法，1985 年公布该法的实施细则，对有关事项做了具体规定。

专利 (Patent) 一词来源于拉丁文 Litterae Patentes，意为公开的信件或公共文献，是中世纪的君主用来颁布某种特权的证明，后来指英国国王亲自签署的独占权利证书。专利是世界上最大的技术信息源，据实证统计分析，专利包含了世界科技信息的 90%～95%。

9.2.2 专利的种类

专利申请分发明、实用新型和外观设计 3 种类型。针对产品、方法或者改进所提出的新的技术方案，可以申请发明专利；针对产品的形状、构造或者其结合所提出的适于实用的新的技术方案，可以申请实用新型专利；针对产品的形状、图案或者其结合以及色彩与形状、图案的结合所做出的富有美感并适于工业应用的新设计，可以申请外观设计专利。

9.2.3 专利的特点

专利属于知识产权的一部分，是一种无形的财产，具有与其他财产不同的特点。

1．排他性

排他性也即独占性，它是指在一定时间（专利权有效期内）和区域（法律管辖区）内，任何单位或个人未经专利权人许可都不得实施其专利，即不得以生产经营为目的，制造、使用、许诺销售、销售、进口其专利产品，或者使用其专利方法以及制造、使用、许诺销售、销售、进口其专利产品，否则属于侵权行为。

2．区域性

区域性是指专利权是一种有区域范围限制的权利，它只在法律管辖区域内有效。除了在有些情况下，依据保护知识产权的国际公约，以及个别国家承认另一国批准的专利权有效以外，技术发明在哪个国家申请专利，就由哪个国家授予专利权，而且只在专利授予国的范围内有效，而对其他国家则不具有法律的约束力，其他国家不承担任何保护义务。但是，同一发明可以同时在两个或两个以上的国家申请专利，获得批准后其发明便可以在所有申请国获得法律保护。

3．时间性

时间性是指专利只有在法律规定的期限内才有效。专利权的有效保护期限结束以后，专利权人所享有的专利权便自动丧失，一般不能续展。发明便随着保护期限的结束而成为社会公有的财富，其他人便可以自由地使用该发明来创造产品。专利受法律保护的期限的长短由有关国家的专利法或有关国际公约规定。世界各国的专利法对专利的保护期限规定不一。《知识产权协定》第 33 条规定专利“保护的有效期应不少于自提交申请之日起的第二十年年终”。

9.2.4　专利申请的原则

1．形式法定原则

申请专利的各种手续，都应当以书面形式或者国家知识产权局专利局规定的其他形式办理。以口头、电话、实物等非书面形式办理的各种手续，或者以电报、电传、传真、胶片等直接或间接产生印刷、打字或手写文件的通信手段办理的各种手续均视为未提出，不产生法律效力。

2．单一性原则

单一性是指一件专利申请只能限于一项发明创造。但是属于一个总的发明构思的两项以上的发明或者实用新型，可以作为一件申请提出；用于同一类别并且成套出售或者使用的产品的两项以上的外观设计，可以作为一件申请提出。

3．先申请原则

两个或者两个以上的申请人分别就同样的发明创造申请专利的，专利权授给最先申请的人。

9.2.5　受理专利申请的部门

申请人申请专利时，可以将申请文件面交到国家知识产权局专利局的受理窗口或寄交

“国家知识产权局专利局受理处”收（以下简称专利局受理处），也可以面交到设在地方的国家知识产权局专利局代办处（以下简称专利局代办处）的受理窗口或寄交“专利局×××代办处”收。目前，在北京、沈阳、济南、长沙、成都、南京、上海、广州、西安、武汉、郑州、天津、石家庄、哈尔滨、长春、昆明、贵阳、杭州、重庆、深圳、福州、南宁、乌鲁木齐、南昌、银川、合肥设立了国家知识产权局专利局代办处。国防专利分局专门受理国防专利申请。

9.2.6　专利申请的审查流程

依据专利法，发明专利申请的审批程序包括受理、初审、公布、实审及授权 5 个阶段。实用新型或者外观设计专利申请在审批中不进行早期公布和实质审查，只有受理、初审和授权 3 个阶段。

1．受理阶段

专利局收到专利申请后进行审查，如果符合受理条件，专利局将确定申请日，给予申请号，并且核实过文件清单后，发出受理通知书，通知申请人。申请文件未打字、印刷或字迹不清、有涂改的；或者附图及图片未用绘图工具和黑色墨水绘制、照片模糊不清有涂改的；或者申请文件不齐备的；或者请求书中缺少申请人姓名或名称及地址不详的；或专利申请类别不明确或无法确定的，以及外国单位和个人未经涉外专利代理机构直接寄来的专利申请不予受理。

2．初审阶段

经受理后的专利申请按照规定缴纳申请费的，自动进入初审阶段。初审前发明专利申请首先要进行保密审查，需要保密的，按保密程序处理。

在初审时要对申请是否存在明显缺陷进行审查，主要包括审查内容是否属于专利法中不授予专利权的范围，是否明显缺乏技术内容不能构成技术方案，是否缺乏单一性，申请文件是否齐备及格式是否符合要求。若是外国申请人还要进行资格审查及申请手续审查。不合格的，专利局将通知申请人在规定的期限内补正或陈述意见，逾期不答复的，申请将被视为撤回。经答复仍未消除缺陷的，予以驳回。发明专利申请初审合格的，将发给初审合格通知书。对实用新型和外观设计专利申请，除进行上述审查外，还要审查是否明显与已有专利相同，不是一个新的技术方案或者新的设计，经初审未发现驳回理由的，将直接进入授权程序。

3．公布阶段

发明专利申请从发出初审合格通知书起进入公布阶段，如果申请人没有提出提前公开的请求，要等到申请日起满 15 个月才进入公开准备程序。如果申请人请求提前公开的，则申请立即进入公开准备程序。经过格式复核、编辑校对、计算机处理、排版印刷，大约 3 个月后在专利公报上公布其说明书摘要并出版说明书单行本。申请公布以后，申请人就获得了临时保护的权利。

4．实审阶段

发明专利申请公布以后，如果申请人已经提出实质审查请求并已生效的，申请人进入实审程序。如果发明专利申请自申请日起满 3 年还未提出实审请求，或者实审请求未生效的，该申请即被视为撤回。

在实审期间将对专利申请是否具有新颖性、创造性、实用性以及专利法规定的其他实质性条件进行全面审查。经审查认为不符合授权条件的或者存在各种缺陷的，将通知申请人在规定的时间内陈述意见或进行修改，逾期不答复的，申请被视为撤回，经多次答复申请仍不符合要求的，予以驳回。实审周期较长，若从申请日起两年内尚未授权，从第三年起应当每年缴纳申请维持费，逾期不缴的，申请将被视为撤回。

实质审查中未发现驳回理由的，将按规定进入授权程序。

5. 授权阶段

实用新型和外观设计专利申请经初步审查以及发明专利申请经实质审查未发现驳回理由的，由审查员做出授权通知，申请进入授权登记准备，经对授权文本的法律效力和完整性进行复核，对专利申请的著录项目进行校对、修改后，专利局发出授权通知书和办理登记手续通知书。申请人接到通知书后应当在两个月之内按照通知的要求办理登记手续并缴纳规定的费用。按期办理登记手续的，专利局将授予专利权，颁发专利证书，在专利登记簿上记录，并在两个月后于专利公报上公告。未按规定办理登记手续的，视为放弃取得专利权的权利。

9.2.7　申请专利所需的文件

1. 请求书

请求书是确定发明、实用新型或外观设计 3 种类型专利申请的依据，应谨慎选用；建议使用专利局统一表格。请求书应当包括发明、实用新型的名称或使用该外观设计产品名称；发明人或设计人的姓名、申请人姓名或者名称、地址（含邮政编码）以及其他事项。

其他事项是指：① 申请人的国籍。申请人是企业或其他组织的，其国籍是其总部所在地的国家；② 申请人委托专利代理机构的应当注明的有关事项，申请人为两人以上或单位申请，而未委托代理机构的，应当指定一名自然人为代表人，并注明联系人姓名、地址、邮政编码及联系电话；③ 分案专利申请（已驳回、撤回或视为撤回的申请，不能提出分案申请）类型应与原案申请一致，并注明原案申请号、申请日，否则，不按分案申请处理，要求本国优先权的发明或实用新型，在请求书中注明在先申请的申请国别、申请日、申请号，并应于在先申请日起一年内提交；④ 申请文件清单；⑤ 附加文件清单；⑥ 当事人签字或者盖章；⑦ 确有特殊要求的其他事项。

2. 说明书

说明书应当对发明或实用新型做出清楚、完整的说明，以所属技术领域的技术人员能够实现为准。

3. 权利要求书

权利要求书应当以说明书为依据说明发明或实用新型的技术特征，清楚、简要地表述请求专利保护的范围。

4. 说明书附图

说明书附图是实用新型专利申请的必要文件。发明专利申请如有必要也应当提交附图。附图应当使用绘图工具和黑色墨水绘制，不得涂改或易被涂擦。

5. 说明书摘要及摘要附图

发明、实用新型应当提交申请所公开内容概要的说明书摘要（限 300 字），有附图的还应提交说明书摘要附图。

6. 外观设计的图片或者照片

外观设计专利申请应当提交该外观设计的图片或照片，必要时应有简要说明。

9.2.8 专利申请的注意事项

1. 办理专利申请

办理专利申请应当提交必要的申请文件，并按规定缴纳费用。专利申请必须采用纸件形式或者电子申请的形式办理。不能用口头说明或者提供样品或模型的方法，来代替纸件或电子申请文件。

各种手续文件都应当按规定签章，签章应当与请求书中填写的姓名或者名称完全一致。签章不得复印。涉及权利转移的手续，应当有全体申请人签章，其他手续可以由申请人的代表人签章办理，委托专利代理机构的，应当由专利代理机构签章办理。

办理手续要附具证明文件或者附件的，证明文件与附件应当使用原件或者副本，不得使用复印件。如原件只有一份的，可以使用复印件，但同时需要附有公证机关出具的复印件与原件一致的证明。

2. 排列申请文件

发明或者实用新型专利申请文件应按下列顺序排列：请求书、说明书摘要、摘要附图、权利要求书、说明书、说明书附图。外观设计专利申请文件应按照请求书、图片或照片、简要说明顺序排列。申请文件各部分都应当分别用阿拉伯数字顺序编号。

3. 申请文件的纸张要求

申请文件的纸张质量应相当于复印机用纸的质量。纸面不得有无用的文字、记号、框、线等。各种文件一律采用 A4 尺寸（210 毫米×297 毫米）的纸张。

申请文件的纸张应当纵向使用。文字应当自左向右排列，纸张左边和上边应各留 25 毫米空白，右边和下边应当各留 15 毫米空白，以便于出版和审查时使用。申请文件各部分的第一页必须使用国家知识产权局统一制定的表格。这些表格可以在专利局受理大厅的咨询处索要，也可以向各地的专利局代办处索取或直接从国家知识产权局网站下载。

4. 申请文件的文字和书写要求

申请文件各部分一律使用汉字。外国人名、地名和科技术语如没有统一中文译文，应当在中文译文后的括号内注明原文。申请人提供的附件或证明是外文的，应当附有中文译文，申请文件（包括请求书在内）都应当用宋体、仿宋体或楷体打字或印刷，字迹呈黑色，字高应当在 3.5～4.5 毫米，行距应当在 2.5～3.5 毫米。要求提交一式两份文件的，其中一份为原件，另一份应采用复印件，并保证两份文件内容一致。申请文件中有图的，应当用墨水和绘图工具绘制，或者用绘图软件绘制，线条应当均匀清晰，不得涂改。不得使用工程蓝图。

5. 专利申请内容的单一性要求

一件发明或者实用型新专利申请应当限于一项发明或者实用新型。属于一个总的发明构思的两项以上的发明或者实用新型，可以作为一件申请提出。一件外观设计专利申请应当限于一项外观设计。同一产品两项以上的相似外观设计，或者用于同一类别并且成套出售或者使用的产品的两项以上的外观设计，可以作为一件申请提出。

6. 申请文件的填写和撰写

申请文件的填写和撰写有特定的要求，申请人可以自行填写或撰写，也可以委托专利代理机构代为办理。

7. 专利申请的受理

专利局受理处或各专利局代办处收到专利申请后，对符合受理条件的申请，将确定申请日，给予申请号，发出受理通知书。对申请人面交专利局受理处或各专利局代办处的申请文件，如果数量在 10 件以下的，当时进行申请是否符合受理条件的审查，符合受理条件的当场发出受理通知书。

8. 受理通知书

向专利局受理处寄交申请文件的，一般在一个月左右可以收到国家知识产权局专利局（以下简称专利局）的受理通知书，不符合受理条件的，将收到不受理通知书以及退还的申请文件复印件。超过一个月尚未收到专利局通知的，申请人应当及时向专利局受理处查询，以及时发现申请文件或通知书在邮寄中可能的丢失。

9. 提交申请文件

向专利局申请专利或办理其他手续的，可以将申请文件或其他文件面交到或寄交到专利局受理处，也可以将申请文件面交到或寄交到任何一个专利局代办处。在提交文件时应注意下列事项。

（1）向专利局提交申请文件或办理各种手续的文件，应当使用国家知识产权局统一制定的表格。表格可以从网上下载，网址是 www.sipo.gov.cn，也可以到国家知识产权局受理大厅索取或以信函方式索取（信函寄至：国家知识产权局专利局初审及流程管理部发文处）。

（2）一张表格只能用于一件专利申请。

（3）向专利局提交的各种文件申请人都应当留存底稿，以保证申请审批过程中文件填写的一致性，并可以此作为答复审查意见时的参照。

（4）申请文件是邮寄的，应当用挂号信函。无法用挂号信邮寄的，可以用特快专递邮寄，不得用包裹邮寄申请文件。挂号信函上除写明专利局或者专利局代办处的详细地址（包括邮政编码）外，还应当标有“申请文件”及“国家知识产权局专利局受理处收”或“国家知识产权局专利局××代办处收”的字样。申请文件通过快递公司递交的，以专利局受理处以及各专利局代办处实际收到日为申请日。一封挂号信内应当只装同一件申请的文件。邮寄后，申请人应当妥善保管好挂号收据存根。

（5）专利局在受理专利申请时不接收样品、样本或模型。在审查程序中，申请人应审查员要求提交样品或模型时，若在专利局受理窗口当面提交的，应当出示审查意见通知书；邮寄的应当在邮件上写明“应审查员×××（姓名）要求提交模型”的字样。

（6）申请人或专利权人的地址有变动，应及时向专利局提出著录项目变更；申请人与专利事务所解除代理关系，应向专利局办理变更手续。

（7）同一申请人同日对同样的发明创造既申请实用新型专利又申请发明专利的，应当在申请时分别说明。未做说明的，不适用专利法关于同一申请人同日对同样的发明创造既申请实用新型专利又申请发明专利的规定，即会造成其发明专利不能授权。

（8）任何单位或者个人在中国完成的发明或者实用新型产品，准备直接向外国申请专利的，应当事先向国家知识产权局专利局提出保密审查请求，并详细说明其技术方案；如果首先向国家知识产权局专利局申请专利，而准备随后向外国申请专利或者向有关国外机构提交专利国际申请的，应当在向外国申请专利或者向有关国外机构提交专利国际申请前提出保密审查请求，也可以在国家知识产权局专利局申请专利的同时提出保密审查请求。向国家知识产权局提交专利国际申请的，视为同时提出了保密审查请求。

9.2.9 不授予专利权的情形

根据我国专利法的规定，以下几种情形不授予专利权。

（1）违反法律、社会公德或妨害公共利益的发明创造。

国家法律是指由全国人民代表大会或者全国人民代表大会常务委员会依照立法程序制定和颁布的法律。它不包括行政法规和规章。发明创造本身的目的与国家法律相违背的，不能被授予专利权。例如，用于赌博的设备、机器或工具，吸毒的器具等不能被授予专利权。发明创造本身的目的并没有违反国家法律，但是由于被滥用而违反国家法律的，则不属此列。

（2）科学发现。

科学发现是指对自然界中客观存在的现象、变化过程及其特性和规律的揭示。科学理论是对自然界认识的总结，是更为广义的发现。它们都属于人们认识的延伸。这些被认识的物质、现象、过程、特性和规律不同于改造客观世界的技术方案，不是专利法意义上的发明创造，因此不能被授予专利权。

（3）智力活动的规则和方法。

智力活动是指人的思维运动，它源于人的思维，经过推理、分析和判断产生出抽象的结果，或者必须经过人的思维运动作为媒介才能间接地作用于自然产生结果。它仅是指导人们对信息进行思维、识别、判断和记忆的规则和方法，由于其没有采用技术手段或者利用自然法则，也未解决技术问题和产生技术效果，因此不构成技术方案。例如，交通行车规则、各种语言的语法、速算法或口诀、心理测验方法、各种游戏、娱乐的规则和方法、乐谱、食谱、棋谱、计算机程序本身等。

（4）疾病的诊断和治疗方法。

疾病的诊断和治疗方法是以有生命的人或者动物为直接实施对象，进行识别、确定或消除病因、病灶的过程。将疾病的诊断和治疗方法排除在专利保护范围之列，是出于人道主义的考虑和社会伦理的原因，医生在诊断和治疗过程中应当有选择各种方法和条件的自由。另外，这类方法直接以有生命的人体或动物体为实施对象，理论上认为不属于产业，无法在产业上利用，不属于专利法意义上的发明创造。例如，诊脉法、心理疗法、按摩、为预防疾病而实施的各种免疫方法、以治疗为目的的整容或减肥等。但是药品或医疗器械可以申请专利。

（5）动物和植物品种。

但是对于动物和植物品种的生产方法，可以依照授予专利权。

（6）用原子核变换方法获得的物质。

（7）对平面印刷品的图案、色彩或者二者的结合做出的主要起标识作用的设计。

9.2.10　申请专利的重要性

（1）通过法定程序确定发明创造的权利归属关系，从而有效保护发明创造成果，独占市场，以此换取最大的经济利益，及时申请专利就是要防止其发明创造成果被他人随意使用，丧失其应有的价值。

（2）及时申请专利是为了在市场竞争中争取主动，防止竞争对手将相同的发明创造申请专利，从而确保自身产品生产与销售的安全可靠性。

（3）申请专利既可以保护自己的发明成果，防止科研成果流失，同时也有利于科技进步和经济发展，人民可以通过申请专利的方式占据新技术及其产品的市场空间，获得相应的经济利益（如通过生产销售专利产品、转让专利技术、专利入股等方式获利）。

9.3　专利的保护

9.3.1　专利保护的主体

专利权的主体，即专利权的关系人，是指依法享有专利权并承担与此相应的义务的人。

1．发明人

（1）概念。

广义：发明人即直接完成发明创造的人。

狭义：对于发明创造的实质性特点做出创造性贡献的人。

（2）应具备的条件。

① 发明人必须是直接参加发明创造活动的人。

② 发明人必须在整个发明创造中居于核心地位，对发明创造的实质性特点做出创造性贡献。

2．申请人

（1）概念。

申请人是指就一项发明创造向国家专利行政主管机关提出专利申请的人。

（2）分离情况出现的原因。

现实中存在着发明人与申请人不一致的情况，主要原因有以下 3 个方面。

① 发明人以外的其他人通过合同从发明人那里取得了就发明创造申请专利的权利，并就该发明创造提出了专利申请。

② 发明人的继承人通过继承取得发明创造的专利申请权。

③ 法律直接将专利申请权赋予发明人以外的其他人，这种情况主要发生在职务发明创造上。

（3）分离情况的具体表现。

① 由于专利申请权的转让而导致分离，即为申请资格的转让。

② 由于继承关系发生的分离（需要特殊证明）。

③ 由于职务发明导致的分离，是法律规定的法定分离，发明人≠申请人。

职务发明是自然人依赖单位固有的条件的发明，此时，申请人应为自然人所归属的单位。

④ 由于委托发明导致的分离。

根据《中华人民共和国专利法》第 8 条的规定，委托方委托受托方进行发明创造，如果合同中明确了权利归属，则依合同，即发明人为受托方，申请人为委托方；如果合同中没有明确权利归属，按照法律，发明人和申请人都应为受托方。

3. 专利权人

（1）概念。

专利权人即享有专利权，获得专利权证书的人。

（2）分离情况的具体表现。

① 专利申请权的转让导致的分离。这种情况下，发明人和申请人是原设计人，发生转让后，专利权人为转让后的人。

② 专利权的转让导致的分离。这种情况下，发明人、申请人和原本的专利权人都是原设计人，发生转让后，专利权人为转让后的人。

9.3.2 专利保护的客体

专利权的客体也称专利法保护的对象，是指依法应授予专利权的发明创造。根据我国专利法的规定，专利法的客体包括发明、实用新型和外观设计 3 种。

1. 发明

发明是指对产品、方法或者其改进所提出的新的技术方案。发明必须是一种技术方案，是发明人将自然规律在特定技术领域进行运用和结合的结果，而不是自然规律本身，因而科学发现不属于发明范畴。同时，发明通常是自然科学领域的智力成果，文学、艺术和社会科学领域的成果也不能构成专利法意义上的发明。

根据专利审查制度的规定，发明分为产品发明、方法发明两种类型，既可以是原创型的发明，也可以是改进型的发明。产品发明是关于新产品或新物质的发明。这种产品或物质是自然界从未有过的，是人利用自然规律作用于特定事物的结果。如果某物品完全处于自然状态下，没有经过任何人的加工或改造而存在，就不是我国专利法所规定的产品发明，不能取得专利权。方法发明是指为解决某特定技术问题而采用的手段和步骤的发明。能够申请专利的方法通常包括制造方法和操作使用方法两大类，前者如产品制造工艺、加工方法等，后者如测试方法、产品使用方法等。改进发明是对已有的产品发明或方法发明所做出的实质性革新的技术方案。例如，爱迪生发明了白炽灯，白炽灯是一种前所未有的新产品，可以申请产品发明；生产白炽灯的方法可以申请方法专利；给白炽灯填充惰性气体，其质量和寿命都有明显提高，这是在原来基础之上进行的改进，可以申请改进发明。

2．实用新型

实用新型是指对产品的形状、构造或者其结合所提出的适于实用的新的技术方案。实用新型专利只保护产品。该产品应当是经过工业方法制造的、占据一定空间的实体。一切有关方法（包括产品的用途）以及未经人工制造的自然存在的物品都不属于实用新型专利的保护客体。上述方法包括产品的制造方法、使用方法、通信方法、处理方法、计算机程序以及将产品用于特定用途等。例如，一种齿轮的制造方法、工作间的除尘方法、数据处理方法、自然存在的雨花石等不能获得实用新型专利保护。

产品的形状是指产品所具有的、可以从外部观察到的确定的空间形状。对产品形状所提出的技术方案可以是对产品的三维形态的空间外形所提出的技术方案，如对凸轮形状、刀具形状做出的改进；也可以是对产品的二维形态所提出的技术方案，如对型材的断面形状的改进。无确定形状的产品，如气态、液态、粉末状、颗粒状的物质或材料，其形状不能作为实用新型产品的形状特征。

产品的构造是指产品的各个组成部分的安排、组织和相互关系。它可以是机械构造，也可以是线路构造。机械构造是指构成产品的零部件的相对位置关系、连接关系和必要的机械配合关系等；线路构造是指构成产品的元器件之间的确定的连接关系。

3．外观设计

外观设计又称工业产品外观设计，是指对产品的形状、图案或者其结合以及色彩与形状、图案相结合所做出的富有美感并适于工业上应用的新设计。

外观设计的载体必须是产品。产品是指任何用工业方法生产出来的物品。不能重复生产的手工艺品、农产品、畜产品、自然物不能作为外观设计的载体。通常，产品的色彩不能独立构成外观设计，除非产品色彩变化的本身已形成一种图案。可以构成外观设计的组合有：产品的形状；产品的图案；产品的形状和图案；产品的形状和色彩；产品的图案和色彩；产品的形状、图案和色彩。

形状是指对产品造型的设计，也就是指产品外部的点、线、面的移动、变化、组合而呈现的外表轮廓，即对产品的结构、外形等同时进行设计、制造的结果。图案是指由任何线条、文字、符号、色块的排列或组合而在产品的表面构成的图形。图案可以通过绘图或其他能够体现设计者的图案设计构思的手段制作。产品的图案应当是固定、可见的，而不应是时有时无的或者需要在特定的条件下才能看见的；色彩是指用于产品上的颜色或者颜色的组合，制造该产品所用材料的本色不是外观设计的色彩。

9.3.3 专利权的终止情况

1．保护期届满

发明专利权自申请日起算维持满 20 年，实用新型或者外观设计专利权自申请日起维持满 10 年，依法终止。专利权期限届满依法终止的，专利局应当通知专利权人，并在专利登记簿和专利公报上分别予以登记和公告。之后，将专利申请案卷存入失效案卷库管理，并且至少再保存 3 年。

2．没有按照规定缴纳年费的

专利局发出缴费通知书，通知专利权人补缴本年度的年费及滞纳金后，专利权人在专利年费滞纳期满仍未缴纳或者缴足本年度年费和滞纳金的，自滞纳期满之日起两个月内，最早不早于一个月，专利局做出专利终止通知，通知专利权人，专利权人未启动恢复程序或恢复未被批准的，应在终止通知书发出 4 个月后，在专利登记簿和专利公报上分别予以登记和公告。之后，将专利申请案卷存入失效案卷库。

专利终止日应为上一年度期满日。

3．专利权人以书面声明放弃其专利权的

专利权人自愿将其发明创造贡献给全社会，可以提出声明主动放弃专利权。专利权人主动放弃专利权的，应当使用专利局统一制定的表格，提出书面声明。放弃专利权只允许放弃全部专利权，不允许放弃部分专利权。放弃部分专利权的声明视为未提出。专利权人不是真正拥有人，恶意要求放弃专利权后，专利权真正拥有人（必须提供生效法律文书来证明）可以要求撤销该声明。放弃一件有两名以上的专利权人的专利时，应当由全体专利权人同意，并在声明或其他文件上签章。两名以上的专利权人中，有一个或者部分专利权人要求放弃专利权的，应当通过办理著录项目变更手续，改变专利权人。符合规定的放弃专利权声明被批准后，专利局将有关事项在专利登记簿上和专利公报上登记和公告。该声明自登记、公告后生效。

9.3.4 专利权的保护范围

发明或者实用新型专利权的保护范围以其权利要求的为准，说明书及附图可以用于解释权利要求。需要注意，权利要求分为独立权利要求和从属权利要求，他们在保护范围的确定中所起的作用是不一样的，通常在考虑专利保护范围时，考虑独立权利要求而不考虑从属权利要求。

外观设计专利权的保护范围以表示在图片或者照片中的该外观设计专利产品为准。值得指出，外观设计专利的保护对象是产品，外观设计必须与产品结合为一体。

9.3.5 专利侵权

1．专利侵权的概念及承担的法律责任

专利侵权是指未经专利权人许可实施其专利的行为，即以生产经营为目的制造、使用、销售、许诺销售、进口其专利产品或依照其专利方法直接获得的产品。

专利权人应承担的法律责任包括以下 3 项。

（1）停止侵权。

（2）公开道歉。

（3）赔偿损失。

2．涉及专利的纠纷

根据中国专利法及其实施细则等有关规定，涉及专利的纠纷有下列几种。

（1）专利申请权和专利权归属纠纷。

（2）专利侵权纠纷。

（3）在发明专利申请公开后，专利权授予前，使用发明而未支付费用的纠纷。

（4）转让专利申请权或专利权的合同纠纷。

（5）职务发明创造的发明人或设计人的奖励和报酬的纠纷。

（6）实施强制许可和许可使用费的纠纷。

此外，在专利申请和实质审查过程中被驳回、视为撤回等引起的申请人与专利局的纠纷，也可视为专利纠纷的一部分。

3．假冒他人专利和冒充专利行为

假冒他人专利行为即在其制造或销售的产品、产品包装上标注他人的专利号；合同中使用他人的专利号；利用他人的专利号做宣传；伪造他人的专利文件、证书。

冒充专利行为即以非专利产品（方法）冒充专利产品（方法）：制造或销售标有专利标记的非专利产品；专利权被告知无效后，继续在产品上标注专利标记；将非专利技术宣传为专利技术；合同中将非专利技术称为专利技术；伪造专利文件、证书。

4．专利纠纷的解决途径

专利纠纷包括专利侵权纠纷、专利申请权纠纷、专利权归属纠纷、职务发明人奖酬纠纷等。可以到法院提起诉讼，也可以请求当地知识产权局查处。

假冒他人专利或将非专利技术（产品）冒充为专利技术（产品），也会引起相应的纠纷，任何人发现有人假冒他人专利或涉嫌冒充专利的，可以向当地知识产权局举报，由知识产权局对违法行为人进行查处。

5．跨部门或者跨地区的侵权纠纷

《中华人民共和国专利法实施细则》规定，属于跨部门或者跨地区的侵权纠纷，当事人请求专利管理机关处理的，由发生侵权行为地的专利管理机关或者侵权单位上级主管部门的专利管理机关处理。由于侵权行为的表现方式为制造、使用、销售和进口，因此对同一专利产品或专利方法的侵权行为就有可能由不同的行为人在不同的地点完成。那么专利权人到底该请求哪个专利管理机关来处理呢?根据最高人民法院的有关规定，对于侵犯产品专利权的行为，首先应请求侵权产品制造地的专利管理机关处理。当制造地不明时，专利权人也可以请求侵权产品的使用地或者销售地的专利管理机关处理。对于侵权方法专利的行为，专利权人应请求该方法使用者所在地的专利管理机关处理。对于未经专利权人许可而进口专利产品或者进口依照专利方法而直接获得的产品的侵权行为，专利权人可以请求货物抵达港口所属地专利管理机关处理。

9.4 专利的转化

专利技术在获得知识产权局的授权之后，专利发明已经得到社会和国家的认可和保护。但是，从专利技术本身到最终实现产业化，将技术转化成产品还有很长的一段路要走。事实证明：一件好的产品在没有做好信息发布的情况下有很大的可能最终成为失效专利或者无法转化。

专利转化工作有几种常见的转化思路。

9.4.1 专利技术交易

可以参加国家权威机构举办的专利展会，如可以在北京国家专利技术展示交易中心展示专利技术，最大限度地让社会和公众知道并了解自己所持有的专利，并应让专利的具体信息（包括专利类型、发明内容、技术产品特点、个人联系信息等）最大限度地公布。从而最大限度地提高专利技术的知名度，更大限度地引起相关技术厂商、投资商、合作者的注意。

9.4.2 专利合作

专利技术是技术资产的重要组成部分，作为一种无形资产，在实施过程中可以作为资本投入与合作者一起成立公司、办厂、技术入股。

9.4.3 自行转化

专利持有人自己成立公司、办厂，将专利转化成为产品，实现产业化。专利权人自行转化要求专利权人有足够的经济实力来进行自行转化工作，并且有丰富的经营管理和市场经验。

反侵权盗版声明